Kulturelle Bedingungen des Verfassungsstaates
Les aspects culturels de l'État constitutionnel
Los aspectos culturales del Estado constitucional

KULTURELLE BEDINGUNGEN DES VERFASSUNGSSTAATES

LES ASPECTS CULTURELS DE L'ÉTAT CONSTITUTIONNEL

LOS ASPECTOS CULTURALES DEL ESTADO CONSTITUCIONAL

Herausgegeben von | Édité par | Editado por
Carlos González-Palacios
Thilo Rensmann
Manuel Tirard

TUDpress

Bibliografische Information der Deutschen Nationalbibliothek
Die Deutsche Nationalbibliothek verzeichnet diese Publikation in der Deutschen
Nationalbibliografie; detaillierte bibliografische Daten sind im Internet über http://
dnb.d-nb.de abrufbar.

Information bibliographique de la Deutsche Nationalbibliothek
La Deutsche Nationalbibliothek a répertorié cette publication dans la Deutsche
Nationalbibliografie; les données bibliographiques détaillées peuvent être
consultées sur Internet à l'adresse http://dnb.dnb.de .

Información bibliográfica de la Deutsche Nationalbibliothek
La Deutsche Nationalbibliothek recoge esta publicación en la Deutsche
Nationalbibliografie. Los datos bibliográficos están disponibles en la dirección de
Internet http://dnb.dnb.de.

ISBN 978-3-95908-027-9

© 2015 TUDpress
Verlag der Wissenschaften GmbH
Bergstr. 70 | D-01069 Dresden
Phone: +49 (351) 47 96 97 20 | Fax: +49 (351) 47 96 08 19 | mail@tudpress.de
http://www.tudpress.de

Dieses Projekt wurde unterstützt durch | Projet soutenu par | Proyecto auspiciado

Université
franco-allemande
Deutsch-Französische
Hochschule

**TECHNISCHE
UNIVERSITÄT
DRESDEN**

université
Paris Ouest
Nanterre La Défense

UFR
DSP

GESELLSCHAFT VON FREUNDEN UND FÖRDERERN DER
TECHNISCHEN UNIVERSITÄT DRESDEN E.V.

UNIVERSIDAD ESAN
LIMA · PERÚ
MCMLXIII

CREDOF

Centre de Recherches et d'Études
sur les Droits Fondamentaux

Ministerio de Justicia
y Derechos Humanos

PODER JUDICIAL
DEL PERÚ

AllianceFrançaise
Lima

Embajada
de la República Federal de Alemania
Lima

Ministerio de Relaciones Exteriores
del Perú

**Embajada del
Perú en Francia**
Ambassade du Pérou en France

Liberté • Égalité • Fraternité
RÉPUBLIQUE FRANÇAISE

AMBASSADE DE FRANCE
AU PÉROU

observatorio
economico
y social

CR
DP

Autoren dieses Werkes | Ont contribué à
cet ouvrage | Colaboraron para este libro

Bruno Novoa CAMPOS

Christian CARBAJAL VALENZUELA

Alberto CORDUAS

Denise FIEDLER

Carlos GONZÁLEZ-PALACIOS

Athanasios GROMITSARIS

Sven HETMANK

Sophia KARNER

Soazick KERNEIS

Sylvia MAUS

Jörg MENZEL

Thilo RENSMANN

Arnaud SÉE

Luise SEIFERT

Otmar SEUL

Pierino STUCCHI LÓPEZ RAYGADA

Hebert TASSANO VELAOCHAGA

Manuel TIRARD

Sabrina WOJCIECHOWSKI

Tania ZUŃIGA FERNANDEZ

Vorwort

von Carlos González-Palacios, Thilo Rensmann und Manuel Tirard[*]

Als Mitbegründer der Deutsch-Französisch-Peruanischen Universität freuen wir uns, mit dem vorliegenden Tagungsband den Großteil der Beiträge vorstellen zu können, die im Rahmen der zweiten trinationalen Universität in der ersten Septemberwoche des Jahres 2014 in Lima präsentiert wurden.[1]

Seit 2013 organisieren die Universität Paris Ouest Nanterre La Défense und die Technische Universität Dresden in der Andenregion und insbesondere in Peru gemeinsame rechtswissenschaftliche Veranstaltungen, die sich durch ihren interuniversitären, interkulturellen und trilingualen Charakter auszeichnen. Das Anliegen dieser Kooperation besteht nicht darin, Ideen mit dem Anspruch zu exportieren, sie auf die Lebenswirklichkeit anderer Kontinente zu übertragen. Es geht vielmehr darum, einen Erfahrungsaustausch über Themen von gemeinsamem Interesse zu etablieren. Dabei verfolgen wir einen integrativen Ansatz, der auf drei Säulen ruht: Erstens sind die Veranstaltungen für die Teilnehmer unentgeltlich oder es wird lediglich ein symbolisches Hörergeld erhoben. Zweitens sind unsere Veranstaltungen trotz ihres spezialisierten rechtswissenschaftlichen Charakters für alle Teilnehmer offen (insbesondere für Studierende, Vertreter öffentlicher Institutionen und die peruanische Zivilgesellschaft). Schließlich spiegelt sich der integrative Charakter unseres Projektes in der Trilingualität wider, die dadurch ermöglicht wird, dass alle Vorträge und Redebeiträge simultan ins Deutsche, Französische und Spanische übersetzt werden. Auch wenn dies mit einem erheblichen logistischen und finanziellen Aufwand verbunden ist, so wäre es doch mit der Beschränkung

---

[*] Carlos González-Palacios, Lehrbeauftragter und Doktorand, Mitglied des Forschungs- und Studienzentrums für Grundrechte an der Universität Paris Ouest Nanterre La Défense (CRE-DOF); Prof. Dr. Thilo Rensmann, Inhaber des Lehrstuhls für Völkerrecht, Europarecht und Öffentliches Recht an der Technischen Universität Dresden; Dr. Manuel Tirard, Privatdozent, Mitglied des Forschungszentrums für Öffentliches Recht an der Universität Paris Ouest Nanterre La Défense (CRDP).

[1] Nähere Informationen sind abrufbar unter: http://run.u-paris10.fr.

auf eine einzige Konferenzsprache nicht möglich, sich einer so breiten Öffentlichkeit zu öffnen und in einen wahrhaft interkulturellen Dialog einzutreten.

Während sich die erste Deutsch-Französisch-Peruanisch Universität im Jahre
2013 dem Thema „Demokratie und Rechtsstaat" widmete[2], befasste sich die in
diesem Tagungsband dokumentierte Veranstaltungsreihe 2014 mit den „kulturellen Bedingungen des Verfassungsstaates". Kulturelle Vielfalt ist eine unabding-
bare Voraussetzung für die Herausbildung einer pluralistischen Gesellschaft, in
der sich die individuellen Rechte und Freiheiten bewähren und verwirklichen.
Gerade vor diesem Hintergrund erscheint es wichtig, sich mit den kulturellen
Aspekten zu beschäftigen, die zu den Funktionsbedingungen einer freiheitlichen
Rechtsordnung gehören. Dies hat uns dazu veranlasst, im Rahmen der zweiten
Deutsch-Französisch-Peruanischen Universität unter verschiedenen Blickwinkeln
die verfassungsrechtlichen, historischen und gesellschaftlichen Fundamente der
Rechtsstaatlichkeit in der Andenregion (am Beispiel von Peru) und in Westeuropa
(am Beispiel von Frankreich und Deutschland) zu analysieren und zu diskutieren.

So haben wir zum einen die unterschiedlichen Handlungsstrategien der Staaten bei der Konstituierung ihrer Rechts- und Gesellschaftsordnungen betrachtet
(insbesondere im Hinblick auf Erinnerungskultur und Vergangenheitsbewältigung,
kulturelle Vielfalt, Rechtspluralismus sowie die staatliche Regulierung der Wirtschaft). Zum anderen haben wir am Beispiel der Pressefreiheit und der Integration
von Menschen mit Behinderung die Erkenntnis gewonnen, dass je nach Rechts-
system unterschiedliche Voraussetzungen für die Ausgestaltung und Beschränkung
individueller Rechte und Freiheiten zugunsten des Gemeinwohls bestehen.

Bei der Behandlung all dieser Themen wurden auch die Wechselwirkungen
mit dem regionalen (europäischen und interamerikanischen) Recht sowie mit
dem Völkerrecht in die Betrachtung einbezogen. In diesem Jahr haben wir einen
besonderen Akzent auf die regionalen und internationalen Dimensionen des Wirtschaftsrechts gelegt, die im Rahmen eines speziellen Themenblocks zur regionalen
Wirtschaftsintegration breiten Raum einnahmen.

Auf dieser Grundlage wurden unter dem Generalthema der trinationalen
Universität sieben Arbeitsgruppen an unterschiedlichen Veranstaltungsorten
eingerichtet:

- Das Presserecht im Lichte der Grund- und Menschenrechte (Alliance
  française)

---

2   C. Gonzalez-palácios, T. Rensmann und M. Tirard (Hrsg.), Demokratie und Rechtsstaat. Erste
    Deutsch-Französisch-Peruanische Universität Lima, Französische Botschaft Frankreichs in Peru,
    2013, 250 S.

- Erinnerungskultur und Vergangenheitsbewältigung im Rechtsstaat (Hauptnationaluniversität San Marcos)
- Kulturelle Vielfalt und nationale Einheit (Hauptnationaluniversität San Marcos)
- Nationale Wirtschaftskultur: Staatliche Intervention im Bereich der Wirtschaft (Universität ESAN)
- Nationale Verfassungskultur und regionale Wirtschaftsintegration (Universität ESAN)
- Streitkultur und alternative Streitbeilegung (Ministerium für Justiz und Menschenrechte)
- Ethik, Grundwerte und Rechtskultur: Menschen mit Behinderung (Justizpalast).

Die Deutsch-Französisch-Peruanische Universität ist mittlerweile fest in Peru verankert. Sie stößt vor allem bei der jüngeren Bevölkerung und bei öffentlichen Institutionen auf wachsendes Interesse. Auf der Grundlage dieser Erfahrungen sehen wir für unser gemeinsames Projekt noch beachtliche Entwicklungsperspektiven. An dieser Stelle möchten wir die Gelegenheit nutzen, einer Vielzahl von Personen und Institutionen zu danken, ohne deren Engagement, Unterstützung und Zusammenarbeit unser Projekt nicht zu verwirklichen gewesen wäre.

Wir sind zunächst dem Sekretariat des *Palacio de Gobierno* dankbar, das uns, vertreten durch Herrn Marco BARBOZA TELLO, seine Gastfreundschaft während unseres Aufenthaltes in Peru zuteil werden ließ. Wir danken auch dem peruanischen Ministerium für Justiz und Menschenrechte für seine Unterstützung, besonders durch das Forschungszentrum für Justiz und Menschenrechte und seine Verantwortlichen, Herrn Tommy RICKER DEZA SANDOVAL und Herrn Bruno NOVOA CAMPOS.

Unser Dank gilt vor allem auch den Botschaften von Frankreich und Deutschland, vertreten durch die Botschafter SE Jean-Jacques BEAUSSOU und SE Jörg RANAU, für ihre beständige Unterstützung unseres Projektes. Wir möchten unseren außerordentlichen Dank auch gegenüber der peruanischen Botschafterin in Frankreich IE Cristina LABOUREIX aussprechen, die uns von Anfang an den notwendigen Rückhalt gegeben hat, um den erfolgreichen akademischen Austausch verwirklichen zu können. Erneut möchten wir der Deutsch-Französischen Hochschule dafür danken, dass sie uns wieder eine treue und wertvolle Kooperationspartnerin bei der Finanzierung dieses außergewöhnlichen Projektes war. Ein herzliches Dankeschön gebührt auch unseren Universitäten, die uns durch ihre verschiedenen Einrichtungen wichtige Unterstützung gegeben haben (besondere Erwähnung verdienen die CREDOF, die CRDP, die École Doctorale de l'Université Paris

Ouest – Nanterre, die Juristische Fakultät der Technischen Universität Dresden
sowie die Gesellschaft von Freunden und Förderern der TU Dresden e. V.).

Wir möchten zudem all jenen danken, die uns bei der Vorbereitung dieser
innovativen Veranstaltung ganz besonders unterstützt haben:

- Frau Catherine Mac Lorin und Herrn Philippe Benassi von der französischen Botschaft für die großzügige Unterstützung durch ihre Delegation
bei der Finanzierung der Flugtickets, der Unterkunft, der Übertragung
der Veranstaltungen und der Simultanübersetzung.
- Frau Elena Simms von der deutschen Botschaft für die großzügige Beteiligung ihrer Delegation an den Kosten für die Simultanübersetzung und
die Übertragung unserer Veranstaltungen.
- Professorin María Camacho Zegarra der Universität ESAN, die uns
gemeinsam mit der Verwaltung und den Studierenden ihrer Universität alle notwendige institutionelle und personelle Unterstützung für die
erfolgreiche Organisation und Durchführung eines internationalen Symposions an der ESAN gewährt hat. Ihr gilt unser besonders herzlicher
Dank.
- Professor Germán Small Arana und Professor Leopoldo Gamarra Vílchez der Hauptnationaluniversität San Marcos für ihren herzlichen Empfang und die Organisation des Symposiums in der Graduiertenschule für
Rechts- und Politikwissenschaften.
- Herrn Dr. Helder Domínguez Haro, der uns im Namen des Obersten
Gerichtshofes von Peru die Türen seiner Institution geöffnet und uns als
Gastgeber unserer Veranstaltung empfangen hat.

Last but not least, sprechen wir all jenen unseren Dank aus, die aktiv, sei es als
Referenten, als Mitorganisatoren oder in sonstigen Leitungsfunktionen an dieser
trinationalen Universität mitgewirkt haben. Besondere Erwähnung verdienen:

- Professor Otmar Seul, Spiritus Rector des Konzepts der deutsch-französischen Universitäten in Drittländern, für seine Expertise und seine
wertvollen Ratschläge.
- Frau Dr. Tania Zúniga Fernandez für ihr Engagement, das eine entscheidende Rolle dabei gespielt hat, dass das Projekt 2014 verwirklicht
werden konnte.
- Frau Denise Fiedler, Frau Dr. Claudia Schlüter, und Frau Luise Seifert
von der Technischen Universität Dresden für ihren besonderen Einsatz im
Rahmen der deutschen Delegation.

–   Frau Amina-Nadège GUELAOUI, Frau Lucie NIRIMIASO, Frau Victoria
    ROUX, Frau Ariane SCHOEN und Herr Jacques ONNEN für ihre wertvolle
    Unterstützung bei der Übersetzung diverser Dokumente im Rahmen des
    Projektes.
–   Herr Dr. Martin GERNER für die gewissenhafte Begleitung der Drucklegung.

Der vorliegende Tagungsband enthält den Großteil der Beiträge der zweiten
trinationalen Universität, welche die vielfältigen Facetten des Generalthemas
„Kulturelle Bedingungen des Verfassungsstaates" beleuchten. Um den Umfang
des Tagungsbandes in einem überschaubaren Rahmen zu halten, haben wir uns
darauf beschränkt, lediglich die Zusammenfassungen der Beiträge in die drei
Sprachen zu übersetzen, die in Lima verwendet wurden (Deutsch, Französisch
und Spanisch). Der Tagungsband baut auf den mündlichen Vorträgen auf, die
während der verschiedenen Veranstaltungen der zweiten trinationalen Universität
gehalten worden sind. Mit der Dokumentation der überarbeiteten schriftlichen
Fassungen wollen wir den wissenschaftlichen Anspruch unseres Projektes unter-
streichen und seinen Ertrag einem breiteren Publikum zugänglich machen. Das
vorliegende Ergebnis unserer gemeinsamen, trinationalen Anstrengung lässt in
eine vielversprechende Zukunft blicken. Den besten Beweis für den nachhaltigen
Erfolg unserer Zusammenarbeit bildet die Tatsache, dass die Vorbereitungen für
die Organisation der dritten Deutsch-Französisch-Peruanischen Universität, die
Ende November 2015 ebenfalls in Lima stattfinden soll, in vollem Gange sind. Sie
wird sich mit dem Thema „Die Neubewertung und Stärkung von Institutionen
im Rechtsstaat" befassen.

Lima, Nanterre und Dresden, 15. September 2015

Présentation de l'ouvrage

par Carlos GONZALEZ PALACIOS, Thilo RENSMANN, et
Manuel TIRARD[*]

En qualité de fondateurs des rencontres universitaires tri-nationales franco-ger-
mano-péruviennes[1], c'est avec grand plaisir que nous éditons cet ouvrage reprenant la plupart des contributions présentées lors de la deuxième édition de cette
manifestation, qui eut lieu à Lima la première semaine du mois de septembre 2014.

Depuis 2013, l'Université Paris Ouest – Nanterre – La Défense et la Technische
Universität Dresden se sont impliquées en Amérique andine, et notamment au
Pérou, dans des projets juridiques académiques qui peuvent être qualifiés à la
fois d'interuniversitaires, d'interculturels et de trilingues. L'idée de notre projet
ne consiste pas à exporter des idées qui ont vocation à être imposées depuis des
réalités d'autres continents ; il s'agit plutôt d'établir un échange d'expériences
sur des thèmes d'intérêt commun. Sa logique se veut inclusive pour trois raisons.
Premièrement, parce que les conférences se font gratuitement ou à un prix sym-
bolique. Deuxièmement, car bien que le projet porte sur des spécialités juridiques,
nos conférences sont ouvertes à tous (étudiants, fonctionnaires, et plus généralement citoyens péruviens). Enfin, l'esprit inclusif de notre projet se reflète dans son
aspect trilingue, ce qui implique que toutes les conférences sont simultanément
traduites en langues espagnole, française et allemande. Même si cela représente une
logistique et des coûts importants, nous croyons qu'il est impossible de s'ouvrir
au plus grand nombre si nous imposons une langue unique d'échange, barrière
au véritable dialogue démocratique et interculturel.

Au niveau du contenu de nos conférences, après une première édition en 2013
consacrée à « *L'État de droit et la démocratie* », qui a elle aussi donné lieu à publication[2], l'édition de cette année 2014 fut consacrée aux « *Aspects culturels de l'État*

---

[*]   Respectivement enseignant et doctorant (membre du CREDOF) à l'Université Paris Ouest–
       Nanterre – La Défense ; Professeur à la Technische Universität Dresden ; et Maître de confé-
       rences (membre du CRDP) à l'Université Paris Ouest – Nanterre – La Défense.
[1]   V. en détails notre site Internet dédié à l'adresse : run.u-paris10.fr.
[2]   C. GONZALEZ-PALACIOS, T. RENSMANN et M. TIRARD (coord.), *État de droit et démocratie*. Actes
       de la 1e rencontre universitaire tri-nationale franco-germano-péruvienne, Lima, Ambassade de

constitutionnel ». En effet, dans un contexte où la diversité constitue une variable indispensable pour la formation d'une société cosmopolite qui crée et rend effectifs les droits de tous, l'étude des aspects culturels qui fondent les logiques élémentaires des systèmes juridiques paraît indispensable. Pour cette raison, lors de cette deuxième rencontre universitaire franco-germano-péruvienne, nous avons analysé et débattu les fondements constitutionnels, historiques et sociaux de différents aspects du droit en Amérique andine (à travers l'exemple péruvien) et en Europe occidentale (à travers les cas français et allemand).

Ainsi, nous avons observé, d'une part, les différentes stratégies d'action des États au niveau de leur construction juridico-sociale (comment prendre en compte « la mémoire du passé », « la diversité culturelle », « le pluralisme juridique », et comment est traitée la « régulation étatique en matière économique »). D'autre part, nous avons vu que, selon les systèmes juridiques, il existe des fondements distincts pour réguler certains droits et libertés individuels en vue de favoriser l'intérêt général (en matières de « liberté de la presse », de « handicap », et de « réglement des conflits »). Tout cela n'a pas négligé l'existence des voies d'interaction régionales (interaméricaines/européennes) ou internationales. Cette année une attention toute particulière fut justement accordée au volet régional-international économique, auquel nous avons dédié un espace spécial avec l'axe « intégration régionale en matière économique ».

Cela explique les sept différents ateliers qui dérivent du thème principal de cette rencontre universitaire tri-nationale :

– Le droit de la presse face aux droits des citoyens (à l'Alliance française).
– Culture de la mémoire et maîtrise du passé dans l'État de droit (à l'Université nationale San Marcos).
– Diversité culturelle et construction de l'unité nationale (à l'Université nationale San Marcos).
– La culture étatique d'intervention dans l'économie (à l'Université ESAN).
– Culture constitutionnelle et intégration régionale en matière économique (à l'Université ESAN).
– Culture juridique et règlement alternatif des conflits en matière civile (au Ministère de la Justice et des droits de l'Homme).
– Droit, éthique et handicap (à la Cour Suprême de Justice du Pérou).

France au Pérou, 2013, 250 p.

Fort de son expérience maintenant bien ancrée au Pérou qui suscite un intérêt de plus en plus important de la part des jeunes citoyens et des institutions publiques, ce projet universitaire franco-germano-péruvien laisse auguer des perspectives de développement importantes. Ce dernier n'aurait toutefois pas pu se dérouler sans la participation, le soutien, et la collaboration d'un nombre important de personnes et d'institutions auxquelles nous voulons rendre ici hommage :

Nous sommes d'abord reconnaissants au secrétariat du *Palacio de Gobierno*, à travers M. Marco Barboza Tello, qui nous a manifesté son hospitalité durant notre séjour au Pérou. Nous remercions aussi le Ministère de la Justice et des droits de l'Homme du Pérou de nous avoir soutenus, notamment à travers son Centre d'études en Justice et droits de l'Homme et ses responsables, M. Tommy Ricker Deza Sandoval et M. Bruno Novoa Campos.

Nos remerciements les plus vifs vont évidemment aux Ambassades de France et d'Allemagne, représentées par leurs Ambassadeurs SE Jean-Jacques Beaussou et SE Jörg Ranau, pour leur soutien indéfectible à notre projet. Nous souhaitons aussi exprimer notre sincère gratitude à Mme l'Ambassadrice du Pérou en France SE Cristina Laboureix qui, depuis le début du projet, manifesta le soutien nécessaire pour mener à bien toute initiative d'échange académique. Une fois de plus nous rendons grâce à l'Université Franco-Allemande (UFA), notre fidèle et précieuse alliée pour le financement d'un projet innovant. Merci encore à nos Universités qui nous ont apporté une aide importante à travers leurs structures de recherches (en particulier le CREDOF, le CRDP, et l'École Doctorale de l'Université Paris Ouest – Nanterre ; mais également la faculté de droit de la Technische Universität Dresden et Gesellschaft der Freunde und Förderer der TU Dresden e. V.).

Nous souhaitons également remercier toutes celles et tous ceux qui nous ont particulièrement aidés dans la préparation de cette manifestation inédite :

- Mme Catherine Mac Lorin et M. Philippe Benassi de l'Ambassade de France, qui nous ont accordé un soutien essentiel au nom de leur délégation diplomatique pour le financement des billets aériens, l'hébergement, la diffusion et l'interprétation simultanée.
- Mme Elena Simms de l'Ambassade d'Allemagne, pour le soutien de sa délégation diplomatique en matière de frais d'interprétation simultanée et de diffusion de nos manifestations.
- Mme la Professeure María Camacho Zegarra de l'Université ESAN qui nous a donné toutes les facilités institutionnelles nécessaires pour organiser un colloque de niveau international fort réussi, fédérant les autorités de son université et les étudiants autour du projet. Qu'elle en soit chaleureusement remerciée.

- Messieurs les Professeurs Germán SMALL ARANA et Leopoldo GAMARRA VÍLCHEZ de l'Université nationale San Marcos pour leur accueil cordial et l'organisation du colloque à l'Ecole doctorale de droit et sciences politiques de leur établissement.
- M. le Docteur Helder DOMÍNGUEZ HARO qui, au nom de la Cour Suprême de Justice du Pérou, nous a ouvert les portes de son institution et a accueilli notre manifestation en son sein.

Last but not least, n'oublions pas d'exprimer notre gratitude à celles et ceux qui ont accepté de participer à cette rencontre universitaire comme conférenciers, collaborateurs, co-directeurs ou co-organisateurs. Que soient particulièrement remerciés à ce titre :

- M. le Professeur Otmar SEUL, fondateur des universités franco-allemandes en pays tiers, pour son expertise et ses conseils utiles.
- Mme la Docteure Tania ZÚNIGA FERNANDEZ pour ses diligences qui ont eu une importance vitale.
- Mmes Denise FIEDLER, la Docteure Claudia SCHLÜTER, et Luise SEIFERT de l'Université de Dresde, chevilles ouvrières de la délégation allemande.
- Mmes Amina-Nadège GUELAOUI, Lucie NIRIMIASO, Victoria ROUX, Ariane SCHOEN et M. Jacques ONNEN pour leur soutien inestimable à la traduction de divers documents destinés au projet.
- M. le Docteur Martin GERNER pour le suivi consciencieux de la mise à l'impression.

Cet ouvrage reprend la plupart des contributions données lors de la deuxième rencontre universitaire, développant ainsi les multiples aspects et acceptions du thème des aspects culturels de l'État constitutionnel. Pour présenter un ouvrage d'un volume « humain », seuls les résumés des contributions ont tous été traduits dans les trois langues utilisées à Lima (espagnol, français, et allemand). Les colloques constituent le volet oral des projets académiques ; le fait d'y joindre un volet écrit par l'édition d'un ouvrage démontre le caractère sérieux du projet et notre volonté de le diffuser. Cette réussite collective et tri-nationale laisse augurer des développements prometteurs. La meilleure preuve de ce succès grandissant est attestée par l'organisation, à la fin du mois de novembre 2015, de la 3e rencontre universitaire franco-germano-péruvienne qui aura lieu, elle aussi, à Lima. Elle sera consacrée à : « *Revaloriser les institutions dans l'État de droit* ».

Lima, Nanterre, et Dresde, le 15 septembre 2015

Presentación de la Obra

por Carlos Gonzalez Palacios, Thilo Rensmann,
y Manuel Tirard[*]

Como fundadores de los encuentros universitarios trinacionales peruano-franco-alemanes[1], es un gran placer para nosotros editar esta obra que comprende la mayoría de los aportes presentados a lo largo de la segunda edición de estos encuentros, que tuvieron lugar en la ciudad de Lima durante la primera semana del mes de septiembre de 2014 (el programa detallado se encuentra adjunto).

Desde 2013, la Universidad Paris Ouest–Nanterre-La Défense y la Technische Universität Dresden, se han involucrado en América andina, concretamente en Perú, dentro de un marco de proyectos jurídicos y académicos, que pueden calificarse a la vez como interuniversitarios, interculturales y trilingües. La idea de nuestro proyecto no consiste pues en exportar ideas que pudieran tener como vocación la de imponerse desde realidades de otros continentes; aquí se trata más bien, de establecer un intercambio de experiencias sobre temas de interés común. Puede verse así, en este proyecto, una lógica inclusiva que se refleja por tres puntos. En primer lugar porque las conferencias se llevan a cabo de manera gratuita o a través del pago de un precio simbólico. En segundo lugar porque, aunque el proyecto tiene un carácter jurídico (en todas sus especialidades), nuestras conferencias están abiertas a todos (estudiantes, funcionarios y de manera más general a la ciudadanía peruana). Finalmente el espíritu inclusivo de nuestro proyecto queda reflejado en el aspecto trilingüe que implica que todos los conferencistas sean traducidos simultáneamente en las lenguas española, francesa u alemana. Y aunque esto representa una logística que ocasiona gastos muy elevados, creemos que sería imposible abrirse a un gran número de participantes si impusiésemos un único idioma como lengua oficial, ya que esto supondría una auténtica barrera para poder llevar a cabo un diálogo democrático e intercultural.

En el ámbito del contenido de las conferencias, tras una primera edición en 2013 dedicada a «La democracia y el Estado de Derecho» que dio lugar también

---

[*] Respectivamente docente y doctorando (miembro del CREDOF) de la Universidad de Paris Ouest-Nanterre-La Défense ; Profesor de la Technischen Universität Dresden ; y Maestro de conferencias (miembro del CRDP) de la Universidad de Paris Ouest-Nanterre-La Défense.

[1] Véanse detalles sobre estos proyectos en nuestra página web: run.u-paris10.fr

a una publicación[2]. La edición de este año 2014 ha sido dedicada a «Los aspectos culturales del Estado constitucional». Así, en un contexto donde la diversidad constituye una variable indispensable para la formación de una sociedad cosmopolita que crea y hace efectivos los derechos de todos, el estudio de los aspectos culturales en los que se fundamentan las lógicas elementales de los sistemas jurídicos, aparece como indispensable. Por este motivo, y con ocasión de este segundo encuentro universitario peruano-franco-alemán, hemos analizado y debatido sobre los fundamentos constitucionales, históricos y sociales de los diferentes aspectos del derecho en América andina (utilizando al Perú como ejemplo) y en Europa occidental (usando como ejemplos para este caso a Francia y Alemania).

Así, hemos podido observar por un lado, las diferentes estrategias de acción de los Estados en el ámbito de su construcción jurídico-social (cómo tomar en cuenta «la memoria del pasado», «la diversidad cultural», «el pluralismo jurídico», y como es tratada la «regulación estatal en materia económica»). Y por otro lado, hemos observado que, según los sistemas jurídicos, existen fundamentos diferentes para regular algunos derechos y libertades individuales en pro de favorecer el interés general (en materias como «la libertad de prensa», y la «discapacidad» y la resolución alternativa de conflictos). No obstante, abordar todos estos temas no ha obstaculizado en absoluto los canales de interacción regionales (interamericanos/europeos) o internacionales. De hecho este año se prestó una atención particular al canal regional-internacional económico, al que dedicamos un espacio especial a través del eje «integración regional en materia económica».

Todo ello, explica la creación de siete subtemas diferentes que derivan del tema central de nuestros encuentros universitarios:

-   El derecho de la prensa frente a los derechos de los ciudadanos (En la Alianza Francesa).
-   Cultura de la memoria y control del pasado en el Estado de Derecho (En la Universidad Nacional de San Marcos).
-   Diversidad cultural y construcción de la unidad nacional (En la Universidad Nacional de San Marcos).
-   La cultura estatal de intervención en la economía (En la Universidad de ESAN).
-   Cultura constitucional e integración regional en materia económica (En la Universidad ESAN).

---

2   C. GONZALEZ-PALACIOS, T. RENSMANN et M. TIRARD (coord.), État de droit et démocratie. Actes de la 1e rencontre universitaire tri-nationale franco-germano-péruvienne, Lima, Ambassade de France au Pérou, 2013, 250 p.

- Cultura jurídica y regulación alternativa de los conflictos en materia civil (En el Ministerio de Justicia y Derechos Humanos).
- Derecho, ética y discapacidad (En el Poder Judicial).

Gracias a estas experiencias, ya bien arraigadas en el Perú, que han suscitado un creciente interés por parte de la ciudadanía más joven y de las instituciones públicas, este proyecto universitario peruano-franco-alemán abre numerosas vías de intercambio. No obstante, nada de esto podría haberse conseguido sin la participación, el apoyo y la colaboración de un número importante de personas e instituciones a las que queremos rendir homenaje a través de estas líneas:

En primer lugar queremos agradecer al Señor Secretario del Palacio de Gobierno, en la persona del Dr. Marco BARBOZA TELLO, por su hospitalidad y facilidades durante nuestra estancia en el Perú. Agradecemos igualmente al Ministerio de Justicia y de Derechos Humanos del Perú, por habernos apoyado sobre todo a través de su Centro de Estudios en Justicia y Derechos Humanos, por la vía de sus responsables Dr. Tommy RICKER DEZA SANDOVAL y Dr. Bruno NOVOA CAMPOS.

Nuestro más sincero agradecimiento, como no podía ser de otra manera, a las Embajadas de Francia y de Alemania, representadas por sus Embajadores S.E. Jean-Jacques BEAUSSOU y S.E. Jörg RANAU, por su apoyo incondicional a nuestro proyecto. Queremos expresar de igual manera nuestro sincero agradecimiento a la Embajadora de Perú en Francia S.E. Cristina LABOUREIX, quien desde el origen de este proyecto nos ha mostrado el apoyo necesario para llevar a cabo todas las iniciativas del intercambio académico. Una vez más agradecemos al programa Universidad Franco-Alemana (UFA), nuestra fiel aliada, por el apoyo en la financiación de un proyecto innovador. Agradecemos nuevamente a nuestras Universidades que nos han aportado una gran ayuda a través de sus estructuras de investigación (En particular el CREDOF, el CRDP, La Escuela Doctoral de la Universidad Paris Ouest-Nanterre-La Défense, la Facultad de Derecho de la Technische Universität Dresden y Gesellschaft der Freunde und Förderer der TU Dresden e. V.).

Queremos agradecer igualmente a todas aquellas personas que nos han ayudado concretamente en la preparación de este encuentro inédito:

- A la Sra. Catherine MAC LORIN y al Sr. Philippe BENASSI de la Embajada de Francia, que nos han prestado un apoyo esencial en el nombre de su delegación diplomática para la financiación de los billetes de avión, alojamiento difusión y traducción simultánea.

- A la Sra. Elena SIMMS de la Embajada de Alemania, por el apoyo de su delegación diplomática en materia de los gastos derivados de la traducción simultánea y la difusión de nuestro encuentro.
- A la profesora María CAMACHO ZEGARRA de la Universidad ESAN, que nos dio todas las facilidades institucionales necesarias para la organización de un coloquio internacional de tan alto nivel, solicitando a las autoridades de su universidad y a sus estudiantes con el fin de brindar las mayores posibilidades de éxito a este proyecto, se lo agradecemos sinceramente.
- A los profesores Germán SMALL ARANA y Leopoldo GAMARRA VÍLCHEZ de la Universidad Nacional Mayor San Marcos por su cordial acogida y la organización del coloquio en la Escuela doctoral en derecho y ciencias políticas.
- Al Dr. Helder DOMÍNGUEZ HARO quien, en nombre del Poder Judicial del Perú, nos ha abierto las puertas de esta institución y ha acogido en su seno a nuestro encuentro, le expresamos nuestro fraterno agradecimiento.
- En último lugar, pero no por ello menos importante, no queremos dejar de agradecerles muy particularmente a todas aquellas personas que han aceptado participar en este encuentro universitario como conferencistas, colaboradores, codirectores y coorganizadores.
- Al Profesor Otmar SEUL, fundador de las universidades franco-alemanas en terceros países, por su experticia y sus consejos siempre útiles.
- A la Dra. Tania ZÚNIGA FERNANDEZ cuya disposición para colaborar en la puesta en marcha de este proyecto fue vital para que pueda llevarse a cabo en 2014.
- A la Sta. Denise FIEDLER, Dra. Claudia SCHLÜTER y Sta. Luise SEIFERT de la Universidad de Dresde, piezas claves de la delegación alemana.
- A la Sta. Amina-Nadège GUELAOUI, Sta. Lucie NIRIMIASO y Sr. Jacques ONNEN por su inestimable apoyo en la traducción de los documentos destinados al proyecto.
- Al Dr. Martin GERNER por el seguimiento esmerado del proceso de impresión.

Estas actas recogen la mayoría de las intervenciones efectuadas a lo largo de este segundo encuentro universitario; estas desarrollan los múltiples aspectos y acepciones del tema central elegido: Los aspectos culturales del Estado constitucional. Para el mejor manejo de la presente obra, y así facilitar su disfrute al lector, sólo los resúmenes de las intervenciones han sido traducidos a los tres idiomas que se usaron en Lima (español, francés y alemán). Los coloquios constituyen el canal oral de los proyectos académicos; el hecho de compilar por escrito sus resultados para su edición demuestra lo serio de este proyecto y nuestra firme intención de brindar una difusión a este ejercicio de circulación de ideas. El éxito colectivo y trinacional permite augurar un futuro prometedor. La mejor prueba de este éxito creciente es la organización a finales del mes de noviembre de 2015 del 3er encuentro universitario peruano-franco-alemán que tendrá lugar nuevamente en Lima-Perú. Este encuentro estará dedicado a la «Consolidación de las instituciones en el Estado de derecho».

Lima, Nanterre, y Dresde, 15 de septiembre 2015

Inhalt | Index | Indice

Kulturelle Vielfalt und nationale Einheit | Diversité culturelle et construction de l'unité nationale | Diversidad cultural y construcción de la unidad nacional

Wirtschaftsordnung im Verfassungsstaat: Vergleichsanalyse Frankreich, Deutschland und Peru | Régime économique dans l'État constitutionnel : analyse comparée France, Allemagne, Pérou | Régimen económico en el Estado Constitucional: Análisis comparado de Francia, Alemania y Perú

Nationale Wirtschaftskultur: Staatliche Intervention im Bereich der Wirtschaft | La culture étatique d'intervention dans l'économie | La cultura de regulación del Estado en materia económica

POLITISCHE KULTUR IM
VERFASSUNGSSTAAT: DAS
PRESSERECHT IM LICHTE DER
GRUND- UND MENSCHENRECHTE

LE DROIT DE LA PRESSE FACE AUX
DROITS DES CITOYENS

LOS DERECHOS DE LA PRENSA
FRENTE A LOS DERECHOS
CIUDADANOS

El derecho a la libertad de expresión y sus temores: breve estudio de dos casos cercanos

Bruno Novoa Campos

I. Palabras previas

Partiremos dando un vistazo a la jurisprudencia de la Corte Interamericana de Derechos Humanos y, a la jurisprudencia del Tribunal Constitucional peruano referente al derecho a la libertad de expresión, a fin de abordar, posteriormente, dos casos cercanos que ponen en peligro el derecho en mención; sin olvidar, por supuesto, los traspiés del Perú en la materia.

II. Apuntes jurisprudenciales de la libertad de expresión en la CIDH

El derecho a la libertad de expresión: 1. esta consagrado en el artículo 13° de la Convención Americana de Derechos Humanos; sin embargo, para la Corte Interamericana de Derechos Humanos (CIDH) este no es un derecho absoluto,[1] lo cual garantiza un estudio objetivo ante casos de vulneración del derecho o, en todo caso, ante un mal uso del mismo. Del mismo modo, en sintonía con la Carta Democrática Interamericana[2] complementa esta idea y considera a la libertad de expresión y de prensa como los vehículos y componentes fundamentales del ejercicio de la democracia; por ello, 2. puede decirse sin temores, que el derecho a la

---

1   INTER-AMERICAN COURT OF HUMAN RIGHTS (IACHR), Caso Kimel v. Argentina, Sentencia de 2 de mayo de 2008, Fondo, Reparaciones y Costas, párr. 54; IACHR, Caso Herrera Ulloa v. Costa Rica, párr. 120; IACHR, Caso Ricardo Canese v. Paraguay, párr. 95; IACHR, Caso Palamara Iribarne v. Chile, párr. 79.

2   IACHR, Caso Herrera Ulloa v. Costa Rica, Excepciones Preliminares, Fondo, Reparaciones y Costas, párr. 117; Artículo 4° de la Carta Democrática Interamericana.

libertad de expresión: «corresponde a todos, no cabe homologar – ni restringir – el derecho a la libertad de expresión a los derechos de los periodistas o al ejercicio de la profesión periodística, pues tal derecho lo tienen todas las personas y no sólo los periodistas a través de los medios masivos de comunicación»;[3] 3. no puede estar sujeto a censura previa (artículo 13° de la Convención, numerales 2, 3 y 4); sin embargo, puede ser objeto de responsabilidades ulteriores y de restricciones excepcionales, en estricto, de limitaciones. Por ejemplo, frente a la vulneración del derecho al honor («asegurar el respeto a los derechos o a la reputación de los demás» – artículo 13.2 de la Convención –) y a la honra (artículo 11° de la Convención); 4. debe exigir del Estado su participación en el marco de un pluralismo informativo;[4] 5. los personajes públicos, o de relevancia pública, deben ver mermado en cierto nivel sus derechos frente a la libertad de expresión; siempre y cuando, se presente en el seno de un debate democrático;[5] 6. dejando abierto, el derecho de recurrir a los medios judiciales que el Estado disponga para su protección;[6] 7. todo ello, complementado por la Declaración de Principios sobre la Libertad de Expresión de la Comisión Interamericana de Derechos Humanos.[7]

III.   Apuntes jurisprudenciales de la libertad de expresión en el TC peruano

Por su parte, el Tribunal Constitucional (TC) peruano: **1.** define a la libertad de expresión como la capacidad de recibir los puntos de vista personales del emisor, que en tanto son opinables, requieren un carácter básico de congruencia entre lo que se busca señalar y lo que finalmente se declara públicamente; bajo un sólido sustento democrático,[8] con imposibilidad de control o censura previa;[9] **2.** cuyo contenido protegido es el de brindar una información veraz, que involucra el deber profesional del informador de respetar y reflejar la verdad sustancial de los hechos;[10] **3.** garantiza la libertad de pensamiento, la opinión o los juicios de valor

---

3   Voto concurrente razonado del Juez Diego García Sayán. IACHR, Caso Kimel v. Argentina, párr. 5.
4   IACHR, Caso Kimel v. Argentina, párr. 57.
5   Id., párr. 86.
6   Id., párr. 55.
7   Elaborada por la Relatoría para la Libertad de Expresión de la Comisión Interamericana de Derechos Humanos; y aprobada durante su 108° periodo de sesiones, en octubre del año 2000.
8   Exp. N°0905-2001-AA/TC, ff.jj. 13, 14.
9   Exp. N°02266-2004-AA/TC, f.j. 13.
10   Exp. N°0905-2001-AA/TC, f.j. 10.

que cualquier persona pueda emitir; a diferencia de la libertad de información que garantiza el acceso, la búsqueda y la difusión de hechos noticiosos de manera veraz;[11] **4.** al igual que la jurisprudencia de la CIDH no lo considera como un derecho absoluto,[12] puede estar limitado ante una necesidad imperiosa y urgente; **5.** finalmente, ante un aparente conflicto con el derecho al honor, queda a salvo la aplicación del test de ponderación.[13]

IV.   Balance de los apuntes jurisprudenciales

El derecho a la libertad de expresión garantiza la libertad de pensamiento, la opinión o los juicios de valor que cualquier persona pueda emitir; la de información, por su parte, garantiza el acceso, la búsqueda y la difusión de hechos noticiosos de manera veraz. Ambos, son los vehículos y componentes fundamentales del ejercicio de la democracia, no sujetos a censura previa, con derecho a expresarse en un marco plural, dejando abierta la posibilidad de ser limitado ante casos imperiosos y urgentes, especialmente, ante un conflicto con otros derechos; resuelto, por cierto, bajo el manto del test de ponderación.

Lamentablemente lo dicho, no siempre es respetado; aquí un par de casos que nos crea temores y uno más, en sede nacional, que siempre es bueno recordar.

V.   Caso Ecuatoriano

1.   Breves líneas acerca de Rafael Correa

Rafael Vicente Correa Delgado, nació en el seno de una familia de clase media; nació en el centro de Guayaquil el 6 de abril de 1963. Realizó sus estudios escolares en un colegio católico y sus estudios universitarios en economía los realizó en la Universidad Católica de Santiago de Guayaquil. Posteriormente, siguió estudios de posgrado en la Universidad Católica de Lovaina, Bélgica y en la Universidad de Illinois en Urbana-Champaign, Estados Unidos; doctorándose en el 2001.

---

11   Exp. N°0905-2001-AA/TC, f.j. 09.
12   Exp. N°02-2001-AI/TC, ff.jj. 6, 9.
13   Exp. N°0905-2001-AA/TC, ff.jj. 4,6.

El salto a la escena política ecuatoriana lo realiza siendo Ministro de Economía del ex presidente Alfredo Palacio en el 2005, destacándose su política opositora a la firma del Tratado de Libre Comercio con Estados Unidos; lo cual llama poderosamente la atención, teniendo en cuenta sus estudios de posgrado en países más bien cercanos a un modelo económico globalizado y de puertas abiertas.

Sea como fuere, en el año 2006 crea el Movimiento PAIS haciéndose de las elecciones de ese año y convirtiéndose en el Presidente número cuarenta y uno del Ecuador; el voto indígena fue decisivo entonces.

Al asumir el cargo clamó por una reestructuración estatal (plagado hasta entonces de convulsiones sociales especialmente desde 1996–1998 – fecha en que, por ejemplo, firmamos finalmente la paz con Ecuador –), una política económica radical (desde el año 2000 el Ecuador había tomado ciertas medidas apresuradas – como la llamada «dolarización» de su moneda –) y, como no; clamó por una nueva Constitución.

Esto último, la dación de una nueva Constitución, finalmente lo logró en el año 2008. Convocó una Asamblea Constituyente que, a pesar de las críticas – por ejemplo, el Congreso ecuatoriano consideraba más bien el llamado a una Asamblea Constitucional e iniciar una reforma parcial de la Constitución de 1998 – promulgó la nueva Constitución que entró en vigencia el 20 de octubre de 2008; por la cual se convocó a nuevas elecciones.

Así las cosas, el 2009 se convocó a nuevas elecciones – ya bajo el derrotero de la nueva Constitución – y Rafael Correa fue proclamado Presidente del Ecuador por segunda oportunidad.

Hoy, la Corte Constitucional del Ecuador le ha aprobado una serie de paquetes legislativos, presentados por el partido oficialista, incluyendo la posibilidad, «luz verde», para que el Congreso Ecuatoriano (con mayoría de su partido) decida su reelección indefinida y de los funcionarios elegidos por elección popular. ¡Gravísima interpretación constitucional!.

2.   Del camino constitucional al semi-dictatorial: conflicto con los medios de comunicación

Nos interesa llamar a la reflexión partiendo de un hecho básico: la asunción del mando de Rafael Correa. En el primero (2007), se encontraban presentes más de diez Presidentes de toda la Región, además del príncipe de Asturias y otras personalidades; en el segundo (2009), prácticamente lo abanderaban Hugo Chávez (ya fallecido, pero avalado hoy por Nicolás Maduro) y Evo Morales.

¿Es que cambió algo en la política de Correa desde su primer gobierno hasta la asunción del segundo y, posiblemente, tercero? Creemos que sí. Y es que a pesar de haber recibido el respaldo de más del 50% de ecuatorianos para su segundo mandato y altos índices de popularidad hoy día – básicamente por su generoso desembolso social –, Correa ha tenido que lidiar con críticos políticos (como el alcalde de Guayaquil, Jaime Nebot) así como, con férreos críticos de los medios de comunicación (como Emilio Palacios, por ejemplo; ex columnista del Diario ecuatoriano «El Universo») que han hecho del gobernante ecuatoriano – en lo que va de su gobierno – un fiel escudero de políticas cercanas a la dictadura o, por lo menos, simpatizante.

Simpatizante entonces, de políticas que se caracterizan por: **1.** negar políticas *poco democráticas.* Es decir, se empeña en crear un show mediático en la población y organizar «balconazos» y presentaciones en medios – rompiendo portadas de periódicos que no le agradan – a fin de legitimar políticas egoístas, personalistas y con objetivos a corto y mediano plazo sin una visión de país; camuflando como no, políticas más bien limitadoras de la libertad de expresión; **2.** intolerancia extrema, aislando opositores y críticos de la portada principal, apoyándose en el poder temporal que ostenta (el cual, a veces no quiere dejar) y en presiones que lidian con la vida familiar y laboral; y que, como humanos que son, muchos ceden.

Correa entonces, se ha visto envuelto en este tipo de *balconazos* presentaciones televisivas, a lo ex Chávez, organizados para encontrar un nexo entre su política personalista y la aceptación del pueblo ecuatoriano.

Asimismo, ha calado en su gestión una intolerancia extrema dirigida especialmente hacia los medios de comunicación; incautando muchos de ellos, estatizándolos y manejándolos como medios «productivos» de su propia información o mejor dicho, «propaganda»; sin duda, Correa demuestra no tener mucha «correa».

3.   Libertad de expresión e información y ¿democracia?

¿Qué temor tienen los Presidentes Latinoamericanos al ejercicio del derecho fundamental de la libertad de expresión e información? Podemos ensayar un par de respuestas: la primera, sucede cuando se avecina una dictadura; la segunda, es puro interés.

La primera respuesta, cuando se avecina una dictadura, tiene justificada razón. Claro, ningún futuro dictador deseará contar con medios de comunicación independientes y críticos de su gestión – lamentablemente, el derecho a la expresión e información, especialmente en América Latina, no ha sido una realidad dominante – ; el Perú fue un claro ejemplo de ello en la década del 70 del siglo pasado (Velasco Alvarado estatizó todo, incluido el derecho a pensar).

La segunda posible respuesta es más recurrente para América Latina, especialmente en la última década; existe puro interés.

La apertura a los medios de comunicación en las campañas políticas presidenciales son un buen ejemplo. Al principio, buscan tribunas, noticieros, programas de actualidad, etc.; al ganar las elecciones se olvidan de esa apertura y controlan su actividad pública.

El control de aquella actividad pública es buena, especialmente prudente. El problema, entonces, madura cuando aquel autocontrol público hacia los medios de comunicación escapa de la persona del gobernante e ingresa a las editoriales queriendo manejar su libertad de expresión e información; este es, el problema actual del Ecuador.

El derecho a la libertad de expresión es, como antiguo, esencial a la persona. Hoy en día, incluso, las nuevas tecnologías han ido «ensanchando» su contenido; nuestras ideas llegan a personas que tal vez no nos conozcan (a través de la imprenta, radio, televisión o internet, por ejemplo).

Como consecuencia de este «ensanchamiento», el derecho a la libertad de expresión e información ha asumido hasta tres dimensiones: **1.** la primera, denominada clásica, en donde el sujeto es el ente emisor, *comunicador* a otros; **2.** la segunda dimensión se caracteriza por que las personas «reciben» la información que «otros» producen; y, finalmente **3.** la tercera dimensión se caracteriza por el derecho *a buscar información*.

Es decir, ya no somos entes pasivos, tenemos derecho a buscar información; tenemos derecho a pedir información.

Bien podemos decir, entonces, que el derecho a la expresión e información han sido ampliados en forma conjunta. Ello básicamente, a la conexión intrínseca de ambos derechos. Así, el derecho a la libertad de expresión garantiza que las personas puedan transmitir o comunicar ideas, juicios de valor, opiniones, etc.; mientras que el derecho a la información es la expresión de esos hechos sometidos a una exigencia mínima de veracidad.

Pues bien, es claro que el gobierno de Correa tiene algo – o mucho – de lo dicho. Si bien es cierto no se presentó con atisbos de dictadura, *piropea* sobremanera con ella; utilizó un interés inicial con los medios de comunicación serios e imparciales y luego, olvidando el crecimiento de este derecho al cual hacíamos alusión, limitó editoriales e incautó prensas negando la búsqueda de la información independiente y seria en el Ecuador; todavía cree, en pleno siglo XXI que el pueblo ecuatoriano debe ser un ente pasivo, simple receptor de información; simple receptor, de propaganda estatal.

4. Correa no tiene «Correa»: breve estudio de un caso concreto

Sin duda, Correa – como manifestáramos – no tiene mucha «correa». Veamos un caso concreto sucedido hace unos años en el Ecuador y que a veces, *olvidamos*: Emilio Palacio, ex columnista del periódico «El Universo», publicó un artículo periodístico titulado «No a las mentiras» que alude al momento vivido, el pasado 30 de septiembre de 2010, donde Rafael Correa vivió un infructuoso «golpe de Estado»; abiertamente se muestra en contra de la gestión del actual Presidente ecuatoriano y entre otras cosas, manifestó:

> *[…] Lo que ocurre en realidad es que el Dictador por fin comprendió (o sus abogados se lo hicieron comprender) que no tiene cómo demostrar el supuesto crimen del 30 de septiembre, ya que todo fue producto de un guión improvisado, en medio del corre-corre, para ocultar la irresponsabilidad del Dictador de irse a meter en un cuartel sublevado, a abrirse la camisa y gritar que lo maten, como todo un luchador de cachacascán que se esfuerza en su show en una carpa de circo de un pueblito olvidado. […] Podría seguir pero el espacio no me lo permite. Sin embargo, ya que el Dictador entendió que debe retroceder con su cuento de fantasmas, le ofrezco una salida: no es el indulto lo que debe tramitar sino la amnistía en la Asamblea Nacional.*
> *La amnistía no es perdón, es olvido jurídico. Implicaría, si se la resuelve, que la sociedad llegó a la conclusión de que el 30 de septiembre se cometieron demasiadas estupideces, de parte y parte, y que sería injusto condenar a unos y premiar a otros […]*
> *El Dictador debería recordar, por último, y esto es muy importante, que con el indulto, en el futuro, un nuevo presidente, quizás enemigo suyo, podría llevarlo ante una corte penal por haber ordenado fuego a discreción y sin previo aviso contra un hospital lleno de civiles y gente inocente.*
> *Los crímenes de lesa humanidad, que no lo olvide, no prescriben.*

El artículo encolerizó a Correa. Tanto así, que presentó un proceso de querella en contra del autor del artículo periodístico, algunos otros periodistas del mismo diario y, como no al propio diario «El Universo»; solicitando además, una exorbitante suma dineraria como indemnización al daño causado a su persona.

La sentencia, emitida por el décimo quinto juzgado de garantías penales de guayas, consta de ciento cuarenta y siete (147) páginas, de las cuales las setenta y cuatro (74) primeras corresponden a la denuncia del querellante (Rafael Correa se siente realmente ofendido por lo vertido en «No a las mentiras» y estima que su gobierno no es dictatorial, inclusive cita anteriores artículos publicados por el mismo Diario solicitando en varios pasajes *el máximo de las pena* para los querellados), las siguientes cincuenta y uno (51) se refieren a la defensa de los querellados (de las cuales es interesante destacar las citas a la doctrina del control de convencionalidad y la jurisprudencia de la Corte Interamericana de Derechos Humanos en defensa del artículo 13º de la Convención Interamericana de Derechos Humanos – referente a la libertad de pensamiento y expresión –, así como el respeto al artículo 29º de la Convención de los Tratados de Viena – por la cual no se puede interpretar en desmedro de un derecho o libertad – y el artículo 426º de su Constitución, la cual es similar a nuestra (léase, Constitución peruana) cuarta disposición final y transitoria de nuestra Carta Constitucional y al artículo V del título preliminar del Código Procesal Constitucional – peruano – por el cual se deben interpretar los derechos y libertades acorde las Declaraciones firmadas por el Estado y decisiones judiciales internacionales – como las de la Corte Interamericana de Derechos Humanos –) y, solo veintidós (22), son dedicadas a la parte resolutiva.

De estas últimas, de las veintidós (22) páginas resolutivas de la sentencia, sólo dos (2) son los argumentos en los que se basa el juez (especialmente en el considerando resolutivo quinto y sexto, por el cual al no haberse probado que el querellante «ordenó fuego a discreción a un hospital lleno de civiles y gente inocente» se le ha causado un daño irreparable al ser una persona de fama y de buen nombre, así como, por tener familia y múltiples premios) para declarar culpables a los querellados y solicitarles una suma irracional de $ 30, 000,000 solidariamente y $ 10, 000,000 al Diario por indemnización.

5.   Unas palabras más

Emilio Palacio si bien tuvo el derecho a expresarse como columnista del diario ecuatoriano, también tuvo el deber de informar con un mínimo de diligencia. El último párrafo de su artículo, es ejemplo de falta de ella, («Correa ordenó disparar a un hospital lleno de civiles y gente inocente») más aún, si no traía consigo prueba alguna que sustente tal hecho, por lo que estimamos, cometió una falta a la veracidad informativa; por lo menos, de mínima diligencia informativa.

Por otro lado, no compartimos la argumentación del juez de guayas que basándose en hechos como el ser padre de familia y haber recibido ciertos premios se le tenga que indemnizar al querellante una suma irracional. Creemos que detrás de la sentencia está el hecho de dejar secuelas en el Diario, a sabiendas que dicha suma irracional podría causar incluso la quiebra del mismo Diario – tanto así, que el propio Emilio Palacio renuncia a fin de no causar un daño económico que traiga abajo la editorial –; por lo que el juez de guayas actuó con irresponsabilidad extrema al no prever las consecuencias de sus actos.

Asimismo, las páginas resolutivas de la sentencia son muestra clara del pensamiento aún enraizado de un Estado más cercano al legal que al constitucional de Derecho; donde se dejó de lado Principios, controles de convencionalidad, o jerarquías normativas pro derechos y libertades por una respuesta propia de un positivismo ultranza de otros tiempos; lejos de una crítica racional y objetiva que juzgue acorde a hechos objetivos.

VI.   Caso boliviano

1.   Breves líneas acerca de Evo Morales

Juan Evo Morales Ayma nació el 26 de octubre de 1959 en Orinoca, Oruro (Bolivia); descendiente de una familia de labores y vida sencilla, trabajó desde niño en la agricultura y crianza de llamas. También, de ladrillero y panadero; dándose siempre, un «tiempito» para su deporte favorito, el fútbol.

En Oruro cumplió servicio militar y, posteriormente, se convirtió en sindicalista cocalero; en 1997, fusionó la Confederación de Trabajadores del Trópico Cochabambino, que lideraba, con el Movimiento al Socialismo (MAS).

Su lucha al frente – ahora con el MAS – se basó en la lucha «contra la erradicación de la coca, la nacionalización de los hidrocarburos y la convocatoria de una Asamblea Constituyente»; lema que, fue bastión para llegar a la Presidencia Boliviana el 22 de enero de 2006, ser reelegido el 6 de diciembre de 2009 y, recientemente re-reelegido – lo que quiso hacer Fujimori, para el caso peruano, el año 2000, y felizmente no lo logró – hasta el 2020.

2.   Avances y temores

Instalado en el Poder, hubo avances: **1.** redujo su salario y el de algunos funcionarios públicos; **2.** convocó a la Asamblea Constituyente – a pesar de la constante oposición –, la cual, finalmente otorgó al pueblo boliviano su novísima Constitución (2009); pero también, temores, que no debemos olvidar!: **1.** nacionalizó el petróleo (2006); **2.** amenaza al medio ambiente (planea construir una carretera pasando por el Parque Nacional Isiboro-Securé); **3.** deja duda sobre supuestos complots en su contra (Michael Dwyer – de origen irlandés – falleció en el supuesto complot, sin embargo, el medico legista irlandés concluyó que falleció por un balazo en el corazón acostado o de rodillas posiblemente, lo que da a pensar en una posible ejecución. Su madre aún hoy sigue buscando la verdad); **4.** Persigue políticos no afines a su gobierno (Mario Cosso, prefecto de Tarija fue acusado de corrupción sin pruebas contundentes; incluso a expresidentes – entre ellos a Carlos Mesa –); **5.** expulsó a la DEA (2008), poco después, René Sanabria – su jefe de la División Antidrogas – fue apresado en Panamá cuando intentaba vender más de 100 kilos de cocaína; además, **6.** existe un creciente nivel de violencia y «ajuste de cuentas» relacionados con el tráfico de drogas y, **7.** una economía débil – crisis alimentaria (inicios del 2011) – ; lejana de aquella bonanza de sus primeros años de gestión.

3.   Medios de comunicación: un temor más

La Ley de Telecomunicaciones, Tecnologías de Información y Comunicación desarrolla *una organización equitativa y eficiente del espectro radioeléctrico en Bolivia*; sin embargo, muestra temores totalitaristas: **1.** ha creado una distribución para otorgar el servicio, de la cual, el Estado cuenta con un 33% formal y con más del 65% en la práctica – recordemos su injerencia en sectores como el social y el indígena a quienes también se los considera en la distribución – , dejando sólo un 33% del servicio a entidades independientes (artículo 10); **2.** asegura la intervención del Estado cuando está en riesgo la continuidad del servicio – no se sabe bien cuando puede suceder ese «riesgo», por lo que la intervención estatal puede darse en cualquier momento y bajo cualquier pretexto – (artículo 100); **3.** el Estado puede hacer uso de los servicios de telecomunicaciones y tecnologías de información en casos de Emergencia – lo cual sucede casi siempre, ¿y la independencia de los medios de comunicación? – (artículo 111); **4.** los operadores de radiodifusión están obligados a emitir los mensajes presidenciales sin costo alguno – es decir, considera a todos los medios de comunicación estatales – (artículo 112); y, **5.** las sanciones van incluso hasta el secuestro y embargo de los bienes de los medios de comunicación (artículo 94).

VII. El Perú y sus traspiés: un caso para recordar

Doña Carmen Luisa Castro Barrera de Quimper interpuso una demanda de habeas corpus a favor de su esposo Alberto Quimper Herrera, por haber sido encarcelado con pruebas que vulneran el derecho al secreto y a la inviolabilidad de las comunicaciones.

Llegada la causa al Tribunal Constitucional peruano y, luego de analizarla desde la teoría de la *prueba prohibida* y de resolver por la vía más fácil; el Tribunal desvaría – no brinda mayores explicaciones al respecto – , prohibiendo a los medios de comunicación social la divulgación de interceptaciones y grabaciones sin la autorización de los interlocutores, olvidando, por ejemplo, que la última dictadura (última década del siglo pasado) justamente cayó o, empezó a hacerlo, a raíz de una divulgación de un medio de comunicación social –. Además, amenazó a los medios de comunicación con denunciarlos penalmente.[14]

Sin embargo, días después de publicada la sentencia y, bajo la presión incesante, principalmente de los medios de comunicación que dieron el grito al cielo, el TC aclaró de oficio la sentencia manifestando que no corresponde a una censura previa; se acercó, felizmente, a una postura más cercana al autocontrol; se acercó, entonces, gracias a presiones externas, a una postura propia de un control posterior.

VIII. Palabras finales

Finalmente, debemos dejar claro que el breve estudio de los casos sucedidos hace poco en Ecuador y Bolivia no agota el tema, tampoco lo pinta en su total dimensión. Si por un lado, exhortamos un mínimo de diligencia de los diarios y medios de comunicación latinoamericanos; por otro, levantamos la voz ante gobiernos que restringen libertades y derechos, que estatizan editoriales y que desean cen-

---

14   Ver: NOVOA CAMPOS B., « El tribunal constitucional peruano y los medios de comunicación: ¡Un grito al cielo!, A propósito de la STC Nº 00655-2010-PHC/TC », in *Revista RAE Jurisprudencia*, Enero de 2011.

surar previamente a los medios de comunicación; sancionando y manipulando la
libertad de expresión; propio, de dictaduras camufladas.

La historia latinoamericana demuestra que nuestras democracias son delicadas.
El Perú tan sólo lleva catorce años continuos de ella – de ahí la importancia de
recordar peligrosos brotes – ; es nuestra responsabilidad cuidarla y sobre todo,
mantenerla en toda la Región.

Das Recht auf Meinungsfreiheit und seine Probleme: Kurzstudie anhand von zwei Fallbeispielen

*Der vorliegende Beitrag stellt die Meinungsfreiheit in der Praxis dar. Dabei werden
zwei wichtige Bereiche analysiert. Den ersten Bereich bilden das Recht und die Rechtsanwendung durch die Rechtsprechung. Das Recht auf Meinungsfreiheit wird im Lichte
der Rechtsprechung des Interamerikanischen Gerichtshofes für Menschenrechte und des
peruanischen Verfassungsgerichtes betrachtet. Der zweite Teil befasst sich mit staatlichen
Maßnahmen lateinamerikanischer Regierungen, die das Recht auf Meinungsfreiheit
einschränken. Untersucht werden Ecuador und Bolivien als zwei ähnlich gelagerte
Fälle.*

Le droit à la liberté d'expression et ses problèmes : une brève étude de deux cas proches

*Le présent article aborde la liberté d'expression par ses aspects pratiques. Pour cela,
il étudie deux espaces importants. Le premier est celui du droit et de la pratique,
autrement dit la jurisprudence. Il examine le droit à la liberté d'expression à travers
la jurisprudence de la Cour interaméricaine des Droits de l'Homme et du Tribunal
constitutionnel péruvien. Le deuxième espace développe les pratiques gouvernementales
en Amérique latine qui mettent en danger le droit à la liberté d'expression ; et ce en
analysant deux cas proches, ceux de l'Équateur et de la Bolivie.*

Pressefreiheit und politisch-kritischer Journalismus im Lichte der aktuellen Rechtsprechung des EGMR

Sven Hetmank

Die Freiheit der Presse ist eine der wesentlichen Grundlagen einer demokratischen Gesellschaft. Die Frage, inwieweit bei der Berichterstattung aber die Rechte Dritter zu wahren sind, stellt sich auch dem Europäischen Gerichtshof für Menschrechte vor allem in Fällen des politisch-kritischen Journalismus immer wieder aufs Neue. Während einerseits Handlungen von Politikern oder einflussreichen Unternehmern regelmäßig von besonderem gesellschaftlichen Belang sind, geht es andererseits zumeist um sehr schwerwiegende und verletzende Vorwürfe. Es ist daher umso wichtiger, bei der gebotenen Abwägung sorgfältig nach dem Anlass der Berichterstattung, der Schwere des Eingriffs, den journalistischen Sorgfaltspflichten, der Faktenlage sowie der Art und Weise der Berichterstattung zu gewichten.

I. Einleitung

Jede Berichterstattung über Personen bewegt sich in einem Spannungsfeld zwischen Pressefreiheit, Meinungsfreiheit und den Rechten derjenigen, über die berichtet wird. In diesem Spannungsverhältnis können die Kräfte unterschiedlich verteilt sein. Einerseits besteht die Gefahr, dass die Presse in die Rechte Dritter eingreift, etwa wenn das Privatleben Prominenter vollständig gläsern oder zum Gegenstand von ehrverletzenden Mutmaßungen und Spekulationen wird. Andererseits besteht aber auch immer die Versuchung, die so weitreichende und für manchen außerordentlich unbequeme Freiheit der Presse unter dem Deckmantel des Eingriffs in die Rechte Dritter einzuschränken. Eine solche Gefahr droht vornehmlich dann, wenn es um die Rechte von einflussreichen Politikern oder Unternehmen geht. Im Folgenden soll daher der Fokus auf diejenige Art von Berichterstattung liegen, bei der sich der Konflikt zwischen Pressefreiheit und der Rechte derjenigen, über die berichtet wird, am ehesten entzündet und bei der die Frage der Einschränkung der Pressefreiheit unmittelbar ihre demokratische Funktion berührt. Nämlich dort, wo sich die Berichterstattung nicht mit der bloßen Darstellung über Personen oder Ereignisse begnügt, sondern wo darüber hinaus deutliche Kritik geübt wird und Personen, wie insbesondere Politiker, oder große Konzerne, und ihr Verhalten angegriffen werden und die bloßstellen, wach rütteln, schockieren und die etwas bewirken soll.

II.   Meinungsfreiheit nach Art. 10 EMRK

In der Bundesrepublik Deutschland ist die Pressefreiheit in Art. 5 des Grundgesetzes (GG), also der Verfassung, festgelegt. Dort heißt es: „Die Pressefreiheit und die Freiheit der Berichterstattung durch Rundfunk und Film werden gewährleistet. Eine Zensur findet nicht statt." Darüber hinaus findet das Prinzip der Pressefreiheit in Europa in Art. 10 Abs. 1 S. 2 der Europäischen Menschenrechtskonvention (EMRK) und wortgleich in Art. 11 Abs. 1 S. 2 der Charta der Grundrechte der Europäischen Union (GR-Charta) eine Grundlage. Zwar ist in diesen Vorschriften die Pressefreiheit nicht explizit genannt, der Europäische Gerichtshof für Menschenrechte (EGMR) hat jedoch betont, dass die Presse in einer demokratischen Gesellschaft die Pflicht hat, „Informationen und Ideen über alle Fragen von öffentlichem Interesse zu vermitteln."[1] Die Ausübung der Meinungsfreiheit ist allerdings nach Art. 10 Abs. 2 EMRK ausdrücklich mit Pflichten und Verantwortung verbunden. Einschränkungen sind nur dann gerechtfertigt, wenn sie gesetzlich vorgesehen und in einer demokratischen Gesellschaft notwendig sind für die nationale Sicherheit, die territoriale Unversehrtheit oder die öffentliche Sicherheit, zur Aufrechterhaltung der Ordnung oder zur Verhütung von Straftaten, zum Schutz der Gesundheit oder der Moral, zum Schutz des guten Rufes oder der Rechte anderer, zur Verhinderung der Verbreitung vertraulicher Informationen oder zur Wahrung der Autorität und der Unparteilichkeit der Rechtsprechung. Zu den Pflichten und der Verantwortung zählt der EGMR insbesondere auch die Notwendigkeit der Wahrung eines journalistischen Sorgfaltsmaßstabs.[2] Damit stellt sich die Frage, wie „sorgfältig" die Presse arbeiten muss. Zur Beantwortung dieser Frage soll zunächst aber ganz allgemein auf die Grundsätze der Rechtsprechung des EGMR zum politisch-kritischen Journalismus eingegangen werden.

---

1   EGMR, Hannover v. Deutschland Nr. 2, Urt. v. 7. Februar 2012, 40660/08, S. 745, 747, Tz. 102.
2   EGMR, Flux gegen Moldawien Nr. 6, Urt. v. 29. Juli 2008, 22824/04.

III. Grenzen zulässiger Kritik bei der Presseberichterstattung

1. Grundsätzlich weite Grenzen zulässiger Kritik im Rahmen politischer Debatten

Der EGMR hat wiederholt deutlich gemacht, dass in öffentlichen Debatten von allgemeinem Interesse die Grenzen zulässiger Kritik besonders weit gezogen sind, um die freie und auch pointierte politische Auseinandersetzung, die für eine Demokratie essentiell ist, zu gewährleisten. Aus diesem Grund sind die Grenzen der Freiheit der Meinungsäußerung weiter, wenn ein Politiker betroffen ist, der als Person des öffentlichen Lebens handelt, als bei einem einfachen Bürger.[3] Anders als diese setzen sich die Politiker unvermeidlich und wissentlich der eingehenden Kontrolle aller ihrer Worte und Taten durch die Presse und die allgemeine Öffentlichkeit aus und müssen daher ein größeres Maß von Toleranz zeigen.[4] Insbesondere unterliegt der Schutz vor scharfer Kritik einer strengeren Verhältnismäßigkeitsprüfung, um Debatten zu politischen und sozialen Themen nur so geringfügig wie möglich einzuschränken. Selbst Meinungsäußerungen, die Personen angreifen, schockieren oder stören sind vom Schutzbereich des Art. 10 EMRK erfasst. So wurde es vom EGMR sogar als zulässig angesehen, einen Politiker in einer Zeitung als „Trottel" zu bezeichnen.[5] Der Gebrauch des Wortes „Trottel" könne sicherlich als polemisch angesehen werden. Sie stellten nach Ansicht des EGMR gleichwohl keinen grundlosen Angriff dar, denn der Journalist habe eine sachlich verstärkte Erklärung dafür gegeben, die er aus der ihrerseits provozierenden Rede des Politikers ableitete. Damit sei der Artikel Teil der politischen Diskussion gewesen. Art. 10 EMRK schütze auch Meinungsäußerungen, die verletzen, schockieren oder beunruhigen. Das sei besonders wichtig für die Presse. Eine solche Meinungsäußerung könne zwar zu weit gehen, wenn ihr jede tatsächliche Grundlage fehlt. Das sei aber im Lichte der obigen Überlegungen nicht der Fall gewesen. Gefordert wird aber in jedem Fall stets eine ausreichende Tatsachengrundlage für die Meinungsäußerung, ohne die ein Werturteil überzogen ist.[6]

---

3 Vgl. nur EGMR, Oberschlick v. A, Urt. v. 23. Mai 1991, NJW 1992, 613; EGMR, Lingens v. A, Urt. 8. Juli 1986, NJW 1987, 2143; EGMR, Oberschlick v. D, Urt. v. 1. Juli 1997, NJW 1999, 1321.
4 EGMR, Lingens v. A, Urt. v. 8. Juli 1986, NJW 1987, 2143, Tz. 42.
5 EGMR, Oberschlick v. D, Urt. v. 1. Juli 1997, NJW 1999, 1321.
6 EGMR, Pedersen & Baadsgaard v. Dänemark, Urt. v. 17. Dezember 2004, 49017/99 Nr. 68 ff., NJW 2006, 1645.

2. „Flux gegen Moldawien"

Ein Schlaglicht, wie schwierig sich die Abgrenzung zwischen zulässiger und
unzulässiger Presseberichterstattung bisweilen gestalten kann, wirft die Entscheidung „Flux gegen Moldawien".[7] In diesem Fall veröffentlichte die moldawische
Zeitung „Flux" einen Artikel über eine Schule in Chișinău, in dem deren Leiter
scharf kritisiert wurde. Der Artikel zitierte lediglich aus einem anonymen Brief,
den die Zeitung von einer Gruppe von Eltern der Schüler erhalten hatte. In dem
Brief wurde unter anderem behauptet, der Schulleiter habe Schulgelder für unangemessene Zwecke verwendet und Bestechungsgelder erhalten. Nachdem sich
die Zeitung weigerte, eine Gegendarstellung des Schulleiters zu veröffentlichen,
verklagte dieser die Zeitung wegen Verleumdung. Das Bezirksgericht hielt die
Bestechungsvorwürfe für falsch und verleumderisch. Die Zeitung wurde dazu
verurteilt, eine Entschuldigung zu veröffentlichen und eine Entschädigung an
den Schulleiter zu zahlen.

Der Europäische Gerichtshof für Menschenrechte entschied mit vier zu drei
Stimmen, dass in diesem Vorgehen kein Verstoß gegen Art. 10 EMRK vorlag. Die
Zeitung habe unter offenkundiger Missachtung der Pflichten eines verantwor-
tungsbewussten Journalismus gehandelt und damit die in der Konvention veran-
kerten Rechte anderer untergraben. Der Eingriff in die Ausübung ihres Rechts
auf freie Meinungsäußerung sei deshalb gerechtfertigt gewesen. Der EGMR wies
darauf hin, dass der Journalist, der den Artikel verfasst hatte, trotz der Schwere
der Vorwürfe weder versucht hatte, den Schulleiter zu kontaktieren, um ihn nach
seiner Meinung zu der Angelegenheit zu fragen, noch irgendwelche sonstigen
Nachforschungen zu den in dem anonymen Brief erwähnten Vorgängen durchgeführt hatte.[8] Das Recht auf freie Meinungsäußerung sei nicht so zu verstehen, dass
Zeitungen ein absolutes Recht dazu hätten, sich unverantwortlich zu verhalten,
indem sie Personen Straftaten vorwerfen, ohne dass zum fraglichen Zeitpunkt
eine Faktenbasis vorhanden ist und ohne ihnen die Möglichkeit einzuräumen,
den Vorwürfen entgegenzutreten. Da dem Recht zur öffentlichen Verbreitung von
Informationen Grenzen gesetzt seien, müsse es gegen die Rechte der Betroffenen
abgewogen werden, unter anderem gegen das Recht auf die Unschuldsvermutung
bis zum Nachweis der Schuld.[9]

---

7   EGMR, Flux gegen Moldawien Nr. 6, Urt. v. 29. Juli 2008, 22824/04.
8   Id., Tz. 29.
9   Id., Tz. 31.

Von Interesse ist aber auch, was die drei überstimmten Richter von dieser Entscheidung des EGMR hielten: Diese erklärten in ihrer gemeinsamen Stellungnahme, sie hätten ohne Zögern dafür gestimmt, einen Verstoß gegen Art. 10 EMRK festzustellen.[10] Der Gerichtshof habe in diesem Fall das professionelle Verhalten von Journalisten über die Aufdeckung von Korruption gestellt. Der Gerichtshof habe die Zeitung nicht für die Veröffentlichung von Unwahrheiten bestraft, sondern für sogenanntes „unprofessionelles Verhalten", das darin lag, dass der Schulleiter nicht zuvor kontaktiert wurde und vor der fraglichen Veröffentlichung nur *ein* glaubwürdiger Zeuge ausfindig gemacht wurde, weitere aber erst *danach*. Somit sei zu befürchten, dass dieses Urteil den Schutz der freien Meinungsäußerung denkbar weit zurückgeworfen habe. Wortwörtlich ist zu lesen: „Selbst wenn alarmierende Tatsachen ausreichend belegt sind, hält Straßburg [also der EGMR] bei der Abwägung zur Feststellung der Verhältnismäßigkeit die Missachtung professioneller Normen für schwerwiegender als die Unterdrückung der demokratischen Debatte über öffentliche Korruption. Mit anderen Worten: Die gesellschaftliche Notwendigkeit zur Bekämpfung von schlechtem Journalismus ist nach Auffassung des Gerichtshofs dringlicher als jene zur Bekämpfung der Korruption. Die abschreckende Wirkung von Sanktionen gegen die Pressefreiheit, die von der früheren Rechtsprechung des Gerichtshofs befürchtet wurde, ist durch das neue Urteil nun Wirklichkeit geworden. (…) Die ernste Schlussfolgerung aus diesem Urteil besteht darin, dass Meinungsfreiheit auch zu existieren aufhört, wenn sie dafür bestraft wird, dass sie in die öffentliche Debatte Vorwürfe öffentlicher Kriminalität einführt, die von Zeugen mit bescheinigter Glaubwürdigkeit erhoben werden, allerdings in einer als unprofessionell erachteten Weise. Wenn die Unterwerfung unter die gute Berufspraxis wichtiger wird als die eigentliche Suche nach der Wahrheit, ist das ein trauriger Tag für die Meinungsfreiheit."[11]

3. „OOO Ivpress u. a. gegen Russland"

Verstöße gegen Art. 10 EMRK sah der EGMR aber im Fall „OOO Ivpress u. a. gegen Russland".[12] Es ging um den russischen Verlag „OOO Ivpress" und zwei seiner Journalisten, die in vier Gerichtsverfahren von russischen Zivilgerichten wegen Verleumdung verurteilt worden waren, nachdem sie in der Zeitung „Ivanovo Press"

---

10 Id., Dissenting Opinion.
11 Ibid.
12 EGMR, OOO Ivpress and Others v. Russia, Urt. v. 22. Januar 2013, 33501/04, 35258/05, 35618/05, 38608/04.

über Vorwürfe der Korruption, des Amtsmissbrauchs und falscher Verwendung öffentlicher Mittel durch lokale Amtsträger berichtet hatten. Die Urteile wurden unter anderem darauf gestützt, dass die Zeitung keine Wahrheitsbeweise bezüglich ihrer Äußerung vorlegen konnte. Der EMRK wies darauf hin, dass Meinungsäußerungen, wie sie hier vorlagen – anders als Tatsachenbehauptungen – nicht dem Beweis zugänglich sind und ein Wahrheitsbeweis daher nicht gefordert werden kann. Bemängelt wurde zudem, dass die nationalen Gerichte nicht geprüft hätten, ob die Veröffentlichungen zu einer Debatte von öffentlichem Interesse beitrugen und schließlich auch, dass die weiter gezogenen Grenzen bei kritischer Berichterstattung über Amtsträger nicht berücksichtigt worden seien.

4.   Salumäki gegen Finnland

Für die Frage, welche Grenzen im Hinblick auf Art und Weise der Berichterstattung bestehen, bietet schließlich die Entscheidung „Salumäki gegen Finnland" ein anschauliches Beispiel.[13] Der Entscheidung liegt ein Fall von so genanntem „Spekulationsjournalismus" zu Grunde. Ein solcher ist dadurch gekennzeichnet, dass ein bestimmter Eindruck erweckt wird, für den die Fakten nicht ausreichen, wobei aber keine wirklich falschen Tatsachen behauptet werden. Erkennbar ist solcher „Spekulationsjournalismus" häufig daran, dass in der Schlagzeile hinter der Unterstellung ein Fragezeichen steht – genauso, wie im Fall, den der EGMR zu entscheiden hatte: Dort stand in der Überschrift: „Grausamer Mord in Vantaa: Hatte der Getötete Verbindungen zu K. U.?" Im Artikel selbst wurde dann geschrieben, dass das Mordopfer Verbindungen zu dem bekannten Unternehmer gehabt haben *„könnte".* Außerdem wurde berichtet, dass „möglicherweise" ein Auftragsmord vorlag. Wegen dieser Berichterstattung wurde die Journalistin von einem finnischem Zivilgericht verurteilt, worin der EGMR keine Verletzung des Art. 10 EMRK sah. Denn der Titel des Zeitungsartikels habe trotz der Formulierung als Frage eine Verbindung zwischen dem Mord und dem Unternehmer unterstellt. Auch wenn diese Unterstellung im Artikel gemildert wurde, so fand dies jedenfalls keinen Niederschlag in der Überschrift. Das Nebeneinanderstellen der beiden nicht zusammenhängenden Ermittlungen und die Schlagzeilen, die bei einem Durchschnittsleser den Eindruck erweckten, dass mehr an der Sache dran sei, als tatsächlich im Text gesagt wurde, sei rufschädigend für den Unternehmer.

---

13   EGMR, Salumäki v. Finland, Urt. v. 29. April 2014, 23605/09.

Dazu verweist der EGMR auch auf den Grundsatz der Unschuldsvermutung, der auch durch bloße Anspielungen verletzt sein könne.

IV. Zusammenfassung

Die Aussagen zur Presseberichterstattung über gesellschaftliche und politische Ereignisse lassen sich wie folgt zusammenfassen:

1. Eingriffe in das Persönlichkeitsrecht durch Presseberichterstattung sind nur bei Vorgängen von gravierendem Gewicht zulässig, dessen Mitteilung durch das Informationsbedürfnis der Allgemeinheit gerechtfertigt ist.
2. Hinsichtlich der Anforderungen an die Rechtfertigung wird eine Abstufung vorgenommen. Politiker müssen grundsätzlich schärfere Angriffe hinnehmen als normale Bürger oder auch als Prominente.
3. Die Beantwortung der Frage, ob die Berichterstattung noch zulässig ist, hängt insbesondere vom Anlass der Berichterstattung, von der Art und Weise der Berichterstattung und von der vorhandenen Tatsachenbasis ab.
4. Allerdings dürfen an die Sorgfalts- und Wahrheitspflichten, genauso wie an die erforderliche Tatsachenbasis, keine zu hohen Anforderungen gestellt werden, die die Bereitschaft zum Gebrauch der Presse- und Meinungsfreiheit herabsetzen und so den freien Kommunikationsprozess einschnüren. Zu beachten ist zudem, dass die Presse häufig darauf angewiesen ist, ihre Quellen zu schützen und geheim zu halten, so dass sich der Wahrheitsgehalt der Informationen, über die berichtet wird, nicht immer gerichtlich überprüfen lässt.
5. Auszugehen ist von einer Wechselbeziehung aller relevanten Abwägungskriterien: Je gewichtiger der Anlass der Berichterstattung für die gesellschaftlichen Belange und je schwerwiegender der im Raum stehende Vorwurf, umso größeren Freiraum ist der Presse bei der Wahl ihrer Mittel zu gewähren. Andersherum gilt: Je geringer die gesellschaftliche Bedeutung der Berichterstattung und je schwerwiegender die Beeinträchtigung des Persönlichkeitsrechts, umso höhere Anforderungen sind an die Erfüllung der Sorgfaltspflichten und das Vorhandensein eines Mindestbestands an Beweistatsachen zu stellen. Genauso müssen sich Unsicherheiten über die Faktenlage in der Art und Weise – und insbesondere auch in der Gesamtaufmachung der Berichterstattung widerspiegeln.

La liberté de la presse et du journalisme politique et critique dans la perspective de la jurisprudence actuelle de la Cour Européenne des Droits de l'Homme

La liberté de la presse est un des principes fondamentaux d'une société démocratique. La question qui se pose régulièrement pour la Cour Européenne des Droits de l'Homme est de savoir comment concilier les droits d'autrui avec le droit à l'information inhérent au journalisme politique et critique. En effet, alors que, d'un côté, les actions des hommes politiques ou des entreprises influentes ont une importance particulière pour la société qui a le droit d'être informée, ce droit peut souvent générer d'un autre côté des accusations lourdes et offensantes. Il est donc important de considérer et de pondérer minutieusement le motif du recours au droit à l'information, la gravité de l'empiètement, le devoir de diligence des journalistes, les circonstances de faits et la manière de couvrir cette information.

La libertad de prensa y del periodismo político-crítico desde la perspectiva de la jurisprudencia actual del Tribunal Europeo de Derechos Humanos

La libertad de prensa es uno de los principios fundamentales de la sociedad democrática. La cuestión que regularmente se somete al Tribunal Europeo de Derechos Humanos es la de saber cómo conciliar los derechos del otro con el derecho a la información inherente al periodismo político-crítico. En efecto, mientras que por un lado, las acciones de los políticos o de las empresas influyentes tienen un impacto particular en una sociedad que tiene el derecho a ser informada, este derecho puede generar a menudo, por otro lado, acusaciones duras y ofensivas. Así pues, es importante considerar y ponderar minuciosamente el motivo del recurso al derecho a la información, la gravedad de la usurpación, el deber de diligencia de los periodistas, las circunstancias de los hechos y la manera de cubrir esta información.

RECHTSKULTUR DES
VERFASSUNGSSTAATES

CULTURE JURIDIQUE DE L'ÉTAT
CONSTITUTIONNEL

CULTURA JURÍDICA EN EL ESTADO
CONSTITUCIONAL

Erinnerungskultur und
Vergangenheitsbewältigung im Rechtsstaat

Culture de la mémoire et maîtrise du passé dans
l'État de droit

Memoria y gestión del pasado por parte del
Estado

La mémoire du droit – Enquête sur les identités juridiques de l'Europe

Soazick Kerneis

« C'est la mémoire qui fait votre identité ; si vous avez perdu la mémoire, comment serez-vous le même homme », disait Voltaire. On connaît l'importance de la mémoire dans la formation de l'homme, mais la mémoire, c'est aussi celle d'une communauté nationale. A une époque dévolue au culte de l'individu, où les processus de mondialisation fragilisent les identités nationales et les gouvernements démocratiques, on pourrait croire que la mémoire fait place à l'oubli et que la marche vers le progrès, un progrès capable de satisfaire les appétits individuels, balaie les vestiges d'un passé devenu inutile, comme porteur de valeurs désuètes. Plutôt que de s'encombrer d'une mémoire collective, nombreux sont ceux qui préfèrent s'attacher à leur propre histoire individuelle, recoller les bouts de leur propre mémoire ; l'engouement pour l'analyse psychologique témoigne sans doute de ce repli sur soi et les récentes réformes relatives à l'enseignement de l'histoire en France confirment un certain désengagement de l'État vis-à-vis d'une mémoire collective. Il y a là sans doute un phénomène nouveau qui rompt avec une tradition qui remonte loin.

Hier comme aujourd'hui, la mémoire est d'abord une question de regard, regard qui varie selon la façon que l'on a de se représenter le présent, la nécessité qu'il y a de s'approprier le passé, de le rêver ou de le réinventer. Mais il y a peu encore, la mémoire du passé constituait une sorte de socle commun, base d'un certain entendement. Somme toute, une vieille histoire continuait, traînant dans son sillage des valeurs, un mode de pensée, un langage et des concepts reposant sur une même culture humaniste.

Aujourd'hui, le culte d'un présent déjà voué au futur incite à penser le passé comme une époque révolue ; anniversaires et lois mémorielles forment l'apparat d'une pseudo-histoire, d'une histoire spectacle qui tantôt satisfait tel ou tel groupe dans une « juxtaposition de compassions mémorielles », tantôt entend figer un prétendu souvenir national. Les sens se perdent, les mots surabondent, les catégories vacillent, comme s'il fallait maintenant inventer l'antonyme d'une *Antiquitas* passée aux oubliettes de l'histoire, la *postiquitas.*

S'interroger sur la « Culture de la mémoire et la maîtrise du passé dans l'État de droit » est-il donc vain, en décalage avec les valeurs contemporaines ? Bien au contraire, nonobstant les dérives actuelles, la culture de la mémoire occupe une place bien réelle dans le débat politique. Une place qui ne laisse pas d'inquiéter parfois si l'on songe à la mode des lois mémorielles, ces « lois imbéciles », comme les stigmatisait le journaliste arménien Hrant Dink, occupées à établir des vérités d'État, selon la formule de Vidal-Naquet. D'autres applications témoignent d'une utilisation plus raisonnée du passé, par exemple les commissions « Vérité et réconciliation » qui se sont multipliées ces dernières années, et qui procèdent d'un équilibre complexe entre l'attachement à la mémoire, passant par la parole publique et la confession des crimes passés – et si récents – , et l'amnistie, son antithèse – rappelons que le mot vient du grec ancien *amnestia* qui signifie l'oubli, le pardon, un composé du préfixe privatif *a-* et de *mnestia* mémoire. La mémoire et l'oubli, une dynamique complexe pour parvenir à la paix retrouvée.

Mais la culture de la mémoire renvoie aussi au processus d'identification politique et il y a là un enjeu important qui n'a peut-être pas été suffisamment mesuré, une lacune qui pourrait expliquer les désillusions de notre époque, le mépris affiché pour son passé, les dérives dans son utilisation. Le temps s'est accéléré, les frontières ont évolué et cette modification des limites spatiales et géographiques n'est pas sans incidence sur l'architecture mentale.

La question est importante, elle touche à celle de la construction de l'Europe. « Unis dans la diversité », aujourd'hui peut-être plus qu'hier, la devise a un sens qui incite à reconsidérer la pluralité constitutive de l'Europe. La formation d'une identité européenne appelle-t-elle à l'épanouissement d'une mémoire européenne ? Les États membres, les nations ou les groupes qui les composent, ont chacun leur histoire ou leur pseudo-histoire, leur mémoire. Faut-il éliminer ces histoires, modéliser le passé, le formater pour parvenir à une mémoire homogène ? Ruiner la mémoire dans les bruits du présent, en réduisant l'histoire à quelques commémorations spectaculaires et anachroniques ? Les difficultés des juristes à construire un droit européen illustrent la diversité des cultures juridiques, l'attachement des nations à leurs droits et aux traditions qui les fondent. La construction d'une identité européenne passe par la promotion d'une culture commune, mais celle-ci peut-elle suffire si elle ne prend pas en considération les diverses traditions des peuples qui composent la communauté européenne ? Sans l'étude de ces substrats, les valeurs affirmées risquent de ne relever que du discours et l'utilisation du passé tenir du fantasme. On sait combien le concept même d'identité appelle à précaution et à quels usages erratiques il peut donner lieu. Mais on ne peut « jeter le bébé avec l'eau du bain ». Si l'on veut promouvoir une culture juridique commune, il faut mesurer les spécificités nationales, le processus historique complexe par lequel se sont construits les droits de l'Europe.

La formation d'une identité de l'Europe suppose donc une meilleure connaissance de son patrimoine juridique complexe. Il est courant de penser et de présenter le droit romain comme facteur d'unité des droits européens. Il faut pourtant reconsidérer la portée de cet héritage et prendre la question à rebours. Sur un même socle se sont épanouies des formes juridiques différentes, produits de processus d'acculturation variables. Rappelons d'abord quel fut le legs de Rome, la part du mythe et celle de la réalité (I) ; ensuite comment la construction de la mémoire collective s'est bâtie sur des failles qui obèrent la réussite du programme européen (II) ; pour comprendre les racines juridiques de l'Europe, il faut en passer par une micro-histoire, s'intéresser aux détails trop souvent négligés par ceux qui écrivent et font la grande histoire (III).

I.   Le legs de Rome, entre mythe et réalité

La construction de l'Europe suscite bien des difficultés qui tiennent peut-être à celle qu'il y a à définir son identité. Quels critères retenir ? Ni la géographie traditionnelle – de l'Atlantique à l'Oural – fixée par les navigateurs grecs de l'Antiquité, ni celui de la famille linguistique – l'indo-européen dans la perspective de la *Stammbaumtheorie* – ne sont pertinents. La Communauté européenne a longtemps reposé sur des objectifs et des valeurs essentiellement économiques. Avec les traités de Maastricht et d'Amsterdam, l'accent a été mis sur la dimension politique et « sociétale » de la Communauté, devenue Union européenne. Le préambule du traité de l'UE comporte aujourd'hui un alinéa qui insiste sur l'héritage culturel, religieux et humaniste des pays membres. La référence aux « racines de l'Europe » est courante, mais trop souvent elle sonne comme un passage obligé qui se réfère à une histoire convenue. Il n'est certes pas faux d'affirmer, comme le faisait par exemple Paul Valéry, que l'Europe s'est construite autour de trois influences : celles de la Grèce, de Rome et du christianisme. Mais est-ce suffisant ? Il me semble que bien d'autres composantes ont contribué à façonner l'Europe et que toute une partie de son histoire reste à faire, plus particulièrement de son histoire juridique. C'est cette autre histoire du droit, aux marges d'une représentation traditionnelle de l'Antiquité romaine et de son droit, qu'il faut mener en insistant sur les substrats coutumiers qui ont modelé le paysage normatif européen.

Dans la « vieille Europe », l'empreinte de Rome est certes incontestable en matière juridique. Dans tous les territoires occupés par l'Empire romain, puis plus ou moins complètement christianisés, s'est répandue une certaine façon de concevoir la vie politique et juridique à partir de l'idée que l'individu – la personne – est, ou est supposée être, maître de ses actes. Cette émancipation vis-à-vis des dieux, des ancêtres et des parentés a sans doute permis l'émergence du sujet, objet de la sollicitude du pouvoir. L'ancienne définition de la justice, reprise dans les écoles de droit jusqu'au XIXe siècle, et qui remonte à Ulpien, le dit nettement : « La justice, c'est la ferme et constante volonté d'attribuer à chacun son droit ».

A cet individualisme est liée la laïcisation du pouvoir qui conditionne l'épanouissement des droits subjectifs. « Ce n'est pas la *res publica* qui est dans l'*ecclesia*, c'est l'*ecclesia* qui est dans la *res publica* », disait l'évêque Optat de Milev au IVe siècle. Quand, à l'époque médiévale, l'école de Bologne donna un nouvel essor au droit romain, certains des docteurs saisirent l'opportunité politique que pouvait constituer le droit romain pour un pouvoir soucieux de s'affranchir de la tutelle de la théocratie. Est ainsi devenue une valeur commune de l'Europe celle qui promeut l'*homo juridicus*, par principe doté du libre arbitre, ou du moins indifférent aux choix divins, ce qui revient au même, valeur qui sera réaffirmée par les humanistes de la Renaissance, puis par les Lumières. L'homme est le centre d'un dispositif politique qui obéit à des règles, un État de droit.

Cet héritage est bien connu et nul ne songera à le contester. Mais s'en tenir là est une erreur. Depuis longtemps, au dogme d'une histoire assujettie à une Antiquité triomphante, s'opposent d'autres voix, porte-paroles d'autres histoires. Ronsard, après bien d'autres, s'en allait chercher *Francus* sur les rives d'une improbable Troie, tandis que Guillaume Postel chantait la « primauté de la gent gallique ». Les différents usages de l'histoire tiennent alors tout autant du mythe des origines que de l'anthropologie du pouvoir ou, plus tragiquement, de la justification des violences collectives.

Pour comprendre l'influence du droit romain dans la pensée juridique qui va se développer à partir du XIXe siècle, il faut restituer celle des théories de l'évolution de Darwin qui ont suscité une forme de darwinisme juridique où le droit romain se taille la part du lion.[1] Les prémices du darwinisme ont vécu, il n'empêche que la recherche a longtemps été conduite dans une perspective évolutionniste conduite autour du prisme de l'État, la construction d'un pouvoir souverain passant par la réduction des contre-pouvoirs, l'emprise d'une justice publique, et la création

---

[1]   Dupret B., *Droit et Sciences sociales*, Paris, Armand Colin, 2006, p. 3–4, http://hal.archives-ouvertes.fr/docs/00/19/71/35/PDF/ArCoCompletPdf.pdf, consulté en dernier lieu le 2 décembre 2014.

d'un droit comme mode d'expression du pouvoir. Une histoire construite dans la diachronie où les origines étaient à chercher dans le Proche-Orient ancien, l'âge d'or dans la Rome classique, tandis que le Moyen Age passait pour une sorte d'antithèse, une parenthèse anarchique, avant la Renaissance et la reconstruction d'un ordre dont nous sommes les héritiers, le fil d'Ariane de cette analyse étant le droit romain, outil du pouvoir, matrice et promoteur de l'unité juridique.

II.   Les failles de la mémoire

Aujourd'hui, la question des racines juridiques de l'Europe prend un nouveau sens du fait de l'affaiblissement de la culture latine et surtout de l'influence grandissante des pays anglo-saxons dans le contexte politique d'une Union européenne centrée autour de l'axe Strasbourg-Bruxelles-Francfort. L'explosion des recherches consacrées à l'Antiquité tardive et au Haut Moyen Age, des périodes longtemps délaissées, est sans doute significative. Il faut trouver d'autres racines à l'Europe que le passé romain trop impérialiste, nonobstant le fait que la géographie même de l'Empire, très orientalisante, soulève la délicate question de l'adhésion de la Turquie à l'UE. Du point de vue des juristes, insister sur les racines germaniques de l'Europe présente l'avantage de relativiser l'apport du droit romain dans l'histoire du droit européen, un enjeu de taille dans la lutte d'influences qui oppose les systèmes continentaux (revendiquant l'héritage du droit romain) à ceux de *common law*. Autrement dit, quel peut-être le poids de la loi – de l'héritage romain – face à la coutume, au droit anglo-saxon ? La question est actuelle, comme l'illustrent les travaux poursuivis au sein de la Commission sur le droit européen des contrats, créée en 1980, sous l'égide du professeur danois Ole Landau. Sans aborder les contrats spécifiques, la commission Landau s'est efforcée de mener un travail d'harmonisation portant sur les principes contractuels. La question de l'harmonisation des droits et la recherche des principes fondamentaux s'imposent alors comme une des questions importantes à débattre. Force est de constater que la construction d'un droit européen soulève beaucoup de réticences. Si l'enjeu économique rend concevable un droit commun de la vente, le projet d'un code civil européen passe pour menaçant la souveraineté des États. C'est qu'il se heurte à la diversité des traditions juridiques, à l'attachement sous-estimé des nations à leur droit.

Il faut convenir que les droits nationaux sont des créations culturelles profondément enracinées. Lorsque les nations excipent de leur patrimoine culturel, il est frappant de constater la part qu'y tiennent les normes. Il y a là un phénomène récurrent que j'illustrerai à travers trois exemples qui se rapportent à des périodes différentes. D'abord au VIe siècle, celui de Procope décrivant l'attachement des Francs à leurs règles ; ou bien celui du *Kanun* albanais, un code coutumier du XVe siècle qui codifiait la vengeance, en usage jusqu'au régime communiste qui l'interdit ; sa pratique contemporaine en des formes abusives accompagne un processus d'identification difficile ; enfin, à l'heure ou le Royaume Uni tend à se défaire, celui d'un timbre émis au Pays de Galles qui montre le « bon » roi Hywel Dda accompagné d'un juge, officiant un livre de droit – sa « loi » – à la main ; un érudit gallois du siècle écoulé, J. Goronwy Edwards, l'avait déclaré : étudier les lois de Hywell Dda n'est pas seulement faire acte d'érudition, le droit, autant que la langue galloise, a constitué la nation. Bien d'autres exemples témoigneraient de la part prise par le droit dans la constitution du processus identitaire d'un peuple.

En tout cas, il faut renoncer à l'idée d'un héritage uniforme et monolithique de Rome et plutôt qu'à une histoire globale, insister sur la nécessité d'histoires particulières où les zones étudiées sont mises perspective. Le processus de constitution des identités nationales est le produit d'une histoire complexe qui remonte à un passé très lointain et qui continue à hanter le présent. Prenons l'exemple de la Grande-Bretagne. Comment expliquer que l'ancienne *Britannia* soit devenue en partie l'Angleterre d'aujourd'hui, alors même que les envahisseurs anglo-saxons étaient peu nombreux. Sans entrer dans les détails d'une discussion érudite, notons simplement les implications contemporaines de la représentation du passé, telles qu'elles apparaissaient encore à la fin du XIXe siècle, dans les manuels d'histoire destinés à l'éducation des enfants : « The [British] women of course would be made slaves or they would sometimes be married to their masters. Thus there may doubtless be some little British and Roman blood in us, just as some few Welsh and Latin words crept into the English tongue from the very beginning. But we may be sure that we have not much of their blood in us, because we have so few of their words in our language. . . Now you will perhaps say that our forefathers were cruel and wicked men … And so doubtless it was. .. But. . . it has turned out much better in the end that our forefathers did thus kill or drive out nearly all the people whom they found in the land. .. [since otherwise] I cannot think that we should ever have been so great and free a people as we have been for many ages ».[2]

---

2   FREEMAN E. A., *Old English History for Children*, London, 1869, p. 27–29, cité par: WARD-PER-KINS B., « Why Did the Anglo-Saxons Not Become More British? », in *The English Historical Review*, vol. 115, no. 462, June 2000, p. 518.

III. Reconstruire la mémoire

A trop privilégier une histoire commune tenue et fabriquée par les milieux académiques, le risque est d'éloigner les peuples de leur histoire, de leur passé et aussi de leur droit. Maîtriser le passé, c'est se donner les moyens de gérer le présent, de réconcilier les nations avec leur histoire, de leur redonner le goût de la politique, en bref de refonder les bases du pacte social. Pour ce faire, il faut prêter attention aux micro-histoires, donner de la profondeur au paysage politique des communautés nationales. Et il me semble qu'un moment fondamental pour comprendre notre passé juridique est celui qui se situe à la fin de l'Empire romain.

C'est alors que se forment en Occident les premières nations (*nationes*) européennes, à partir des gouvernements qui s'aménagent alors. La *Res publica romana* conquérante, après s'être imposée en Orient à des sociétés « de cités » de structure à peu près identique, avait entrepris d'intégrer les communautés tribales du Nord dans une formation politique de plus grande ampleur. Mais assez tôt, l'Empire dut renoncer au rêve d'une conquête illimitée. Le mouvement d'acculturation se continua pourtant. L'importation d'esclaves, achetés aux tribus extérieures, se maintint et l'Empire lui-même prit en main le gros de l'immigration, en déportant de nombreuses communautés tribales de diverses origines ethniques, hostiles ou réfugiés, pour les installer, avec une condition de dépendants publics (les *dediticii*), en Gaule septentrionale, dans le nord de l'Italie, dans les pays danubiens ou en Grande-Bretagne. Finalement, des groupes armés plus compacts, aux ordres de *condottieri* barbares, furent acceptés bon gré mal gré et, dans la débâcle générale, certains de ces groupes prirent le pouvoir, administrant des *regna*. Ce processus aboutit, notamment en France, à une « mosaïque culturelle » qui se fixa en une carte anthropologique dont les couleurs contrastées vont très lentement se fondre dans l'unité administrative de l'Ancien Régime, elle-même oblitérée par les réformes du XIXe siècle.

Pour comprendre comment se sont formées ces premières formes « nationales de droit », il faut donc adopter une démarche à rebours de celle qui est habituellement menée. Alors que bien souvent il s'agissait, et il s'agit encore, de montrer l'influence sur nos droits européens du droit romain *stricto sensu* – j'entends le droit romain pensé et formulé par ses jurisconsultes-, je crois qu'il faut s'arrêter sur les formes vulgaires du droit, qu'il s'agisse des pratiques populaires qui se sont développées dès l'Empire en marge du droit officiel, ou des avatars législatifs qui ont grandi après son effondrement, dans les premiers « gouvernements nationaux », les royaumes fort malencontreusement dits « barbares ». Sans doute la reconstruction des droits qui a prévalu un peu partout au XIXe siècle a sensiblement modifié le paysage juridique européen. Pour autant, le droit se construit par strates, et les conduites juridiques induites par les normes anciennes façonnent sans doute une part de « l'esprit des lois » présentes ou même futures. De même que la psychanalyse a montré l'importance du patrimoine psychique dans la construction du soi, l'histoire du droit doit révéler le patrimoine juridique des nations européennes. Dans un contexte politique où le régionalisme le dispute à la mondialisation, il est important que chaque communauté soit en paix avec son histoire, ses origines, comprenne les différentes étapes qui ont scandé son évolution. Construire ces mémoires permettrait d'éviter les dérives de pseudo-histoires et les utilisations malhonnêtes du concept d'identité. Montrer également comment se sont enracinées les traditions juridiques, par exemple la relation étroite qui a pu exister entre la loi et le privilège dans les sociétés anciennes pourrait aussi réconcilier les citoyens avec leur système juridique.

La reconstitution de ce substrat doit être menée à l'échelle européenne. Chacun sait le poids de l'idéologie dans la construction des histoires nationales. C'est en levant les frontières géographiques qui bornent les savoirs que l'on pourra saisir le processus de fabrication des identités nationales, le comprendre et réfuter les utilisations idéologiques des pseudo-histoires. Pour saisir l'ampleur de l'héritage de Rome, il faut aussi renoncer à une grille de lecture où les données s'ordonneraient autour de couples antagonistes simplistes, romanité vs barbarité, ou romanisation vs résistance nationale ou bien encore loi vs coutumes. Plutôt que de raisonner en termes d'opposition, mieux vaut réaliser que c'est la richesse des processus d'acculturation que de susciter des formes nouvelles. Dans un contexte chaque fois différent, les traditions anciennes se mêlent pour produire des formes inédites qui parviennent à combiner l'apparemment inconciliable.

Sur le même terreau façonné par Rome se sont donc épanouies des formes juridiques différentes, produits de processus d'acculturation variables, des formes normatives qui ont survécu à l'Empire en Occident. C'est cela que j'entends souligner et d'une certaine façon la méthode est ici proche de l'Ecole historique allemande lorsque Savigny incitait à retrouver ce qui est propre à chaque nation, les traditions culturelles des peuples, ou qu'Henri Klimrath concevait son projet de géographie coutumière de la France qui devait saisir « les différences d'esprit juridique » des coutumes de la France. Mais là où le projet se focalisait sur les coutumes du Moyen-Age, je crois qu'il faut reculer l'enquête et la placer au moment de la dislocation de l'Empire romain, dans le contexte de l'établissement des nations dites barbares dans les cadres de la romanité impériale. Il s'agit donc de braquer la lunette sur le processus d'acculturation juridique et de comprendre la variété des formes qu'il revêt. Le projet n'est pas pure érudition. Maîtriser le passé est un enjeu fondamental pour un État de droit, il en va de la démocratie car la culture de la mémoire est le gage de la réconciliation des citoyens avec la *res publica*, d'une communauté publique capable d'agir politiquement.

Das Gedächtnis des Rechts – Untersuchung über die juristischen Identitäten Europas

Der Aufbau eines europäischen Rechtes tritt in Konflikt mit den vielfältigen Rechtstraditionen, mit der mehr oder weniger bewussten und oft unterschätzten Bindung der Nationen an ihr Recht. Nationale Rechte sind kulturell tief verwurzelte Schöpfungen. Die wirtschaftliche Frage macht zwar ein gemeinsames Kaufrecht denkbar, das Projekt eines europäischen Bürgerlichen Gesetzbuches greift hingegen in die Souveränität der Staaten ein. Die Bildung einer Identität Europas setzt ein besseres Verständnis für dessen komplexes rechtliches Erbe voraus. Es ist üblich, das römische Recht als Faktor der Einheit der europäischen Rechtsordnungen anzusehen. Unsere Untersuchung versucht, sich dieser Frage vom Ursprung zu nähern, indem die Vielfältigkeit des römischen Erbes betont wird. Im selben, von Rom kultivierten Garten „à la française" gediehen als Früchte von unterschiedlichen Akkulturationsprozessen verschiedene Rechtsformen. Die Erzählung solcher Rechtsgeschichten ist von großer politischer Bedeutung in einem Kontext, der vom Abstand der Bürger zum Gemeinwesen geprägt ist.

La memoria del derecho: Estudio relativo a las identidades jurídicas de Europa

La construcción de un derecho europeo entra en colisión con la diversidad de las tradiciones jurídicas, de arraigo consciente o semi-consciente, y a menudo subestimado que las naciones tienen con respecto a su propio derecho. Hay que entender que los derechos nacionales son creaciones culturales profundamente arraigadas.
Si la cuestión económica vuelve concebible un derecho común de venta, el proyecto de un Código civil europeo parece amenazar la soberanía de los Estados. La formación de una identidad Europea supone un mejor conocimiento de la complejidad de su patrimonio jurídico. Es común pensar al derecho romano como factor de unidad de los derechos europeos. Sin embargo nuestro estudio intenta observar la cuestión desde otro ángulo, insistiendo en la pluralidad de la herencia romana. En el mismo jardín «a la francesa», forjado por Roma, prosperaron diferentes formas jurídicas, productos de procesos de aculturación variables. Restituir estas historias jurídicas es un reto político importante en un contexto marcado por el alejamiento de los ciudadanos con respecto a la esfera pública.

Vergangenheitsbewältigung durch internationale Strafgerichtsbarkeit – Vom Nürnberger Tribunal bis zum Römischen Statut

Jörg Menzel

I.   Einführung[1]

Vergangenheitsbewältigung ist ein ebenso großes wie schwieriges Thema. Schon begrifflich kann man fragen. Im Deutschen ist streitig, ob der Begriff der Vergangenheitsbewältigung überhaupt angemessen ist oder nicht besser etwa von Vergangenheitsaufarbeitung zu sprechen wäre. Im Englischen gibt es für Vergangenheitsbewältigung wohl keinen äquivalenten Begriff, am ehesten geht das Gemeinte im weiteren Themenbereich der „Transitional Justice" auf[2], der sich seinerseits aber nicht gut ins Deutsche rückübersetzen lässt. Vorliegend diskutiert wird jedenfalls die Aufarbeitung extremen und systematischen Staatsunrechts durch eine internationale oder international beeinflusste Strafgerichtsbarkeit. Weithin ausgeklammert bleiben im Grundsatz also nichtjuristische Wege des Umgangs mit solchen historischen Situationen, in jüngerer Zeit also insbesondere „Wahrheitskommissionen". Außen vor bleiben auch zivil- oder verwaltungsrechtliche Aspekte der Vergangenheitsbewältigung, die zwar ebenfalls häufig völkerrechtliche Implikationen haben, aber eben nicht dem Strafrecht zugeordnet sind. Auch rein nationale Mechanismen seien ausgeklammert und solche, die nicht systemisches Einzelfallunrecht erfassen. Schließlich geht es vorliegend auch nicht um alle Zwecke des internationalen Strafrechts, das wie das Strafrecht im Allgemeinen ja nicht nur die Funktion einer Aufarbeitung der Vergangenheit hat, sondern auch präventive Zwecke verfolgt also solche Staatsexzesse, um die es geht, durch seine Normativität zu verhindern trachtet. Dass sich das Thema allerdings mit Blick auf all diese Begrenzungen nicht

---

1   Die Vortragsform ist beibehalten. Nachweise bleiben sporadisch.
2   Grundlegend TEITEL R. G., *Transitional Justice*, Oxford, OUP, 2000.

scharf demarkieren lässt, wird schnell klar und daher wird im Folgenden auch auf Abgrenzungen, Alternativen und Ergänzungsfunktionen zurückzukommen sein.

II. Varianten der Internationalisierung

Erlauben Sie mir aber zunächst einen kurzen Überblick zu den Entwicklungen, die ich zur „Internationalisierung" der Strafgerichtsbarkeit und Vergangenheits-bewältigung zählen würde.

1. Internationale Strafgerichtsbarkeit (von Nürnberg nach Den Haag)

Als Geburtsstunde des modernen Völkerstrafrechts gilt der Nürnberger Haupt-tkriegsverbrecherprozess[3]. Natürlich gibt es frühere Ansätze und bei genauer Betrachtung lässt sich eine lange Vorgeschichte schreiben, Nürnberg aber ist für die moderne Entwicklung der Ausgangspunkt[4]. Nazi-Deutschland hatte nicht nur einen Weltkrieg angezettelt, sondern den perfidesten gezielten Genozid der Geschichte organisiert. Der Holocaust, die industriell organisierte Ermordung aller Juden und Menolkschen jüdischer Herkunft, derer man habhaft wurde, steht seither für den maximalen Exzess moderner Staatlichkeit. Nachdem sich das Völkerrecht zudem gerade in der Zwischenkriegszeit bereits fortentwickelt hatte, war eine auch justizförmliche Aufarbeitung daher nach Ende des Zweiten Wel-tkrieges wohl unausweichlich. Juristisch gab es viele Zweifelsfragen, die vor allem mit dem Problem internationaler Straftatbestände (nulla poena sine lege) wie auch dem Vorwurf der „Siegerjustiz" durch ein Militärtribunal der Siegermächte zu tun hatten. Gleichwohl gilt Nürnberg als entscheidender Durchbruch. Gleichzeitig ist es ein Monument historischer Dokumentation der Verbrechen des Nationalso-zialismus. In aus heutiger Perspektive unvorstellbar kurzer Verfahrenszeit von elf Monaten fast unmittelbar nach Kriegsende wurde für den ersten Hauptprozess unendliches Material zusammengetragen. Nürnberg hatte ein Pendant in Tokyo,

---

3   Zum Prozess in Nürnberg etwa Hoffmann J., in Menzel J./Pierlings T./Hoffman J., *Völkerrechtsprechung*, Tübingen, Mohr Siebeck, 2005, S. 773 ff. m.w.N.
4   Guter Überblick aus deutscher Perspektive bei Kress C., « Versailles – Nürnberg – Den Haag: Deutschland und das Völkerstrafrecht », in *JZ*, 2006, S. 981 ff.

wobei dieser Prozess gegen die japanischen Hauptkriegsverbrecher in mancher Hinsicht juristisch noch problematischer war.[5]

Im Übrigen blieben die Verfahren in Nürnberg und Tokyo auf internationaler Ebene zunächst alleinstehend. In den folgenden vier Jahrzehnten gab es keine weiteren „internationalen" Prozesse, weder für Exzesse und Taten auf Seiten der Siegermächte vor 1945 (etwa Stalins Aushungerung der Ukraine mit unfassbaren Opferzahlen in den 1930er Jahren), noch solcher danach wie etwa in Indonesien nach der Machtübernahme Suhartos in den 1960er Jahre, noch z. B. in Kambodscha sowie Uganda in der zweiten Hälfte der 1970er Jahre oder der diversen Militärdiktaturen in Südamerika bis in die 1980er Jahre hinein. Erst mit dem Ende des Kalten Krieges wurde (zumindest für einige Zeit) der Sicherheitsrat der Vereinten Nationen insoweit handlungsfähig. Leider gab es im Prozess der Auflösung Jugoslawiens sowie des Genozids in Rwanda alsbald zwei Anlässe mit so gravierenden Verbrechen, dass die Einrichtung von internationalen Ad-hoc-Strafgerichten durch Sicherheitsratsbeschluss geboten erschien. Diese Tribunale („ICTY" und „ICTR") haben das Internationale Strafrecht revitalisiert, mit erheblichem finanziellem Aufwand sowie einer zwar überschaubaren Anzahl an Verfahren, aber doch grundlegenden Entscheidungen in vielen Bereichen. Sie stellten auch die Weichenstellung dar in Richtung auf den allgemeinen Internationalen Strafgerichtshof, dessen „Römisches Statut" 1998 verabschiedet wurde und der trotz des massiven Widerstandes der USA und der Nichtunterstützung durch andere zentrale Mächte bereits 2002 an seinem Sitz in Den Haag die Arbeit aufnehmen konnte. Der „ICC" hat nun seinerseits ein Dutzend Jahre Arbeitserfahrung und seit kurzem gibt es erste Entscheidungen. Seine konkrete Erfolgsbilanz ist gleichwohl Gegenstand erheblicher Kontroversen, wie auch diejenige der Sondergerichte für Jugoslawien und Rwanda. Dass es die mit diesen Gerichten verbundene Entwicklung der jüngsten Geschichte gewesen ist, die ein Rechtsgebiet des Völkerrechts in kürzester Zeit massiv vorangetrieben hat, können aber selbst Kritiker kaum bestreiten. Auch scheint immer wichtig, daran zu erinnern, dass sich der Fortschritt nicht an den Verfahren messen lässt, sondern vor allem zwei weitere Aspekte den Quantensprung ausmachen: Erstens liegt mit dem Römischen Statut erstmals ein kodifiziertes „substanzielles" Völkerstrafrecht mit vier im einzelnen definierten Tatbeständen und „allgemeinen Lehren" vor. Zweitens sind alle Mitgliedstaaten verpflichtet diese Tatbestände und Konzepte national umzusetzen, die konkrete Tätigkeit des ICC also konzeptionell subsidiär ist. Hierauf wird zurückzukommen sein.

---

5   Vgl. näher Hoffmann J., in Menzel J./Pierlings T./Hoffman J., Fn. 3, S. 778 ff. m.w.N.

Schwierig erscheint die Frage nach der Förderung von Erinnerungskultur und Vergangenheitsaufarbeitung, die mit der Tätigkeit der bisherigen Gerichte in dieser Kategorie verbunden ist. Alle genannten Gerichte haben massiv Beweise gesammelt und historische Abläufe dokumentiert. Aus internationaler Sicht wird das Unrecht insoweit wohl dokumentiert und häufig auch klargestellt. Wirkt es so aber auch im lokalen Kontext? Nürnberg mag insofern einen deutlichen Effekt gehabt haben, bekanntlich war die frühe bundesdeutsche Justiz dann aber alsbald kaum gewillt, ihren Teil zur Vergangenheitsaufarbeitung beizutragen. Erst in den 1960er Jahren kam es dann zu wichtigen nationalen Gerichtsverfahren. In Japan wurden die internationalen Nachkriegsverfahren wohl ohnehin als Siegerjustiz betrachtet. Auch die Rezeption der Verfahren zu Jugoslawien und Rwanda vor Ort sowie die Kooperation der betroffenen Staaten mit ICTY und ICTR ist facettenreich und die erste Phase des ICC wird von Kritikern von diesem Kontinent häufig als „Africa Bashing" interpretiert. Hier stellen sich viele Fragen und komplexe Probleme für die Beurteilung. Auch hierauf ist noch zurückzukommen.

2.   Hybride Strafgerichtbarkeit (Phnom Penh und anderswo)

Die sogenannte hybride Strafgerichtsbarkeit ist eine sehr junge Erscheinungsform[6]. Es geht um Gerichte, in denen sich nationale und internationale Elemente mischen. Zunächst in die Diskussion kam dieses Konzept Ende der 1990er Jahre mit Blick auf Kambodscha, dort dauerte die Etablierung aber so lange, dass es zunächst anderswo zum Einsatz kam. Kosovo, Ost-Timor, Libanon und vor allem Sierra Leone sind Varianten. Im Einzelnen variieren diese Gerichte. Ich werde im Folgenden im Wesentlichen auf Kambodschas Version zurückgreifen, weil ich die Entwicklungen dort in den vergangenen gut zehn Jahren größtenteils vor Ort beobachten konnte[7].

Blickt man auf die Entstehung des sogenannten „Khmer Rouge Tribunals" zurück, ist die Entwicklung von einiger historischer Zufälligkeit. Dass sich Kambodschas Regierung überhaupt an die Vereinten Nationen wandte, um die 20

---

6   Vgl. etwa DONLON F., « Hybrid Tribunals », in SCHABAS W./BERNAZ N., *Routledge Handbook of International Criminal Law*, London/New York, Routledge, 2013, S. 85 ff.

7   Vgl. zum Khmer Rouge Tribunal jüngst umfassend CIORCIARI J. C./HEINDEL A., *Hybrid Justice. The Extraordinary Chambers in the Courts of Cambodia* Ann Arbor, Michigan University Press, 2014; zur Vorgeschichte und Grundfragen auch MENZEL J., « Ein Strafgericht für die Khmer Rouge. Herausforderung für Kambodscha und das Völkerstrafrecht », in *VRÜ*, 2006, S. 425 ff.

Jahre nach der Zeit der in Rede stehenden Verbrechen, war 1997 sehr speziellen konkreten politischen Umständen zu verdanken. Diese veränderten sich auch schon wieder mit den innenpolitischen Entwicklungen in Kambodscha. Jedenfalls wollte Kambodscha von Beginn an dezidiert nur Unterstützung, keinesfalls aber ein echtes internationales Strafgericht, worauf die UN aufgrund des fundamentalen Misstrauens in die Leistungsfähigkeit der kambodschanischen Justizorgane aber zunächst bestand. Der nach langen und zwischenzeitlich abgebrochenen Verhandlungen erzielte Kompromiss lag in einem kambodschanischen Gericht mit internationaler Beteiligung, mit Richtermehrheit auf kambodschanischer Seite bei gleichzeitig qualifizierten Entscheidungsquoren („super-majority"), die den Einfluss der internationalen Seite sichern sollte, sowie einer paritätisch besetzten national-internationalen Staatsanwaltschaft. Das war kompliziert vom Grundkonzept her und es hat sich als sehr schwierig in der Praxis erwiesen. Inzwischen sind die ersten Personen verurteilt, zuerst der Leiter des berüchtigten Foltergefängnisses Tuol Sleng (Deuch) und sodann der „Staatspräsident" (Khieu Samphan) sowie die direkte Nummer 2 im System der Khmer Rouge (Nuon Chea). Zwei der Angeschuldigten (Ta Mok und Ieng Sary) sind seit ihrer Inhaftierung verstorben und für eine Angeklagte (Ieng Tirith) wurde das Verfahren aufgrund gesundheitlicher Prozessunfähigkeit eingestellt.

Hat Vergangenheitsaufarbeitung stattgefunden in Kambodscha? Meines Erachtens ist die Frage mit einem klaren „Ja" zu beantworten, der ernsthaften Probleme, die das Tribunal begleiteten, zum Trotz. In Kambodscha wurde das Thema für lange Zeit systematisch totgeschwiegen, sieht man von einigen propagandistischen Erinnerungszeremonien ab. Die Khmer Rouge befanden sich bis in die zweite Hälfte der 1990er Jahre noch im Widerstand im Land und die noch lebenden Spitzenvertreter des Regimes lebten bis zu Beginn des Tribunals unbehelligt in Kambodscha, teils in den letzten Rückzugsgebieten der Khmer Rouge, der „Außenminister" des Systems aber zuletzt in Wohlstand in der Mitte Phnom Penhs. Mit dem Beginn der Verfahren wurden die Angeklagten in Untersuchungshaft genommen und es begannen ein intensiver „outreach" des Gerichts sowie zahlreiche begleitende Aktivitäten zivilgesellschaftlicher Organisationen. Das Verfahrensrecht des Gerichts erlaubt die formale Beteiligung von Opfern („civil parties"), wovon mehr als tausendfach Gebrauch gemacht wurde[8]. Menschen aus ganz Kambodscha kamen und kommen massenhaft nach Phnom Penh, um Verhandlungstage zu beobachten, Fernsehen und Zeitungen berichten umfassend, alle Prozessdoku-

---

8   Für eine Analyse siehe HOVEN E./FEILER M./SCHEIBEL S., « Victims in Trials of Mass Crimes. A Multi-Perspective Study of Civil Party Participation at the Extraordinary Chambers in the Courts of Cambodia », in *Occasional Paper Series, Universität zu Köln,* 2013.

mente stehen unmittelbar in Khmer, Englisch und Französisch zur Verfügung. Anwärter für das Amt des Richters bzw. Staatsanwalts in Kambodscha werden systematisch zu Praktika-Zeiten beim Tribunal verpflichtet. Obwohl es erhebliche und berechtigte Kritikpunkte an der Arbeit des Gerichts gibt: dass man in seinem Kontext in Kambodscha nach drei Jahrzehnten begonnen hat, sich der traumatisierenden Phase der Regierung der Khmer Rouge, die mindestens einem Viertel der Bevölkerung das Leben kostete, zu stellen, ist kaum zu bestreiten. Die Arbeit des Gerichts wird auch, legt man eine Reihe von Meinungsumfragen zugrunde, von der Bevölkerung deutlich positiver beurteilt, als dies vor Beginn zu erwarten gewesen wäre. Jedenfalls liegt auf der Hand, dass der Beitrag des Gerichts zur kollektiven Aufarbeitung der Herrschaft der Khmer Rouge weit intensiver geschehen ist, als dies möglich gewesen wäre, wenn die Verfahren, wie von den Vereinten Nationen zunächst gefordert, als rein internationales Gericht außerhalb des Landes stattgefunden hätten. Diese Erfahrung wird bleiben und schon deshalb wird das Modell der „hybriden" Gerichte trotz aller auch negativen „lessons learned" je nach Kontext zukunftsrelevant bleiben.

3.   Internationaler Einfluss auf nationales Strafrecht („Rom" und der Globus)

Nur ein paar Andeutungen schließlich zu einem weiteren Entwicklungsschritt. Internationalisierung findet auch dort statt, wo konkret weder internationale Strafgerichte noch solche mit internationaler Partizipation tätig sind. Dies geschieht dadurch, dass Völkerrecht auf das nationale Recht einwirkt und damit gewissermaßen indirekt zu einer Internationalisierung führt. Gerade hier in Amerika ist dieser Aspekt besonders evident. Allgemein kann man für die moderne Entwicklung mit dem Ende des Zweiten Weltkriegs ansetzen und in jüngerer Zeit eine große Dynamik feststellen, wobei es aber nicht die große Pause während der langen Zeit des Kalten Krieges gab. Als grundlegend kann zunächst etwa die Völkermordkonvention angesehen werden, mit der bereits seit 1948 eine konkrete Pflicht der Mitgliedstaaten besteht, Genozid zu bestrafen. In jüngerer Zeit hat sich das Völkerrecht an dieser Stelle massiv verdichtet, speziell nun für die überraschend vielen Staaten, die dem Römischen Statut in relativ kurzer Zeit beigetreten sind. Dessen Konzept ist, dass der Internationale Strafgerichtshof überhaupt nur eine Reserve ist, für den Fall, dass Mitgliedstaaten ihren Verpflichtungen zur strafrechtlichen Sanktionierung nicht gerecht werden wollen bzw. können. Insofern gilt: Wenn das Römische Statut erfolgreich ist, hat der Internationale Strafgerichtshof wenig Arbeit. Wichtige Entwicklungen gehen im Übrigen hierüber hinaus und reichen weiter zurück. Zwei Aspekte möchte ich nennen:

Erstens beeinflusst nicht nur konkretes Völkerstrafrecht, sondern auch sonstiges Völkerrecht die Entwicklung. Das gilt insbesondere für Menschenrechte. Gerade hier ist auch eine Brücke nach Amerika gebaut, wo es zwar bislang weder ein relevantes Strafrechtsverfahren vor einem internationalen oder internationalisierten Strafgericht gegeben hat, wo aber der Interamerikanische Menschenrechtsgerichtshof erheblich wirkt. Thilo Rensmann hat die Vorreiter-Rolle des Interamerikanischen Gerichtshofs für die Adressierung fundamentaler Problemlagen bereits vor fast 15 Jahren in einem Vortrag herausgearbeitet, zu einer Zeit, als Perus Fujimori Regierung gerade mit diesem regionalen Menschenrechtssystem gebrochen hatte[9]. Deutlich prononcierter als der Europäische Menschenrechtsgerichtshof wurden und werden hier Probleme von „transitional justice" thematisiert, mit Blick auf „Verschwinden lassen" und viele andere Fragen, die den Umgang mit systematischem Staatsunrecht betreffen. Entscheidungen in diesen Bereichen wirken sich auf nationale Gerichtsentscheidungen aus und prägen sie. Ich würde auch dies als „Internationalisierung" qualifizieren.

Zweitens sind Entwicklungen im Bereich der Strafrechtsjurisdiktion zu nennen. Verbrechen zu bestrafen, die von Ausländern in fremden Staaten verübt wurden, ist unter bestimmten Umständen seit langem verbreitet und akzeptiert, auch wenn gerade im Strafrecht zunächst das Territorialitätsprinzip zu dominieren scheint. Fremde Staatsverbrechen zu pönalisieren, ist freilich ein Aspekt, der erst in jüngerer Zeit an Bedeutung gewonnen hat, zumal damit nicht nur an traditionellen Grenzen der Jurisdiktion im Strafrecht gekratzt wird, sondern auch noch an Aspekten völkerrechtlicher Immunität[10]. Ein früher und speziell gelagerter Fall war das Verfahren gegen Adolf Eichmann, vom israelischen Geheimdienst aus Argentinien entführt, um ihn in Jerusalem wegen im Deutschen Reich begangenen Verbrechen zu verfolgen[11]. In jüngerer Zeit paradigmatisch ist der Fall Augusto Pinochet, in Großbritannien verhaftet aufgrund eines Auslieferungsantrags aus Spanien, betreffend Verbrechen aus der Zeit seiner Herrschaft in Chile[12]. Die juristischen Detailfragen sollen hier dahinstehen, deutlich war jedenfalls, dass sich dieses Verfahren auch in Chile auswirkte, nicht zuletzt dahingehend, dass man

---

9   RENSMANN T., « Menschenrechtsschutz im Inter-Amerikanischen System: Modell für Europa? », in *VRÜ*, 2000, S. 137 ff.

10   REYDAMS, L. « The rise and fall of universal jurisdiction », in Schabas W./Bernaz N., Fn. 6, S. 337 ff.

11   Hierzu näher BECKER F. in MENZEL J./PIERLINGS T./HOFFMAN J., Fn. 3, S. 781 ff.

12   Hierzu näher MAIERHÖFER C. in MENZEL J./PIERLINGS T./HOFFMAN J., Fn. 3, S. 800 ff.

justiziell dort dann versuchte zu vermitteln, die notwendigen Strafverfahren auch
selbst durchführen zu können. Auch das ist ein Ergebnis von Internationalisierung.

III.   Einige grundsätzliche Überlegungen

1.   Warum das Ganze und für Wen?

Mit Blick auf die Grundsatzfragen einer internationalisierten Strafbarkeit sei zunächst noch einmal diejenige nach dem Zweck aufgeworfen[13]. Sie ist nicht unwichtig,
gerade wenn es um Konzipierung und Erfolgserwartung an solche Gerichte bzw.
Verfahren geht. Natürlich bietet sich das klassische nationale Strafrecht als Ver-
gleichstableau an, aber es ist auch klar, dass es Besonderheiten gibt. Hier sind nur
einige Andeutungen möglich sowie der Hinweis darauf, dass weithin noch ein
erhebliches „Theoriedefizit" in diesem Bereich konstatiert wird.
      Zunächst geht es bei den Straftatbeständen des Internationalen Strafrechts
um systematisch begangene Schwerstverbrechen, regelmäßig entweder von Trägern staatlicher Autorität oder jedenfalls organisierter Autoritäten begangen bzw.
verantwortet werden. Sie stehen nach ihrer Herkunft und zu erheblichen Teilen
noch heute zumeist in einem staatsübergreifenden Zusammenhang. Das gilt für
Angriffskrieg und Kriegsverbrechen, aber auch für Genozid und Verbrechen gegen
die Menschlichkeit. Heute werden diese Taten im Übrigen, soweit rein innerstaat-
lich begangen, schon deshalb als Menschheitsanliegen und daher „international"
verstanden, weil sie eben gegen die Grundlagen menschlicher Gemeinschaft als
solche verstoßen. Hiermit liegt nahe, dass die Völkergemeinschaft auch letztve-
rantwortlich bleibt, wenn die primäre Verantwortung für die Nichtbegehung bzw.
Verhinderung solcher Taten zunächst bei den Staaten liegt. Der deutsche Begriff
des Völkerstrafrechts mag insofern etwas unglücklich sein, als formal nicht Staaten übereinander zu Gericht sitzen, aber es geht in der Sache eben doch zumeist
um Straftaten durch organisierte Herrschaftsgewalt, so diffus der Grenzbereich
immer noch sein mag. Der Alltagskriminelle, auch wenn er großes Unheil und
z. B. massenhaft Tote verursachte, liegt nicht im Fokus.
      Im Internationalen gelten wohl im Grunde trotz der besonderen Dimension
zunächst die gleichen Strafzwecke wie auch sonst im Strafrecht: retrospektiv Ver-
geltung und Tatausgleich, präventiv spezielle und generelle Straftatvermeidung.
Natürlich variieren die Bedürfnisse. Die Angeklagten des Khmer Rouge Tribunals

---

13   Eingehend NEUBACHER F., « Strafzwecke und Völkerstrafrecht », in *NJW,* 2006, S. 966 ff.

stellten wohl sämtlich keinerlei Gefahr mehr dar zur Zeit des Beginns der Verfahren gegen sie. Für Charles Taylor in Westafrika stellte sich das aber ganz anders dar, „sein" Verfahren hat man sogar von Sierra Leone nach Den Haag an den Sitz des ICC verlegt, weil das Verfahren vor Ort zu gefährlich schien[14]. Eine klare Festlegung zu primären Zielsetzungen findet sich in den wesentlichen Rechtsgrundlagen nicht und auch die Literatur hat, wie bereits einleitend erwähnt, hier ein deutliches Theoriedefizit. Mir scheint aber richtig, die besondere Bedeutung von Opfersolidarität und Dokumentation (Neubacher) hervorzuheben. Gerade im internationalen Strafrecht geht es darum, klarzustellen, ob autoritatives Handeln von Staatsorganen oder organisierten Machtapparaten, denen der Einzelne zunächst ausgeliefert ist, Unrecht darstellt. Für das einzelne Opfer sowie für die Gesellschaft als Ganze geht es hier um Richtigstellung darüber, was Recht und gerecht und was das Gegenteil ist. Das gilt zwar auch sonst im Strafrecht, ist im Fall von Staatsunrecht oder staatlich toleriertem Unrecht besonders wichtig, weil der Staat zunächst einen Vertrauensvorsprung genießt, dass seine Machtausübung legitim ist. Wenn dieses Vertrauen missbraucht ist, muss das öffentlich und ebenfalls mit staatlicher Autorität klargestellt werden. Insofern ist auch die öffentliche (gerichtsförmliche) Feststellung von Tatsachen bedeutsam. Die Dokumentation des historischen Geschehens in einem Gerichtsverfahren hat eine spezielle Autorität, die „private" Forschung nicht erreichen kann. Ich glaube, dass es wichtig sein kann, dass die Gemeinschaft der Opfer, aber auch die Gesellschaft als Ganze eine „offizielle" gerichtliche Beurteilung erhält, wenn fundamentales Unrecht geschehen ist. Nur am Rande sei bemerkt, dass aufgrund der genannten Aspekte m. E. gerade auch der Aufhebung von justiziellen Unrechtsakten eines verbrecherischen Regimes große Bedeutung zukommt.

Die Gesellschaft als Ganze kann, wenn es um die fundamentalsten Verbrechen gegen die Menschheit geht, dabei neben der lokalen eben auch die globale Gemeinschaft sein. Leider hat sich auch Deutschland sehr schwer getan und lange benötigt, die zahllosen Unrechtsurteile aus der Zeit des Nationalsozialismus später formal aufzuheben[15]. In Kambodscha, um noch einmal den Blick dorthin zu werfen, gab es jedenfalls insofern keinen Handlungsbedarf, denn die Khmer Rouge haben ihre Opfer ohnehin einfach nur gefoltert und umgebracht, ohne auch nur vermeintliche Rechtsgrundlagen oder Gerichtsverfahren.

---

14 Resolution 1688 des UN-Sicherheitsrates vom 16. Juni 2006.

15 Vgl. insbesondere das Gesetz zur Aufhebung nationalsozialistischer Unrechtsurteile in der Strafrechtspflege (« NS-Unrechtsurteileaufhebungsgesetz ») v. 25. August 1998, BGBl. I S. 2501, zuletzt geändert durch Art. 1 G vom 24. September 2009, BGBl. I S. 3150.

2.   Probleme und Grenzen

Beginnt man, über Probleme und Grenzen nachzudenken, wird die Schwierigkeit des Unterfangens Internationalisierter Strafgerichtsbarkeit deutlich. So wird schon die Legitimität immer wieder bestritten. Mit Blick auf den ICC wird (z. B. von konservativen Kritikern aus den USA) fehlende demokratische Legitimität kritisiert. Bei internationalen Gerichten ist schnell von Siegerjustiz oder Verletzung nationaler Souveränität die Rede. Das Verhältnis der internationalen Tribunale zu Jugoslawien und Rwanda zu den Regierungen etwa in Belgrad und Kigali war aus unterschiedlichen Gründen spannungsvoll. Die Verfolgung fremder Regimemitglieder durch nationale ausländische Gerichte wird ebenfalls als Souveränitätsverletzung bzw. auch Verstoß gegen völkerrechtliche Immunitäten kritisiert. Im Übrigen geht es häufig nach wie vor um das Rückwirkungsverbot (nulla poena sine lege) und Grundfragen der Zurechnung.

Ein weiterer schwieriger Punkt bleibt, ob die strafjuristische Vergangenheitsbewältigung unter dem Gesichtspunkt der Versöhnung (reconciliation) auf Grenzen stößt. Hier ist zunächst das klassische Problem der Amnestien angesiedelt. Das Völkerstrafrecht bewertet in Theorie und Praxis Amnestien bei fundamentalen Staatsverbrechen zunehmend ablehnend[16]. Zum Themenkreis gehört aber darüber hinaus die Frage, wie mit Massenverbrechen justiziell überhaupt umgegangen werden kann und Massenhaftigkeit an Verfahren nicht nur technisch, sondern auch gesellschaftlich möglich ist. Täter und Opfer sind häufig in solcher Zahl vorhanden, dass individuell gesprochene Gerechtigkeit für jeden Einzelfall undenkbar scheint. Auch wenn ich etwas vorsichtig bin, dies zu beurteilen, scheint mir z. B. auch der Versuch Rwandas, mit den Gacaca-Gerichten insoweit zu einer Lösung zu gelangen, eher problematisch geblieben zu sein.

Internationale Gerichte werden für ihre Kosten kritisiert. Die Kosten der größeren Gerichte seit Anfang der 1990er Jahre (ICTY, ICTR, ICC, SCSL, ECCC) beliefen sich bis Ende 2013 wohl auf knapp 6 Mrd. Dollar. Zum Teil wird versucht, die Effizienz der Gerichte über die Anzahl der Verurteilten zu errechnen. Ist das sachgerecht? Kambodschas Tribunal wäre dann bislang das teuerste anlassbezogen eingerichtete Gericht (sieht man also vom ICC ab), mit über 60 Mio. Dollar pro Verurteiltem, in absoluten Zahlen ist es aber das bislang „preiswerteste" unter den Gerichten. Zur Verteidigung der Kosten wurde kürzlich einmal erwähnt, dass die Kosten für das kambodschanische Tribunal sich im Bereich einer mittelprächtigen

---

16   Vgl. etwa MALINDER L., « Amnesties », in SCHABAS W./BERNAZ N., Fn. 6, S. 419 ff.

Brücke bewegten. Ein gelungener Vergleich, denn soll nicht ein solches Gericht auch Brücke von der Vergangenheit in Gegenwart und Zukunft sein?

Eine wieder eher rechtsphilosophische Frage ist schließlich diejenige, ob Gerichte überhaupt zu historischer Aufarbeitung befähigt sind und umgekehrt, wie der historische Beweis zu erbringen und ggf. historische Forschung einzubinden ist[17]. Mir scheint diese Frage im Grundsatz gar nicht so schwierig, wie manche publizierten Überlegungen hierzu andeuten. Richter und Historiker arbeiten offensichtlich auf der Grundlage verschiedener Methoden, Zielrichtungen und vor allem Bewertungsmaßstäben, beide aber müssen hierzu zunächst einmal Fakten rekonstruieren und feststellen. Das Korsett des Gerichtsverfahrens führt dazu, dass in Gerichtsverfahren zunächst regelmäßig keine Geschichte als „Ganzes" geschrieben werden kann, sondern nur mit Blick auf Täter und Taten. Wer einschlägige Gerichtsurteile liest, weiß umgekehrt, dass Gerichtsurteile sehr wohl auch Geschichtsbücher sein können. Das gilt auch für die bisherigen Entscheidungen des Khmer Rouge Tribunals. In Deutschland kann man sich aber auch an Entscheidungen des Bundesverfassungsgerichts aus den 1950er Jahren erinnern. In den sogenannten Beamtenurteilen (freilich lagen hier keine Strafverfahren zugrunde) hatte es z. B. in schmerzhafter Genauigkeit die Geschichte des deutschen Beamtentums während der Zeit des Nationalsozialismus nachgezeichnet und eine Pervertierung des Amtsverhältnisses konstatiert, die dieses im Grundsatz zerstört hatte[18]. Zu erwähnen ist auch, dass historische Aufarbeitung nicht nur in Gerichtsverfahren geschieht, sondern auch durch diese begleitet wird. Wesentliche Fortschritte wurden in Deutschland gemacht im Umfeld der Gerichtsverfahren der 1960er Jahre, in denen historische Gutachten eine wesentliche Rolle spielten. Historiker spielen in Gerichtsverfahren auch immer wieder eine wichtige Rolle als Sachverständige etc., auch wenn im Bereich des Common Law insofern die Regeln etwas strikter sind als in der kontinental-europäischen Tradition. In Kambodscha hat das Tribunal ausgewiesene internationale Experten zu Kambodschas Geschichte direkt als Personal verpflichtet. Auch hat dort aufwendige historische Beweissicherung etwa durch das „Documentation Center of Cambodia" fast eine Dekade im Vorfeld des Tribunals begonnen, vor allem motiviert durch die Aussicht auf mögliche Gerichtsverfahren. Gerichtsverfahren sind insofern auch Auslöser und Katalysatoren „privater" Forschung aller Art.

---

17 Hierzu etwa STOLLEIS M., « Der Historiker als Richter – der Richter als Historiker », in FREI N., *Geschichte vor Gericht*, München, C. H. Beck, 2000, S. 173 ff.

18 Zu den Beamtenurteilen von 1953 sowie einigen Folgeentscheidungen vgl. etwa MENZEL J., in MENZEL J./MÜLLER-TERPITZ R., *Verfassungsrechtsprechung*, 2. Auflage, München, C. H. Beck, 2011, S. 57 ff.

3.   Ergänzungen und Alternativen

Wenden wir uns noch einmal der Frage der Alternativen zu: Strafrecht und noch mehr internationales Strafrecht haben Komplementärfunktion im schwierigen Prozess der Vergangenheitsaufarbeitung. Selbst wenn man akzeptiert, dass das Vergessen der Vergangenheit keine solche Alternative ist (Kambodschas Premierminister sagte einst: „Let's dig a hole and bury the past"), bleiben neben der Strafgerichtsbarkeit weitere Formen, Vergangenheit aufzuarbeiten. Allerdings ist aus internationaler Sicht, die ja heute mein Thema ist, zu verwaltungsrechtlichen Verfahren nicht viel zu sagen. In welchem Umfang ein Staat etwa in seinem öffentlichen Dienst Personen entlässt oder einstellt, die in vergangenes Systemunrecht verstrickt waren, ist regelmäßig eine Frage nationaler Entscheidungsfindung.

Des Weiteren kommen Restitution und finanzielle Kompensation in Betracht und hier spielt internationales Recht schon wieder eine wichtige Rolle. So kommen z. B. Entschädigungsklagen zwischen Staaten oder auch vor ausländischen Zivilgerichten gegen ausländische Staaten bzw. Unternehmen in Betracht. Hier gibt es zahlreiche Versuche in der jüngeren Vergangenheit, die teilweise recht weit zurückliegende Ereignisse betreffen, die aber letztlich auch immer wieder auf Grenzen unter den Aspekten „Staatenimmunität" und „Jurisdiktion" erfahren. Deutschland hat jedenfalls den Versuch privater Kläger, Reparationsleistungen für das Massaker im griechischen Distomo während des Zweiten Weltkriegs einzuklagen, nach zahlreichen komplizierten Verfahren vor deutschen, griechischen und italienischen Gerichten sowie Entscheidungen des Europäischen Menschenrechtsgerichtshofs wie auch des Internationalen Gerichtshofs letztlich erfolgreich abgewehrt[19]. Aus der Perspektive meines Themas sei angemerkt: Auch wenn die Klagen letztendlich erfolglos blieben mit Blick auf die Leistung von Entschädigung, haben sie doch dazu beigetragen, auch an dieses Verbrechen zu erinnern und es im historischen Gedächtnis der Menschheit festzustellen.

Jenseits der „justiziellen" Aufarbeitung spielt gerade mit Blick auf die Aufarbeitung von Staatsunrecht die Einrichtung spezieller Kommissionen eine Rolle[20]. Solche Kommissionen spielen ohnehin dort eine natürliche Rolle, wenn es um Unrecht geht, das zeitlich so weit entfernt ist, dass es sich justiziell kaum noch adressieren lässt. Sonst können sie entweder Alternativen oder Ergänzungen sein oder eine Mischung aus beidem, wie im wohl berühmtesten Beispiel, demjenigen Südafrikas. Dessen Konzept von Amnestien auf der Grundlage umfassender Ges-

---

19   Hierzu MAIERHÖFER C., in MENZEL J./PIERLINGS T./HOFFMAN J., Fn. 3, S. 800 ff.
20   Hierzu WIEBELHAUS-BRAHM E., « Truth Commissions », in SCHABAS W./BERNAZ N., Fn. 6, S. 369 ff.

tändnisse und Kooperation mit der Kommission wurde auf der Grundlage südafrikanischen Verfassungsrechts und Völkerrechts sehr in Zweifel gezogen, vom südafrikanischen Verfassungsgericht aber betätigt[21]. Mit Blick auf Kambodscha wurde ebenfalls viel über das Konzept einer Wahrheitskommission diskutiert, allerdings eher von außen; für Kambodschas Regierung kam es wohl nie ernsthaft in Betracht.

IV. Schlussbemerkung

Die Bewältigung maximalen Unrechts, um die es im internationalisierten Strafrecht geht, kann zumeist nicht wirklich gelingen. Schon gar nicht gibt es Standardlösungen, die auf die sehr unterschiedlichen historischen und weltweiten Problemlagen schablonenartig angewandt werden könnten. Auch können Strafrechtsnormen offenbar die Wiederkehr solchen Unrechts nicht vollständig verhindern, wie wir gerade in diesen Tagen durch die Nachrichten aus den Krisenherden der Welt lernen. Massenhafte Gewalt ist dabei aber kein neues Phänomen, die Geschichte ist vielmehr durch die Jahrtausende gefüllt mit brutalsten Verbrechen bis hin zu Genoziden. Dass wir heute mehr schlechte Nachrichten haben hat wohl mehr damit zu tun, dass wir mehr Nachrichten haben als das alles schlechter wäre. Jedenfalls bin ich überzeugt, dass die Feststellung von Recht und Unrecht durch international gültige Normen sowie ihre wenn auch bisweilen symbolische Anwendung auf geschehenes Unrecht durch eine auch internationalisierte Gerichtsbarkeit ein erheblicher zivilisatorischer Fortschritt ist. Diese Internationalisierung trägt wie auch die jüngsten Quantensprünge im Bereich der Informationstechnologie in wichtiger Weise zur Aufhebung des neuzeitlichen Monopols der Staaten in Sachen autoritativer Geschichtsschreibung und Geschichtsdeutung bei. Insofern ist auch etwas Fortschritt zu verzeichnen und vielleicht Raum für vorsichtigen Optimismus.

---

21 CONSTITUTIONAL COURT (South Africa) v. 25. Juni 1996 – AZAPO, dazu auch HOFFMANN J., in MENZEL J./PIERLINGS T./HOFFMAN J., Fn. 3, S. 791 ff.

Le dépassement du passé à travers la mise en place d'une juridiction pénale internationale : De Nuremberg à Phnom Penh et autour du Monde

Le traitement d'injustices passées dans un État de droit constitue de plus en plus une exigence du droit international. Le concept d'une juridiction pénale internationale – d'abord éprouvé après la Seconde Guerre Mondiale dans les procès de Nuremberg contre les actes du national-socialisme – a été ranimé avec les tribunaux pour l'Ex-Yougoslavie et pour le Rwanda, et finalement institutionnalisé avec la création de la Cour Pénale Internationale de La Haye. À coté de ces expériences existent des volontés de tenter de nouvelles pratiques, par exemple au Cambodge avec la mise en place de tribunaux « hybrides » qui fonctionnent en collaboration entre les niveaux national et international. Finalement, les normes du droit international moderne agissent comme une exigence pour les États de veiller à la « transitional justice » dans le droit pénal. Tous ces mécanismes sont des éléments constitutifs pour tenter d'expier les injustices passées et empêcher leur répétition dans le futur. Les objectifs du droit pénal international et internationalisé sont quasi identiques à ceux du droit pénal en général. Mais une importance spéciale s'attache à l'autoritarisme de l'injustice, car les actes en question ont souvent été commis dans le cadre de la souveraineté de l'État (ou qui s'assimile à celle-ci). Même si le droit pénal international et internationalisé n'est pas en capacité d'expier des injustices passées (ou d'empêcher celles dans le futur), il constitue un élément important et nécessaire du droit international des droits de l'Homme.

El enfrentamiento crítico con el pasado a través de una jurisdicción criminal internacionalizada: De Nuremberg a Phnom Penh y alrededor del Mundo

La superación de injusticias pasadas en un Estado de derecho se revela cada vez más como una exigencia del derecho internacional. El concepto de una jurisdicción penal internacional, inicialmente probado en el juicio de Nuremberg contra las injusticias de los nacionalsocialistas después de la Segunda Guerra Mundial, fue renovado en los tribunales para la ex-Yugoslavia y Ruanda y finalmente institucionalizado con la creación de la Corte Penal Internacional. Al lado de esto se encuentra nuevamente, como en Camboya, el intento de una superación a través de tribunales «híbridos» que funcionan en colaboración entre el nivel nacional e internacional. Finalmente las normas del derecho internacional moderrno tienen cada vez más un efecto en forma de exigencias para con los Estados de integrar una «transitional justice» en su derecho penal. Todos estos mecanismos pueden solo ser componentes en el intento de expiar injusticias pasadas y evitar injusticias futuras. Los objetivos del derecho penal internacional e internacionalizado son en gran medida las mismas que en la jurisdicción penal en general. Pero el autoritarismo de la injusticia recibe una atención especial, porque los actos en cuestión han sido cometidos regularmente en el marco de la soberanía estatal (o similar a ella). Aunque el derecho penal internacional e internacionalizado no esté en capacidad de expiar estos delitos de manera completa o evitarlos en el futuro, constituyen un elemento importante y necesario del derecho internacional de los derechos humanos.

Kulturelle Vielfalt und nationale Einheit

Diversité culturelle et construction de l'unité nationale

Diversidad cultural y construcción de la unidad nacional

El mito de la unión nacional para activar las solidaridades: reflexiones desde los principios franceses

Carlos González-Palacios

La construcción jurídica de un sistema de solidaridad en el Perú constituye sin la menor duda uno de los desafíos más importantes de la era republicana contemporánea puesto que luego de haber consolidado la democracia civil y política, ahora se trata de rendir efectiva a la democracia social. Ello significa que existiría un interés estratégico en desarrollar interacciones entre los distintos componentes de la sociedad peruana con la finalidad de combatir la desunión y por consiguiente alimentar la unión social, con miras a construir un sistema de reciprocidades (derechos sociales) entre todos. Si bien, la nación constituye uno de los modelos por el cual se llega a la unidad, este ideal funciona sumamente bien en los denominados Estados-nación (es el ejemplo de Francia) en donde existe un margen de homogeneidad cultural sumamente amplio, fruto de siglos de estrechas interacciones sociales entre los franceses. No obstante, en el caso de los Estados que presentan una heterogeneidad cultural muy marcada (es el ejemplo de los Estados andinos y por ende del Perú), la construcción de la unión social a través del modelo de nación no ha surtido los frutos esperados. Partiendo de esta constatación, surge la idea de repensar la estrategia de construcción de la unión social peruana en el siglo XXI, sobrepasando al ideal nacional en el trabajo de construcción de un sistema peruano de solidaridad a escala estatal. En ese sentido, este artículo y el que sigue (*El reto de la unión ciudadana intercultural para desarrollar a los derechos sociales*) tienen como objeto tratar sobre este tema.

En ambos artículos el caso francés interesará mucho a nuestra reflexión puesto que, en comparación con América andina, se puede observar que existe una fuerte identidad colectiva alimentada por un patriotismo tácito fundado en los valores de la República. Influenciada por esta corriente de valores, durante la Revolución francesa se organizan la administración, el derecho y la sociedad contemporáneos. Así, cuando las cuestiones ligadas a la pobreza fueron tratadas desde 1790 en los foros políticos, ciertamente los derechos sociales no aparecieron pero sí se organizó un aparato de socorro social. Situación que se distingue mucho de la del Perú independiente en donde la diseminación étnica y cultural dentro de fronteras nuevas impidió toda construcción de una identidad colectiva y en consecuencia todo sentimiento de fraternidad. Por ello, aunque los discursos de unidad y el sentimiento patriótico independentista hayan sido fuertes, como lo enuncia el investigador peruano Julio Cotler, la falta de identidad colectiva puso en mala postura al sentimiento de solidaridad nacional entre los grupos étnicos y las clases sociales.[1] A partir de esta lectura de la realidad histórica se entiende que si es difícil pensar en la aplicación efectiva del derecho en una sociedad fragmentada y sin fraternidad, entonces será aun más difícil ver prosperar los derechos de los más vulnerables sin la existencia de una verdadera cohesión de los grupos sociales que interactúan al interior del Estado.

I.   Reflexiones preliminares: la fraternidad como situación de unión entre iguales

Rousseau observaba que el contrato social es ciertamente una cuestión de libertades, pero que es también una cuestión de igualdad. En ese sentido sostenía que «la condición [del contrato social] es igual para todos, y la condición siendo igual para todos, nadie tiene interés en rendirla onerosa hacia los demás?»[2] Se trata pues de un pacto entre personas iguales en derechos, porque existe una consideración mutua entre ellos, todos formando parte de un grupo de iguales asimilado a una fraternidad. Se asimila el grupo a la noción de fraternidad ya que ninguno puede aspirar a ser padre o hijo del otro, a ser más o ser menos que el otro, sino que todos poseen derechos a escala colateral, a imagen de hermanos que reconocen su igualdad frente a las normas familiares.

La fraternidad, como lazo que une a semejantes,[3] enlaza a las personas en función de elementos de identidad común, y es solo cuando esta identidad común es determinada que empiezan a formarse derechos y deberes entre los que se reconocen entre sí. Esto quiere decir que a imagen y semejanza de dos hermanos

---

1   COTLER J., *Clases, estado y nación en el Perú*, Lima, Instituto de Estudios Peruanos, 1978, p. 18.
2   ROUSSEAU J. J., *Du contrat social*, Paris, Flammarion, 2001, p. 52.
3   Al inicio de su tesis de doctorado, el jurista francés Michel Borgetto define la noción de fraternidad retomando diversas fuentes que la designan como un lazo de unión entre hermanos o entre semejantes quienes se dan recíprocamente la calidad de iguales. BORGETTO M., *La notion de fraternité en droit public français, Le passé, le présent et l'avenir de la solidarité*, Paris, LGDJ, 1993, p. 3.

que se identifican a través de una historia y/o origen común, los miembros de una sociedad se identifican por elementos de pertenencia compartida. Y es solo cuando el reconocimiento es mutuo que se forma una comunidad con un sistema de derechos entre los cuales figuran los derechos sociales. Por tal razón, más que un concepto místico y gaseoso, la fraternidad constituye el zócalo conceptual sobre el cual se construye una sociedad «social», regida por un derecho común y responsabilidades sociales para con los más frágiles. En efecto, cuando se hace alusión al lazo que une, la alteridad inherente al sentimiento de fraternidad supone que el lazo social no existe únicamente en circunstancias de salud, de abundancia material y de juventud, sino también en la enfermedad, la pobreza y la tercera edad. En suma, la fraternidad supone un doble reconocimiento, primero de derechos entre iguales y luego de mecanismos para impedir la exclusión del miembro de la sociedad que se encuentra en estado de vulnerabilidad.

Como sostiene la investigadora francesa Claudine Haroche, la fraternidad crea entonces un sentido cívico que obliga a los miembros de la sociedad a respetar las normas definidas en común, pero sobre todo, a tener un deber de reciprocidad social[4] lo cual conlleva al nacimiento de la solidaridad. Así, según el jurista y profesor de la Universidad Panthéon-Assas, Jacques Chevallier, la solidaridad se presenta como un elemento de interdependencia constitutiva del campo de «lo social», Chevallier dice en ese sentido que «no hay sociedad, y más generalmente no hay grupo social concebible sin conciencia de pertenencia [al mismo tiempo] sin sobrepasar los particularismos individuales; la solidaridad no es más que el otro nombre de la sociabilidad [...] activa y positiva».[5]

II.   Sin unión no hay solidaridad efectiva

No es en vano si en la Francia republicana, la solidaridad (como variante o componente de la noción de fraternidad[6]) se convirtió de forma temprana en el concepto fundamental para reivindicar la justicia social y la búsqueda de un reequilibrio subyacente a la igualdad en derechos entre los más afortunados y los más humildes,[7]

---

4   Véase en ese sentido a HAROCHE C., « La compassion comme amour social et politique de l'autre au XVIIIème siècle », in CURAPP, *La Solidarité: un sentiment Républicain?*, Amiens, PUF, 1992, p. 24.

5   CHEVALLIER J., « La résurgence du thème de la solidarité », in CURAPP, *La solidarité: un sentiment Républicain?*, Amiens, PUF, 1992, p. III.

6   BORGETTO M., *La notion de fraternité en droit public français, Le passé, le présent et l'avenir de la solidarité*, op. cit., p. II.

7   PONTIER J.-M., « De la solidarité nationale », in *Revue du droit public*, 1983, p. 899 y s.

después de los excesos del liberalismo económico del siglo XIX en Europa. En
el caso peruano, se incluye la noción de solidaridad en la Constitución política
desde el año 1920,[8] y más tarde, en 1979 se le confiere a la «solidaridad humana»
el carácter de cimiento del orden social,[9] desapareciendo finalmente esta referencia
en la Constitución de 1993 todavía vigente.

Sin alejarse del Perú, pero en otro contexto, el caso de Venezuela tiene un interés
particular en este estudio puesto que revela que el derecho de esta región transpone
realidades que son distintas a las europeas. En efecto, en ese país de América andina
parecen haberse realizado progresos importantes a nivel constitucional en cuanto a
derechos sociales,[10] no obstante llama la atención que la norma magna venezolana
descargue una parte importante de su responsabilidad social en los hombres de las
familias. En ese sentido, es curioso observar que la familia sea reconocida por la
Constitución como elemento esencial de apoyo al rol social del Estado,[11] ya que
esto puede suponer que el Estado tiene un rol social secundario frente al rol de la
familia. Situación que se distingue de la europea, donde una visión de este tipo es
inconcebible ya que es el Estado quien por medio de la Nación tiene la carga de
la responsabilidad social. No obstante para que un europeo pueda comprender la
postura venezolana es necesario entender que esta Constitución no hace más que
transponer la realidad operativa de la solidaridad familiar presente culturalmente
en América andina desde la era pre-colonial. Así, cuando en Francia y en Europa
se asiste al desarrollo de una solidaridad nacional, que reposa sobre los derechos
recíprocos de un conglomerado social denominado Nación[12] aparecido de forma
muy temprana en su historia republicana, en Venezuela, como en el Perú y en
toda América andina, la solidaridad se estructura más desde la estructura familiar

---

8   « El Estado fomentará las instituciones de previsión y de solidaridad social [...] que tengan por
     objeto mejorar las condiciones de las clases populares »: Constitución para la República del
     Perú, 1920, art. 56.
9   « [...] el ordenamiento social se cimenta en el bien común y la solidaridad humana. »: Preám-
     bulo de la Constitución Política del Perú, 1979, apartado no. 5.
10   « [...] el fin supremo de refundar la República para establecer una sociedad democrática [...]
     en un Estado de justicia [...] que consolide los valores de la libertad, la independencia, la paz,
     la solidaridad [...] »: Preámbulo de la Constitución de la Republica Bolivariana de Venezuela,
     1999.
11   « El Estado protegerá a las familias como asociación natural de la sociedad y como el espacio
     fundamental para el desarrollo integral de las personas. Las relaciones familiares se basan en la
     igualdad de derechos y deberes, la solidaridad, el esfuerzo común [...] »: Constitución de la
     Republica Bolivariana de Venezuela, 1999, Art. 75; « El Estado, con la participación solidaria de
     las familias y la sociedad, creará oportunidades [para los jóvenes] »: Constitución de la Republica
     Bolivariana de Venezuela, 1999, Art. 79.
12   PONTIER J.-M., « Solidarité nationale et indemnisation », in *Revue du droit public*, no. 5, 2013,
     p. 1100.

y comunitaria[13] que desde la Nación. Ello se explica por el hecho que las pequeñas estructuras se han consolidado histórica y culturalmente de mejor forma que la Nación que parece ser aun una estructura en devenir.[14] En ese contexto, sería difícil que el sistema jurídico de los Estados andinos ignore el hecho que la estructura familiar esté hoy más desarrollada que la estructura nacional en materia de solidaridades y de reciprocidad social.

Venezuela no comete este error que consistiría en ignorar o suprimir a las estructuras solidarias intermedias, todo lo contrario, trata de construir el rol social del Estado al mismo tiempo que se reconoce el papel hoy fundamental y desarrollado de las estructuras familiares en cuanto a solidaridad. Este ejemplo nos ha servido entonces para observar las distintas realidades de solidaridad entre América andina y Europa al mismo tiempo que hemos descubierto que existen diferentes escalafones organizacionales de la solidaridad.

Por un lado, la reciprocidad en la estructura intermedia, a imagen de la familia o la comunidad de vecinos, se concibe como un tipo de corporación consuetudinaria, propia de estructuras sociales tradicionales que persisten en la tradición cultural de ciertos grupos que organizan un sistema de reciprocidad consuetudinario que beneficia a los miembros del grupo. Si nos centramos en Latinoamérica esta organización es común por ejemplo entre los indígenas,[15] pero también entre los latinoamericanos no indígenas que se desarrollan en un contexto cultural heredero de una tradición solidaria.

Por otro lado, la reciprocidad en la estructura nacional nos envía al universalismo de derechos desde el punto de vista ideal del Estado, pero en realidad se trata de una mega corporación en la cual la pertenencia al grupo nacional define a quien se le aplican o no los derechos y quien participa en los mecanismos de reciprocidad. A pesar del espejismo de universalidad, el funcionamiento bajo criterios estrictos de solidaridad exclusivamente nacional es doblemente problemático puesto que, primero, para hacer la distinción entre quien pertenece al grupo nacional y quien

---

13   COTLER J., « La mecánica de la dominación interna y del cambio social en el Perú », in *El Perú actual*, México, UNAM, 1970, p. 60.

14   SALAZAR BONDY A., *Historia de las ideas en el Perú contemporáneo. El proceso del pensamiento filosófico*, vol. 2, Lima, 1967, p. 336.

15   « Se sabe que cuando un indígena ofrece hospitalidad u otras riquezas a sus parientes, a sus aliados e, incluso, a extranjeros, no lo hace para obtener una compensación inmediata o simultanea de estos bienes por otros, sino que, por el contrario, por el don gratuito de esas riquezas espera sellar una relación de alianza, de solidaridad, si es posible de unidad colectiva. En general, la distribución gratuita de la riqueza va del centro a la periferia: afecta, en principio, a la familia nuclear y, una vez satisfechas sus necesidades de consumo, se dirige a los parientes más próximos, luego a los más lejanos, a los vecinos, a los aliados, hasta los extranjeros. »: TEMPLE D., « El desarrollo en las comunidades indígenas », 1980, http://dominique.temple.free.fr/reciprocite. php?page=reciprocidad_2&id_article=546, Consultado el 17 de mayo de 2014.

no pertenece existen elementos complejos y poco objetivos que definan claramente los límites de lo que se entiende por «nacional» y de quienes la componen.
En segundo lugar, y de forma concomitante con el primer punto, establecer esta
distinción sería peligroso en caso la subjetividad de los criterios que definen a la
Nación tengan por consecuencia permitir la existencia de esquemas de exclusión de
personas del grupo nacional, privándolas de derechos asimilados a esta pertenencia.
Ello supone que definir los derechos solo a partir de la pertenencia a una Nación
abre potenciales caminos para organizar una exclusión social arbitraria.

III. ¿La Nación como marco de ejercicio de derechos y reciprocidades?

Es necesario recordar que la Nación es una creación jurídica *propiamente
imaginaria*,[16] que adviene como una necesidad política e institucional puesto que
permite pensar al pueblo como un grupo humano ficticiamente unido, coherente
y aspirando a un futuro común,[17] bajo las mismas leyes, bajo los mismos principios y por ende también bajo un mismo sistema de solidaridad. Por esta razón
la existencia de la Nación no es *per se* negativa. Es por esta razón que el teórico
revolucionario francés, Conde Sieyès, veía la Nación como una colectividad de
individuos libres e iguales, titulares y productores del derecho, y titulares de derechos.[18] Así, subrayando la libertad y la igualdad, Sieyès incide por un lado en la
libre adhesión del individuo a la colectividad y, por otro lado, en la no distinción
entre ciudadanos, fundada en el estado de igualdad jurídica de todos los miembros
de la colectividad nacional. La visión de Sieyès resulta entonces interesante aquí ya
que impulsa a que el Estado contemporáneo asiente la existencia de una sociedad
con derechos recíprocos, lo cual conlleva a que exista un marco prometedor para la
existencia de mecanismos solidarios a escala estatal. Sin embargo, cabe anotar que
la Nación imaginada por Sieyès no la constituye cualquiera, lo cual quiere decir
que incluso para él la Nación es un grupo dentro de la humanidad. No obstante,
a diferencia de concepciones autoritarias enfocadas en una sola etnia nacional, la

---

16   DEGREGORI C.-I., « Perú: identidad, nación y diversidad cultural », *Territorio, cultura e historia:
     materiales para la renovación de la enseñanza sobre la sociedad peruana*, in: OLIART P. (ed.), Lima,
     GTZ, PromPerú, Instituto de Estudios Peruanos, 2003, p. 3.
17   Véase a Nay O., « Nation », in *Lexique de Science Politique*, 2. éd., Nay O. (dir.), Paris, Dalloz,
     2011, p. 353.
18   BRUNET P., *Vouloir pour la nation. Le concept de représentation dans la théorie de l'État*, Paris,
     Bruylant LGDJ, 2004, p. 103 ; SIEYES E.-J., *Qu'est-ce que le tiers état?*, Paris, PUF, 1982, p. 31.

Nación que Sieyès tiene en mente trata de un grupo abierto siempre y cuando los candidatos adhieran libre y durablemente a ella.

Ello significa que el Conde Sièyes y sus pares del siglo de las Luces no creían que la Nación existía por exclusión étnica, sino más bien todo lo contrario, es decir por inclusión a nivel de valores. En primer lugar, su concepción de la Nación no se funda sobre criterios obscuramente abstractos que cierran las puertas de acceso a todo aquel que sea distinto por su procedencia étnica o su práctica cultural, sino que se funda sobre un compartir de valores comunes[19] que hacen que el grupo sea abierto a todo aquel que esté dispuesto a aceptar duraderamente dichos valores que son las clausulas del contrato social. En segundo lugar, los derechos que crean los revolucionarios franceses de 1789 son ciertamente derechos para los ciudadanos franceses (dentro de una ciudadanía que no está cerrada) pero también y sobre todo se declaran derechos a vocación humanista, es decir universales,[20] lo cual significa que muchos de estos derechos se confieren sobrepasando las consideraciones de pertenencia nacional como lo demuestra el derecho a la vida por ejemplo.

La doctrina francesa admite de forma muy recurrente y concordante que la Nación es única, lo cual se contrasta con la doctrina peruana de las ciencias sociales que enuncia que la Nación peruana no llegó a construirse.[21] No obstante las diferencias, cabe recalcar que en ambos casos las Constituciones políticas indican que la Nación es la fuente del poder estatal. Vale entonces interrogarse sobre la posibilidad que la Nación constituya el marco de ejercicio de los derechos y sobre la factibilidad que sirva de trampolín orgánico para rendir operativo al derecho.

La Nación francesa parece ser más que una entidad artificial fruto de una ficción jurídica, en realidad ésta se ha desarrollado gracias a un proceso constructivista llegando al resultado de un grupo unido por valores comunes que evocan preceptos de ciudadanía y República, mas no unido por un ideal cultural uniforme y estático. Ello significa que los valores comunes prevalecen en la definición que los franceses tienen de su Nación, siendo, según el profesor Weil, cuatro sus pilares: el principio de igualdad, la memoria positiva de la Revolución de 1789, el componente del idioma francés, la laicidad.[22]

---

19   La libertad, la igualdad y la fraternidad constituyen en Francia los principios y valores esenciales de la Republica en virtud de los cuales fue creada la Carta de derechos y deberes del ciudadano francés. Consúltese en ese sentido el artículo 21–24 del Código Civil francés.

20   Recordemos aquí que el preámbulo y el artículo 1ro de la Declaración de los derechos del Hombre y del ciudadano concebidos durante la Revolución, el 26 de agosto de 1789, confieren derechos a los ciudadanos pero también a los Hombres por el hecho de haber nacido humanos.

21   SALAZAR BONDY A., *Historia de las ideas en el Perú contemporáneo. El proceso del pensamiento filosófico*, op. cit., p. 336; BRAVO BRESIANI J., « Mito y realidad de la oligarquía peruana », in *El Perú actual*, México, UNAM, 1970, p. 105.

22   Weil P., *Etre français. Les quatre piliers de la nationalité*, Paris, L'Aube, 2010, p. 10–11.

En el caso de los Estados andinos la construcción nacional es diferente. En cada uno de estos países no encontramos uno, sino múltiples pueblos que ciertamente interactuaron antes de verse más o menos federados por estructuras precolombinas (siendo el imperio incaico el ejemplo emblemático). A esto le sigue un periodo sumamente estudiado de colonización española con una duración de aproximadamente cuatro siglos durante el cual se operó una mutación forzada de las distintas estructuras organizacionales hacia un sistema de dominación occidental[23] donde la organización social y administrativa europea fue transpuesta y aplicada de forma obligatoria a los indígenas conquistados. De tal forma que la ancestral reciprocidad social del *ayllu* fue puesta de lado. Sin embargo, durante los cuatros siglos tuvo tiempo de aparecer una población fruto del mestizaje, con diversas fidelidades y anclajes sociales, resultando en América andina un verdadero *melting pot* insertado en un contexto socialmente caótico en vísperas de las Independencias a inicios del siglo XIX. En ese sentido, parece entonces normal que en este momento histórico, más que una unidad social, nos encontremos con múltiples sociedades aisladas al interior de cada Estado. Como bien lo explica el profesor de la Universidad de Chile, Gilberto Aranda Bustamante, en 1821 el Perú nacía como República, a imagen de otros nacimientos en Latinoamérica, sin representar las identidades de la gran mayoría de la población.[24] Por lo cual los sentimientos de fraternidad y de solidaridad colectiva aparecen como imaginarios a escala estatal, y el concepto importado de Nación como jurídicamente existente pero difícilmente efectivo.

En comparación con estos hechos, durante el período revolucionario francés se observa que la Nación se construye rápidamente a partir del patriotismo de este hecho histórico, reforzado por la aparición de las Repúblicas que se constituyen como el núcleo de creación y de ejercicio de los derechos ciudadanos y más tarde de la solidaridad nacional. Cuando durante el período de emancipación andino, las independencias y las Republicas declaraban la existencia de una Nación,[25] aun si su puesta en marcha nunca fue efectiva. Ello constituyó un problema serio para ejercer y obtener derechos desde un marco nacional que resulta siendo irreal. En ese sentido, no existiendo lo nacional, la solidaridad nacional tampoco puede existir.

Es decir, que se admite que la Nación, como grupo unitario, constituye el modulo central e irremplazable de planificación y de concretización de lo que se

---

23 MATOS MAR J., « Dominación, desarrollos desiguales y pluralismos en la sociedad y cultura peruanas », Instituto de Investigaciones Sociales, in *El Perú actual*, México, UNAM, 1970, p. 8.

24 ARANDA BUSTAMANTE G.-C., *Mesías andinos. Continuidad y discontinuidad entre Velasco Alvarado, Fujimori y Ollanta Humala*, Santiago de Chile, Editorial Universitaria, 2009, p. 81.

25 Por ejemplo el primer texto constitucional peruano dice: « Todas las provincias del Perú, reunidas en un solo cuerpo forman la Nación Peruana »: Art. 1ro, Constitución Política del Perú, 11 de noviembre de 1823.

planifica y al mismo tiempo se reconoce que este tipo de entidad aun no existe en algunos Estados latinoamericanos como lo afirma una extensa lista de académicos en relación al caso peruano.[26] Es lo que revela el profesor Jorge Bravo Bresani, quien asimila la estructura social del Perú a la de un archipiélago, es decir una diversidad de pueblos que tienen poca conexión para estar ligados entre ellos.[27] Este archipiélago social que se constituye en el Perú, contiene dinamismos y solidaridades diversas, sin formar necesariamente un dinamismo de conjunto capaz de elevar el nivel de vida del colectivo global.[28] En ese sentido el filósofo Augusto Salazar Bondy observa que la sociedad peruana carece de una norma fundamental, que según él sería el principio integrador gracias al cual los particularismos cederían frente a la unidad.[29] Todo ello teniendo una consecuencia directa en desmedro de los derechos sociales, ya que a falta de una entidad social fruto de la unidad jurídica y sociológica, queda sin poderse construir el marco de producción y de ejercicio de la solidaridad a escala nacional-estatal. De ello, resulta el poco y tardío desarrollo de los derechos sociales a razón de su impopularidad entre miembros de un colectivo no fraterno, es decir de un colectivo desunido. Esto se explica porque en la población peruana los sentimientos de fraternidad y de *unión entre iguales* no atañen la escala estatal, lo cual es una situación muy distinta a la de los Estados-Nación. Por este hecho el marco de ejercicio de las solidaridades en el Perú y en América andina sigue siendo el de estructuras intermedias (como la familia o la comunidad) donde los sentimientos de unión y fraternidad existen y son más fuertes.

26 SALAZAR BONDY A., *Historia de las ideas en el Perú contemporáneo. El proceso del pensamiento filosófico*, op. cit., p. 336; « [En el Perú] los elementos de nacionalidad en elaboración no han llegado a fundirse ni a soldarse. La densa capa indígena es casi totalmente extranjera al proceso de formación de la peruanidad »: MARIATEGUI J. C., « ¿Existe un pensamiento hispano-americano? », in: LOPEZ ALFONZO F. (éd.), *Indigenísmo y propuestas culturales: Belaúnde, Mariátegui y Basadre*, Alicante, Instituto de Cultura Juan Gil Albert, 1995, p. 106; En la época del gobierno nacionalista de Juan Velasco Alvarado en el Perú, este llega a admitir que su país no tiene la capacidad estratégica de un Estado-nación para escapar a los lazos de la subordinan a factores exógenos. Sobre este punto consúltese el análisis CERESOLE N., « El nacionalismo militar latinoamericano », in: BELTRAN V.-R., *El papel político de la Fuerzas Armadas en América latina*, Caracas, Monte Ávila Editores, 1970, p. 237.
27 BRAVO BRESIANI J., « Mito y realidad de la oligarquía peruana », op. cit., p. 105; A. SALAZAR BONDY, « Dependencia y cultura », in *El Perú actual*, México, UNAM, 1970, p. 120.
28 BRAVO BRESIANI J., « Mito y realidad de la oligarquía peruana », op. cit., p. 105–106.
29 Salazar Bondy A., « Dependencia y cultura », op. cit., p. 121.

Der Mythos der Erzeugung von Solidarität durch nationale Einheit: Überlegungen zu französischen Prinzipien

Ein spezifisch peruanischer Ansatz scheint die Entwicklung von Beziehungen zwischen den verschiedenen Teilen der peruanischen Gesellschaft mit dem Ziel der Schaffung von gesellschaftlicher Einheit zu sein, um schließlich die wechselseitige Anerkennung von sozialen Rechten in einer Solidargesellschaft zu erreichen. Obwohl die Nation eines der Modelle bildet, mit dem man gesellschaftlicher Einheit gelangt, muss man feststellen, dass dieses Ideal besser in Nationalstaaten (wie Frankreich) funktioniert, wo es einen ziemlich hohen Grad an kultureller Homogenität als Ergebnis jahrhundertelangen sozialen Zusammenspiels gibt. Im Falle von Staaten, die eine sehr ausgeprägte kulturelle Heterogenität aufweisen, hat die Schaffung sozialer Einheit durch das Konzept der Nation hingegen nicht zu den erhofften Ergebnissen geführt. In diesem Sinne erscheint dieser Ansatz heute als unangemessene Strategie, um das Ideal einer Solidargemeinschaft zu erreichen.

Le mythe de l'unité nationale activatrice des solidarités : réflexions depuis les principes français

Développer des interactions entre les différentes composantes de la société péruvienne dans le but de créer une unité sociale dont découle une société solidaire se reconnaissant des droits sociaux réciproques, paraît être une des stratégies de l'État péruvien. Bien que la nation ait constitué un des modèles par lesquels on parvient à l'unité sociale, on constate que cet idéal fonctionne mieux dans les États-nation (comme la France), où il existe un composant culturel assez homogène, fruit de plusieurs siècles d'interactions sociales. Cependant, dans le cas des États qui présentent une hétérogénéité culturelle très marquée, la construction d'une unité sociale par le biais du modèle de nation n'a pas donné les résultats escomptés. En ce sens, elle apparaît aujourd'hui comme une stratégie inadéquate pour atteindre l'imaginaire d'une société solidaire.

El reto de la unión ciudadana intercultural para desarrollar a los derechos sociales

Carlos González-Palacios

Desarrollar interacciones[1] entre los distintos componentes de la sociedad peruana con la finalidad de alimentar la unión social, con miras a construir un sentimiento de solidaridad, activando un sistema de reciprocidades (derechos sociales) entre todos, parece ser una meta estratégica en el Perú. Si bien, la nación constituye uno de los modelos por el cual se llega a la unidad, este ideal funciona bien en los denominados Estados-nación en donde existe un margen de homogeneidad cultural sumamente amplio, fruto de siglos de estrechas interacciones sociales. No obstante, en el caso de los Estados que presentan una heterogeneidad cultural muy marcada, la construcción de la unión social a través del modelo de nación no ha surtido los frutos esperados y aparece hoy como una estrategia inadecuada en la meta de construcción de una sociedad solidaria.

I. Firmes y felices por la unión peruana inclusiva hacia los indígenas

Las características de diversidad cultural y de valores históricamente presentes en el Perú dificultan pensar a corto plazo en la existencia de una sola Nación, es decir en una unión social soldada por valores comunes a todos. Sin embargo con el fin de pensar a los derechos sociales y en su efectividad, la doctrina progresista no se ha cansado de sostener que es prioritario construir una unión social peruana que tendrá como pretensión la construcción de una Nación. Así, en un artículo anónimo del final del siglo XVIII publicado en el prestigioso diario peruano *El Mercurio*, el autor se pregunta, de forma ampliamente subversiva para la época, si

---

[1] Retomando las reflexiones del artículo precedente *El mito de la unión nacional para activar las solidaridades: reflexiones desde los principios franceses.*

«es conveniente para el progreso del Perú que subsista la separación entre los indios, españoles y las castas, o sería más útil formar un solo y único cuerpo de nación?». Más adelante el autor desconocido resalta que «sin la unión de todos los grupos humanos y sin la igualdad de estos frente a la ley no puede haber felicidad porque las partes contrarias se despreciarían y detestarían mutuamente» [2].

A partir de este artículo es interesante observar tres aspectos que constituirán luego el fundamento de las ideas políticas de una izquierda que ve como fundamental la formación de una Nación para elaborar su proyecto social. En primer lugar, el autor de *El Mercurio* concibe a la unión de iguales como clave del progreso (se pone en relieve a la igualdad). En segundo lugar, el problema de la desunión consiste según el autor en la separación fundada en criterios étnicos y socioeconómicos (se critica a una separación social que engloba la falta de libertades y atenta contra las *capabilidades*[3]). En tercer lugar, dicha desunión provoca un contexto de desprecio del otro (se critica la anti-fraternidad). En ese sentido, si estos tres aspectos se resumen, no será difícil observar la influencia francesa por cuanto las nociones de igualdad, libertades, y fraternidad (en ese orden) se aplican inequívocamente a comentario del autor. Aunque claro está, su argumentación parte de la desunión nacional constatada, que es la carencia de igualdad, libertades y fraternidad, para defender la unión nacional que, según el autor, significa lograr la efectividad de la triada (ello se traduciría tal vez en la felicidad a la que hace alusión).

En los años posteriores a la Independencia del Perú la meta de «unión» nacional, lejos de ser olvidada, aparecerá como una prioridad para los ilustrados. Así, no es anodino si el lema del Perú retiene la formula *Firme y feliz por la unión*, denotando así un interés particular en que la autoridad (firme) lleve por caminos de libertad e igualdad en derechos (feliz) a la senda de la unión social. Sin embargo, *in fine* la pretensión de unión fue imposible ya que las élites y gobernantes urbanos no buscaron la asociación voluntaria de las poblaciones indígenas (quienes representaban la mayor parte de la población) para construir una Nación que adhiera, libremente y en igualdad de derechos, a todos los componentes sociales del Perú. Nace a partir de allí el fenómeno de la exclusión social del indígena que constituirá,

---

2   Hechos contados en COTLER J., *Clases, Estado y Nación en el Perú*, Lima, Instituto de Estudios Peruanos, 1978, p. 60.

3   La *capabilidad* es una noción desarrollada por el Premio Nobel, Amatya Sen, que designa diversos funcionamientos interdependientes que la persona puede efectuar. Dichos estados o acciones propios del individuo, componen la libertad de construir y manejar su vida. SEN A., *Repenser l'inégalité*, Paris, Editions du Seuil, 2000, p. 66. En ese sentido impedir que una persona desarrolle su *capabilidad* es atentar contra la libertad individual de establecer un proyecto de vida.

según el investigador peruano José Carlos Mariátegui el problema nacional mayor[4], coincidiendo con el teórico peruano Manuel González Prada quien concebía al indígena como parte integrante de la nación peruana[5].

Fruto de largas reflexiones Mariátegui sostendrá que «el indio es el cimiento de nuestra nacionalidad en formación [...] sin el indio no hay peruanidad posible [y el problema indígena] no puede encontrar solución en una formula abstractamente humanitaria [. La] solución del problema indígena debe ser social[6]». En otros términos Mariátegui no defiende solo la construcción de una unión social peruana, sino también la inclusión de los indígenas a dicha unión social. Y ello por la vía «social», es decir de grandes reformas económicas de corte progresista. En efecto existen dos elementos que denotan la voluntad reformista de Mariátegui. Primero, el Amauta había constatado que el *statu quo* socioeconómico era injusto para con dichas poblaciones y, en segundo lugar, que la inclusión social de los indígenas podía servir como punto de partida para establecer una transformación socialista de la sociedad peruana[7].

La revolución mexicana, durante el primer decenio del siglo XX tendrá una influencia importante en estas ideas, constituyendo, según el internacionalista Demetrio Boersner, el primer movimiento social latinoamericano de gran amplitud, y el primer movimiento a la vez nacionalista y social-revolucionario[8]. Esta corriente calificada por Boersner como «socialismo nacional» nacerá durante la revolución mexicana por consecuencia de un doble factor: «el despertar de las masas urbanas y rurales mestizas e indígenas [y] La intensificación de la penetración económica norteamericana después de la Primera Guerra Mundial [...][9]». Es entonces el contexto de injusticia social, sobre todo para con los rurales e indígenas, añadido al colonialismo económico estadounidense que levantaron la consciencia de los particularismos indígenas y nacionales. A partir de aquí se forma entonces un movimiento revolucionario con reivindicaciones sociales,

---

4   LIEBNER G., *El mito del socialismo indígena. Fuentes y contextos peruanos de Mariátegui*, Lima, Fondo Editorial PUCP, 1999, p. 20.

5   Ibid.

6   MARIATEGUI J.-C., « El problema primario del Perú », in *Mundial*, 9 décembre 1924; R. PARIS, « Indigénisme et socialisme, ou le désir et le refoulé », in *L'Homme et la société*, no. 121, 1996, p. 98.

7   ARANDA BUSTAMANTE G.-C., *Mesías andinos. Continuidad y discontinuidad entre Velasco Alvarado, Fujimori y Ollanta Humala*, Santiago de Chile, Editorial Universitaria, 2009, p. 83–84; MARIATEGUI J.-C., *Siete ensayos de interpretación de la realidad peruana*, Lima, Editorial Amauta, 1974, p. 260 y s.

8   BOERSNER D., *Socialismo y Nacionalismo*, Caracas, IEP – Universidad Central de Venezuela, 1965, p. 211.

9   Ibid.

indigenistas y nacionalistas, precedente que tuvo sin lugar a dudas una influencia en toda América latina[10].

Es así como en 1924 un joven político peruano, Víctor Raúl Haya de la Torre, funda en México, donde permanecía exiliado, la Alianza Popular Revolucionaria Americana (APRA), gran referente político del antiimperialismo, del *latinoamericanismo* indoamericano y de los partidarios de una revolución económica por la vía de la nacionalización industrias y erradicación del latifundio[11]. Haya de la Torre procederá en dos tiempos para explicar su tesis política, primero reconociendo la validez universal del socialismo, y luego insistiendo en la necesidad de brindarle un contenido nacional en relación con la realidad de cada país[12].

Sin ignorar nada de la actualidad política e intelectual latinoamericana y europea, Mariátegui desarrollará entre 1927 y 1930 una idea política del socialismo adaptada al contexto latinoamericano y sobre todo al peruano. Razón por la cual el asunto indígena aparece para Mariátegui como un elemento central del proceso de socialismo peruano. Ya que, por un lado, el indígena representaba a sociedades autóctonas y ancestrales detentoras de sistemas de reciprocidad y solidaridad (que podían servir como ejemplo para legitimar un modelo socialista latinoamericano) y, por otro lado, el indígena-campesino representaba al producto de la explotación feudal y del latifundio (pudiendo servir como base para deslegitimar al modelo del *laissez faire* económico) [13]. Este punto es fundamental para entender el zócalo del nacionalismo peruano que es ante todo un proyecto ideológico de reapropiación de la economía nacional por el Estado (lejos de la acepción que tiene el nacionalismo en Europa). En ese sentido Mariátegui es bien claro sobre su intención política de socialismo nacionalista, indisociable de la transformación de la injusta estructura económica[14]. Es así como el proyecto socialista nacionalista propone, por el lado interno, recuperar la propiedad privada en manos de abusivos oligarcas que

---

10   Id., p. 211–212.

11   ARANDA BUSTAMANTE G.-C., *Mesías andinos. Continuidad y discontinuidad entre Velasco Alvarado, Fujimori y Ollanta Humala*, op. cit., p. 84.

12   BOERSNER D., *Socialismo y Nacionalismo*, op. cit., p. 211.

13   Sobre estas reflexiones véase: Id., p. 27; Sobre la afirmación que la poblaciones originarias del Perú hayan tenido una experiencia histórica en la constitución de un sistema de reciprocidades y de solidaridad, véase: BAUDIN L., *El imperio socialista de los Incas*, Paris, Zig-Zag, 1962, p. 439; Repórtese también al artículo mariateguista publicado en Francia: « J.-C. Mariátegui et le modèle du *communisme* inca », in *Annales, Economies, Sociétés, Civilisations*, vol. 21, no. 5, 1966, p. 10651072; Sobre el problema de la tierra como elemento socioeconómico y contemporáneo del asunto indígena, véase: MARIATEGUI J.-C., « El problema del indio », in *Siete ensayos de interpretación de la realidad peruana*, Lima, Editorial Amauta, 1974, p. 292; Sobre este último tema repórtese también a CASAL J.-M., *Mariátegui, El socialismo indoamericano*, Lima, Proyección, 1992, p. 96.

14   CASAL J.-M., *Mariátegui, El socialismo indoamericano*, Lima, Proyección, 1992, p. 97.

perpetuán el sistema económico colonial[15] en desmedro de los indígenas y, por el lado externo, recuperar la propiedad de las empresas que son fuente de riqueza y que están entre manos de holdings controlados desde las potencias económicas[16].

Se sobreentiende entonces que si la unión social peruana, alrededor de un supuesto marco llamado «Nación», parece ser necesaria para establecer un marco estatal de creación y ejercicio de los derechos y solidaridades, dicha unión social o Nación no puede hacerse, según el socialismo peruano, sin considerar al indígena; tomando en cuenta, primero, que su inclusión se legitima por la presencia histórica que estos presentan en el territorio peruano, y segundo, que incluirlo implicaría liberarlo de las injusticias económicas que sufren a causa de la desigual repartición de las tierras y de las fuentes de riqueza. En suma, cuando el derecho y la autoridad (firmeza) no permitan atropellos contra las libertades y la igualdad en derechos (felicidad) de los indígenas, existirá una unión real entre peruanos, concretizando de forma nacional el lema del Perú.

II. La ciudadanía como nuevo marco de ejercicio de los derechos sociales

Trabajar en la unidad puede desembocar entonces en la existencia de una Nación peruana. No obstante es trascendental que se tenga en cuenta que ese proceso puede ser largo, doloroso y de resultado impredecible. Largo puede ser el proceso ya que se trata de un trabajo multi-generacional; Doloroso puede ser el proceso puesto que durante el trabajo de consenso intercultural se deberán encontrar valores comunes teniendo que poner en segundo plano a algunos otros valores que tal vez son fundamentales según ciertas cosmovisiones. De resultado impredecible puede ser el proceso ya que después de un trabajo largo para encontrar un consenso, finalmente se puede llegar a la conclusión que no hay consenso posible.

Ello significa que por un lado parece necesaria la construcción de una unidad social para generar solidaridades a escala estatal, pero que por otro lado existen extensas dificultades para que esta unión se concretice por la vía de la Nación. Ello nos hace reflexionar sobre la necesidad de distinguir dos campos que parecen importantes para una sociedad diversa: la historia y visión de mundo colectiva de cada grupo, y el deseo de cada grupo de querer participar en una sociedad común.

---

15 BOERSNER D., *Socialismo y Nacionalismo*, op. cit., p. 210–211.
16 A modo de ilustración véase a QUIJANO A., *Nacionalismo, neoimperialismo y militarismo en el Perú*, Lima, Ediciones Periferia SRL, 1971, p. 42–23, 55–56.

El primer caso atañería más al campo de la cultura, el segundo caso al campo del derecho.

En ese sentido, si muchos de los pueblos que componen el Perú resultan haber funcionado como naciones durante mucho tiempo (con un derecho consuetudinario y cosmovisión propias), es difícil hacer admitir en pocos años que ahora existe una macro nación que absorbe y elimina a las anteriores. Por lo cual parece ser más factible que se admita la coexistencia de naciones distintas, al mismo tiempo que se reconoce una unidad jurídica con algunos grandes valores compartidos. Ello conlleva a que se deje libertad al desarrollo de las diferencias culturales que se ejercen en los distintos pueblos del Perú, al mismo tiempo que se aprovechan oportunamente las voluntades de construir una unión social peruana dentro del marco jurídico común que es la ciudadanía.

En efecto, la «ciudadanía» presenta una doble ventaja con respecto a la «nación»: En primer lugar la ciudadanía es una entidad menos abstracta puesto que posee una definición jurídica clara. La Nación posee una definición abstracta, complicada y es considerada como una ficción jurídica inubicable factualmente, frente a ello la ciudadanía tiene la ventaja de definirse claramente, constitucional u orgánicamente, y de llevar hacia una realidad factible y no hacia una ficción. En segundo lugar, por tener un carácter estrictamente jurídico, la ciudadanía es culturalmente más neutral que la nación. Así, un individuo forma parte de la ciudadanía por vía de una decisión administrativa frente a la situación de derecho del interesado, ya sea por nacimiento o naturalización. En cambio en el caso de la pertenencia a la nación, el individuo debe coincidir ciertamente con un aspecto jurídico de nacionalidad, pero en la práctica resulta que su pertenencia está supeditada también a un componente cultural. Componente que si bien no es oficial está sumamente expandido en distintos países donde se exige que los ex-extranjeros se adapten o asimilen o integren, con la consecuencia de *culturalicidio* que esto acarrea.

En el caso de los Estados-nación se acepta con mas holgura que se asimile la nación con la ciudadanía puesto que se conjuga el derecho con la cultura en un común denominador en el cual ya las fronteras entre uno y otro se han borrado por cuanto los valores a los cuales adhieren los individuos aparecen tanto en la norma como en la cultura. Sin embargo, en el caso de los Estados con diversidad cultural, parece arriesgado lanzarse en una asimilación entre nación y ciudadanía, porque simplemente el derecho estatal no ha llegado a quebrar las estructuras culturales (y también jurídicas) aun activas en diferentes pueblos de esos Estados.

Sin ninguna sorpresa se anota que la concepción francesa relaciona a la nación con la ciudadanía[17]. Sin embargo de forma curiosa se observa que los países de América andina han coincidido en esta concepción propia de un Estado-nación, haciéndola evolucionar solo de forma reciente en sus Constituciones con el reconocimiento (tímido o franco) de su diversidad cultural. Por ejemplo, cuando en el caso francés la Constitución declara que la Nación es única y se pasa bajo silencio los elementos que la componen[18]; en América andina, es un caso conservador el peruano puesto que la Constitución declara la existencia de la Nación como entidad única pero se estima conveniente reconocer su pluralidad étnica y cultural[19]; El caso boliviano es el más franco ya que su Constitución declara la plurinacionalidad, fruto del reconocimiento de la pluralidad cultural, al mismo tiempo que se declara que todas esas naciones forman parte de la ciudadanía boliviana que es única[20].

---

17   DELANNOI G., « La théorie de la nation et ses ambivalences », in DELANNOI G./TAGUIEFF P.-A. (dir.), *Les théories du nationalisme*, Paris, Editions Kimé, 1991, p. 13.

18   Se debe anotar que la Constitución francesa no define nunca a la nación, no obstante se le entiende como una entidad única (por el uso del singular para designarla: « [El Presidente de la Republica] informa a la nación […] », Constitución del 4 de octubre de 1958, art. 16 apartado n°2) quien es sola poseedora del poder soberano (« La soberanía nacional pertenece al pueblo quien la ejerce a través de sus representantes por la vía del referéndum », Constitución del 4 de octubre de 1958, art. 3 aparado 1ro ; véase también el art. 3 de la Declaración de Derechos del Hombre y del Ciudadano de 1789). Se anota finalmente que Francia no se define constitucionalmente por la nación sino por la ciudadanía (« Francia […] garantiza a todos sus ciudadanos sin distinción de origen, raza o religión, la igualdad ante la ley », Constitución del 4 de octubre de 1958, art. 1ro). Ello induce a pensar que, si se asimilara la « nación » con la « ciudadanía », se observe que tanto las definiciones de nación como la de ciudadanía trascienden de todo particularismo étnico o cultural.

19   « […] El Estado reconoce y protege la pluralidad étnica y cultural de la Nación. »: Constitución Política del Perú, 1993, art. 2–19, apartado 1ro.

20   Bolivia es un Estado plurinacional (« Estado unitario, de derecho social plurinacional comunitario », Constitución Política de Bolivia, 2009, Preámbulo, apartado n° 4) fruto de una composición histórica y cultural plural pero constituyendo un solo pueblo (« El pueblo boliviano, de composición plural, desde la profundidad de la historia, inspirado en las luchas del pasado […] y con la memoria de nuestros mártires, construimos un nuevo Estado », Constitución Política del Estado Plurinacional de Bolivia, Preámbulo, apartado n° 2). El Estado, garantizando el marco de aplicación de los derechos para todos, incluso en materia social (« Un Estado basado en el respeto e igualdad entre todos, con principios de soberanía, dignidad, complementariedad, solidaridad, armonía y equidad en la distribución y redistribución del producto social, donde predomine la búsqueda del vivir bien […] », Constitución Política del Estado Plurinacional de Bolivia, Preámbulo, apartado n° 3). Cabe anotar que en el caso boliviano, lo que se entiende como « solidaridad nacional » es la acepción de solidaridad estatal, remplazando así al marco abstracto y obsoleto de ejercicio los derechos sociales (es decir la nación) por un marco jurídico neutro y en acorde con la realidad de diversidad (el Estado y la ciudadanía).

III. Conclusiones prospectivas

Frente a una multitud de diferentes grupos de personas que componen el Perú (cultural y socialmente), la formación de una *unión social* peruana, como estructura que rinda efectivos los derechos para todos los ciudadanos fue entendida como una necesidad para activar la solidaridad a escala estatal. Muy probablemente, las ideas europeas influenciaron a los pensadores andinos y peruanos, imaginando como sus pares europeos que el modelo estatal adecuado para actuar en las relaciones sociales era el Estado-nación[21]. No obstante frente al contexto adverso de Estados andinos que engloban en su interior pueblos que funcionan más como un archipiélago que como una fraternidad, la construcción de una Nación, con todo trabajo sobre la identidad cultural que ello concierne aparece como una tarea complicada y hasta impertinente. Sin embargo la necesidad de establecer un proyecto durable de *unión social* sigue siendo la condición *sine qua non* para constituir un marco de ejercicio de derechos y solidaridades a escala estatal. Ello quiere decir que tal vez ya no sea pertinente que el proyecto de *unión social* tenga una meta nacionalista, fomentando la existencia de una Nación (con todas las consecuencias culturales y de identidad que ello acarraría). No obstante el proyecto de *unión social* fundado en la ciudadanía se presenta como más pertinente sobre todo porque esta noción es netamente jurídica y por ende más neutral. Todo ello sin desmedro del reconocimiento de una o múltiples naciones al interior de Estados que se caractericen por su diversidad.

Die Herausforderung einer multikulturellen Bürgerunion bei der Herausbildung sozialer Rechte

Die Schaffung sozialer Einheit durch ein System von Solidarität gestaltet sich in den Andenstaaten komplex, da deren Völker eher den Charakter eines Archipels als denjenigen eines von Brüderlichkeit geprägten Verbandes haben. In diesem Sinne scheint im Falle Perus der Aufbau einer Nation (mit der damit verbundenen enormen Integrationsarbeit) kompliziert, wenn nicht gar unmöglich. Dennoch bleibt aber die Notwendigkeit, auf Dauer soziale Einheit herzustellen, die weiterhin die conditio

---

21 La doctrina jurídica peruana se ha interesado mucho por la actualidad académica e institucional europea, la cual ha jugado un papel de « centro del mundo intelectual » en distintas épocas. Para entender el espíritu del pensamiento francés en relación a los temas de nación y Estado repórtese a LEFEBVRE H., *Le nationalisme contre les nations*, Paris, Méridiens Klincksieck, 1988, p. 79.

sine qua non bildet, um den notwendigen Rahmen für die Ausübung der Rechte und Solidarität auf staatliche Ebene zu schaffen. Vor diesem Hintergrund erscheint es angemessener, dass sich der Prozess der Schaffung sozialer Einheit in Peru über die Staatsbürgerschaft (unter Anerkennung ihrer Inklusivität und Diversität) vollzieht. Die Staatsbürgerschaft gründet nämlich auf eindeutigen juristischen und neutralen Kriterien und lässt dabei die Abstraktheit der kulturellen Kriterien unberücksichtigt, die der Idee der Nation immanent sind.

Le défi de constituer une citoyenneté pluriculturelle pour développer les droits sociaux

La formation d'une unité sociale, comme structure qui rend effectives les solidarités, est complexe dans les États andins qui hébergent des peuples fonctionnant plus comme des archipels que comme un ensemble fraternel. En ce sens, la construction d'une nation (avec le vaste travail d'intégration que cela implique) paraît alors compliquée, voire non pertinente pour le cas du Pérou. Or, la nécessité d'établir un projet durable d'unité sociale continue à être la condition sine qua non pour construire un cadre nécessaire à l'exercice des droits et solidarités à l'échelle étatique. Tenant compte de ce contexte, il paraît plus adapté que le projet d'union péruvienne se construise désormais à travers la citoyenneté (inclusive et reconnaissant sa diversité). En effet, la citoyenneté se fonde sur des critères nettement juridiques et neutres, laissant de côté l'abstraction des critères culturels présents dans le concept de nation.

La prise en compte des diversités culturelles par les constitutions

Alberto Corduas

Au cours de cette analyse, on abordera certaines problématiques non seulement sous un angle juridique mais également culturel et sociologique. Il conviendra aussi de dire quelques mots sur l'évolution constitutionnelle en Europe, avec une approche comparée. Cela pourrait s'avérer particulièrement intéressant pour des lecteurs péruviens.

L'idée d'un gouvernement constitutionnel est une idée moderne et il est très difficile de préciser le moment où le terme « Constitution » a acquis une valeur semblable à celle d'aujourd'hui. C'est au XVIII siècle, à partir de la théorie de la séparation des pouvoirs de Montesquieu, que les premières formes de constitutions vont naitre. Ainsi, en Amérique et en Europe on assistera à une nécessité de participation de tous les citoyens dans l'exercice de la souveraineté.

Parallèlement à la victoire du constitutionnalisme en Amérique, on a assisté à la crise de l'absolutisme en France qui a mené, en 1789, à la Révolution française et à la Déclaration des droits de l'homme. Enfin, en 1792 la République française a été proclamée et une première Constitution[1] a été rédigée. Il est intéressant de remarquer que certaines constitutions européennes successives se sont inspirées principalement du modèle français.

Toutefois, les Constitutions de cette période révolutionnaire ont été de courte durée, mais les idées libérales s'étaient désormais ancrées dans toute l'Europe. Ainsi, en 1820 environ, plusieurs pays européen comme la France, l'Italie, l'Espagne, le Portugal et l'Allemagne exigeaient des Constitutions. C'est à partir des années qui suivent qu'on assistera à une sorte de « victoire du constitutionnalisme ».

---

1   Constitution française du 3 septembre 1791. Elle apparaît en période révolutionnaire dans le cadre d'un changement de régime, et c'est la première constitution écrite qui transfère la souveraineté du Roi à la Nation.

On peut donc constater que chaque « vraie » Constitution a une histoire et c'est justement cette histoire qui la rend forte et en fait partager les valeurs au sein d'un État dit « constitutionnel ».

En ce qui concerne les diversités culturelles, il s'agit d'un patrimoine qui faut préserver. Dans cet objectif, il faut éviter que le concept de nationalité se transforme en nationalisme. D'une part, la nationalité est le « dénominateur commun » qui réunit les différentes cultures et, d'autre part, le nationalisme transforme, dans certaines circonstances, ce dénominateur commun en un élément prédominant[2]. Le nationalisme créé donc une concurrence à l'étranger dans la mesure où chaque nation veut dominer l'autre. Ainsi, le nationalisme peut être dangereux à l'intérieur – et à l'extérieur également – d'une société d'individus.

Se pose donc la question de savoir comment un État constitutionnel peut garantir l'unité nationale et quels sont les enjeux qui tournent autour de cette unité ?

Cette contribution se rattache à un discours beaucoup plus large – mais aussi très riche en histoire – qui concerne le binôme démocratie-nation (I). On pourra ensuite s'interroger sur certaines problématiques qui tournent autour de la construction de l'unité nationale et du rôle que devraient avoir les constitutions (II).

I.   L'important binôme démocratie-nation

Parmi les droits les plus importants qui font actuellement partie du patrimoine commun culturel et démocratique, on peut certainement inclure le droit des peuples à disposer d'eux-mêmes. Selon ce « droit à l'autodétermination », chaque peuple est libre de choisir la forme de son régime politique et son identité nationale.

Selon les expériences du XIX et XX siècle, on a parfois tendance à croire que le concept de nation est contraire à ceux de liberté et de démocratie. Cela se manifeste quand l'idée de nation est fondée, d'une part, sur des critères ethniques[3] ou, d'autre part, sur des aspects purement nationalistes ou avec une dimension religieuse[4].

A l'inverse, le paradigme change quand l'idée de nation se fonde sur des valeurs d'ordre moral et culturel. Ce n'est pas par hasard si les grands mouvements nationaux[5] du XX siècle ont strictement associé les revendications nationales à celle de liberté. Nation et liberté ont pu ainsi construire un binôme important. Enfin,

---

2   Il suffit de prendre l'exemple du fascisme qui exigeait que tout le monde devait parler allemand.
3   Comme l'histoire européenne du XX siècle l'a dramatiquement démontré depuis les années d'Hitler à la dissolution de la Yougoslavie.
4   Cf. conflit israélo-palestinien.
5   Celui italien en particulier.

comme l'ont affirmé certains auteurs, la liberté est plus « sûre » dans le cadre d'une nationalité territoriale. Une affirmation qui montre bien la synergie du binôme démocratie-nation quand c'est la communauté elle-même qui se définit dans ses limites et sans céder à des plans ou ambitions d'expansion. On pourrait donc parfois se demander si cette affirmation est encore véridique dans le cadre de l'intégration européenne ?

L'Union européenne ne devrait pas être perçue comme un abandon des valeurs nationales, consolidées par une longue histoire et susceptibles sinon de se transformer en réactions anti-européennes. Le « problème » européen est plutôt celui de réaliser l'idée d'Europe selon une valeur communautaire qui puisse être perçue de la même façon que celle de nationalité. C'est dans ce sens que la nation s'institue comme une société globale se présentant, d'une part, comme un ensemble d'individus sur le plan interne (une société assurant droits civils, politiques et sociaux à ses membres) et, d'autre part, comme un individu collectif à l'extérieur et face aux autres nations.

Ce phénomène national s'organise souvent aujourd'hui à l'aune d'une tension qui est celle de tous vivre-ensemble en rassemblant des individus de différentes cultures. Par conséquent, dans la construction de l'unité nationale, un État constitutionnel doit considérer en son sein les diversités culturelles qui lui sont propres afin d'éviter d'opposer la « nation politique » à la « nation ethnique ». En effet, toute nation, même la plus ouverte et la plus tolérante à la diversité interne, repose inévitablement sur un fondement culturel, sur une histoire, une tradition, des symboles, une langue officielle, etc. Son institutionnalisation par l'intermédiaire de l'État permet l'amplification de son potentiel.

Il apparaît donc évident que l'idée de nation se présente quasi-nécessairement dans une relation à la culture, qu'elle travaille et transforme afin de légitimer sa propre existence. C'est seulement dans le cadre de cette tradition qu'émergent la perception de l'autonomie d'une « société civile » et la nécessité d'un engagement politique qui contribuent à modeler la culture pour faire évoluer les normes sociales et traduire certains idéaux (liberté, justice, égalité) sur le plan de l'organisation collective.

Un État constitutionnel, avant d'édicter des règles générales, doit considérer l'aspect sociologique qui lui est propre afin de préserver les diversités culturelles dans un but commun qui est celui de l'unité nationale. Il serait impensable de croire qu'aujourd'hui, dans un contexte si globalisé, il puisse y avoir seulement une réalité culturelle au sein d'un État.

Dans ce sens, l'Europe doit favoriser cette intégration car, même si pour l'instant une constitution européenne n'existe pas, les différentes constitutions ont dû tout de même s'adapter aux développements de l'intégration européenne et internationale.

II.   Diversités culturelles et Constitution : les enjeux sous-jacents de l'intégration

Dans une décision du 30 décembre 1976[6], le Conseil constitutionnel français abordait la question de la souveraineté nationale avec des idées différentes par rapport à celles qui régnaient sous la IVème République.

« Si le préambule de la Constitution de 1946, confirmé par celui de la Constitution de 1958, dispose que, sous réserve de réciprocité, la France consent aux limitations de souveraineté nécessaires à l'organisation et à la défense de la paix, aucune disposition de nature constitutionnelle n'autorise le transfert de tout ou partie de la souveraineté nationale à quelque organisation internationale que ce soit »[7].

Le Conseil constitutionnel faisait donc une distinction entre, d'une part, la limitation de la souveraineté (prévue et possible après une intervention du Parlement) et, d'autre part, le transfert de souveraineté (qui suppose une révision préalable de la Constitution). Cette conception est abandonnée dans une décisiondu 9 avril 1992[8], compte tenu d'une « relecture » du 15ème alinéa du préambule de la Constitution française de 1946.

« Il résulte de ces textes de valeur constitutionnelle que le respect de la souveraineté nationale ne fait pas obstacle à ce que, sur le fondement des dispositions précitées du préambule de la Constitution de 1946, la France puisse conclure, sous réserve de réciprocité, des engagements internationaux en vue de participer à la création ou au développement d'une organisation internationale permanente, dotée de la personnalité juridique et investie des pouvoirs de décision par l'effet de transferts de compétences consentis par les États membres »[9].

Toutefois, le Conseil constitutionnel ne se borne pas à abandonner la distinction entre les limitations et les transferts de souveraineté mais il caractérise, d'une part, la nature spécifique de l'intégration européenne, fondée sur des transferts de compétences au profit d'une organisation permanente et, d'autre part, il valide

---

6   Conseil constitutionnel, décision no. 76–71 DC du 30 décembre 1976, JO du 31 décembre 1976, p. 7651.
7   Décision no. 76–71 DC précitée, cons. 2.
8   Conseil constitutionnel, décision no. 92–308 DC du 09 avril 1992, JO du 11 avril 1992, p. 5354.
9   Décision no. 92–308 DC précitée, cons. 13.

rétroactivement la « création » des Communautés européennes en ouvrant la voie à une évolution de celles-ci.

Enfin, le Conseil constitutionnel français nous rappelle quelles sont les évolutions de l'intégration qui exigent seulement une simple autorisation législative et celles qui requièrent une révision préalable de la Constitution.

Selon l'article 54 de la constitution française, le Conseil constitutionnel « saisi par le Président de la République, par le Premier ministre, par le président de l'une ou l'autre assemblée ou par soixante députés ou soixante sénateurs » peut considérer un engagement international contraire à la Constitution. Le cas échéant, préalablement à sa ratification, une révision de la Constitution sera nécessaire.

En effet, saisi en vertu de l'article 54 précité, le Conseil constitutionnel français a souvent considéré que certains engagements supranationaux étaient contraires à la Constitution. Par conséquent, plusieurs révisions constitutionnelles ont été nécessaires pour permettre leur ratification.

On peut donc constater que la Constitution d'un pays doit inévitablement s'aligner et s'adapter aux contraintes de l'intégration européenne et internationale. Le même principe devrait s'appliquer d'un point de vue interne afin de construire une unité nationale partagée. Le droit constitutionnel actuel est par ailleurs « héritier » d'anciennes conceptions et il faudra le rendre progressivement de plus en plus cohérent avec la nouvelle réalité globalisée. Un État constitutionnel doit donc garantir les diversités culturelles afin qu'elles ne deviennent pas un empêchement dans la formation d'une unité nationale « saine ». Les constitutions doivent donc prendre en compte le respect des diversités et la protection des minorités. Cette conception est d'autant plus difficile à appliquer dans des situations où il y a des tensions (culturelles, géopolitiques, etc.).

Si on prend l'exemple de l'Italie, il y a eu de nombreuses persécutions avant d'arriver à une vraie constitution laïque. La Constitution italienne a d'ailleurs vu le jour après l'expérience tragique du fascisme. Elle a donc voulu s'opposer à la dictature en marquant un point de rupture avec le passé et en affirmant des principes nouveaux. Les premiers articles sont justement dédiés à ces principes fondamentaux.

Par conséquent, si la constitution est le résultat d'une évolution historique du pays, alors elle sera solide et probablement partagée par le peuple. En revanche, le problème se pose quand la constitution est perçue comme une « formalité », sans qu'elle soit effectivement mise en œuvre. On peut mieux comprendre cette affirmation en prenant l'exemple de certains pays africains. En effet, la Banque mondiale ou le Fond Monétaire International, afin de consentir les financements internationaux dans certains de ces pays, « exigent » qu'il y ait des constitutions laïques et des principes démocratiques. De ce fait, les constitutions établies dans ce but incarnent souvent des principes qui ne sont pas réellement partagés par le peuple, restant parfois inappliquées, au détriment de l'unité nationale. De ce fait, en Afrique, même si des constitutions existent, les persécutions se poursuivent souvent.

Il y a tout de même une différence à faire entre l'Europe et l'Afrique. L'Europe se considère comme un « seul peuple », un peuple « uni ». A l'inverse, en Afrique, il faut considérer que les frontières ont été « dessinées » par les Occidentaux et différentes cultures ont été mélangées et réunies. Il y a donc un ensemble de réalités, de « clans » où la démocratie devient parfois une justification pour faire prévaloir un clan sur un autre sans que les valeurs soient réellement partagées par une communauté d'individus. Toutefois, ces réalités sont souvent perçues à l'extérieur comme un début de démocratie.

Si on prend l'exemple du Printemps arabe, en Occident on l'a souvent interprété comme un processus de démocratisation où on a dû, par ailleurs, se confronter à Kadhafi. Cependant, ce processus n'a pas été accompagné par un vrai « cheminement démocratique » du peuple, c'est-à-dire de tolérance et d'acceptation des diversités. En effet, sous l'égide des élections, un « clan » a prédominé sur les autres ; mais un authentique processus de démocratisation ne peut pas ignorer le respect des diversités culturelles. On constate que cette idée de démocratisation ne fait pas encore partie du patrimoine de certaines populations qui sont habituées, depuis longtemps, à se soumettre à la dictature d'un groupe, d'un clan ou d'une tribu, en la personne de son représentant. Par conséquent, il arrive souvent dans ces pays qu'une dictature soit remplacée par une autre dictature sans qu'un véritable changement soit réel.

Dès lors, il est vrai que les valeurs d'une Constitution varient selon les régimes en place. Toutefois, dans la formation d'un « État constitutionnel » idéal, il sera nécessaire de prendre en compte toutes les diversités culturelles afin que ces valeurs soient partagées par l'ensemble de ses destinataires.

Il est donc primordial que ces valeurs tiennent compte – dans la limite du possible et sans toutefois porter atteinte à l'unité nationale – des diversités culturelles afin d'éviter des conflits potentiels.

Die Berücksichtigung kultureller Vielfalt im Verfassungsrecht

Bei der Konstituierung von Staaten haben nationalistische Bewegungen oft dazu geführt, dass die kulturelle Vielfalt ausgeblendet wurde. Aktuelle Tendenzen zielen eher auf eine Anerkennung der kulturellen Vielfalt auf der Grundlage bestimmter

Verfassungsgarantien ab. Allerdings ist es schwer, zwischen der Anerkennung kultu-reller Vielfalt und der Schaffung staatlicher Einheit, die rechte Balance zu finden. Wird kulturelle Vielfalt zugunsten der nationalen Einheit innerhalb eines Staates ausgeblendet, so kann sie zur Quelle von Konflikten werden, die ihrerseits wiederum zur Beeinträchtigung der nationalen Einheit führen können.

Daher ist es die Aufgabe des Verfassungsstaates, kulturelle Vielfalt zu gewährleisten, damit sie sich nicht hemmend auf den Aufbau der Nation auswirkt.

Im Rahmen dieses Beitrags werden die Verfassungsgarantien rechtsvergleichend unter-sucht, die im Hinblick auf die jeweils bestehende kulturelle Vielfalt diesen staatlichen Konstituierungsprozess begleiten.

La toma en consideración de las diversidades culturales por las Constituciones

En la Constitución de un Estado, a menudo, los movimientos nacionalistas han condu-cido a ocultar las diversidades culturales. La tendencia actual radica más en reconocer esta diversidad cultural gracias a ciertos mecanismos constitucionales.

Por tanto, es difícil encontrar un equilibrio justo entre este reconocimiento y la construc-ción estatal. La unidad nacional podría ocultar la diversidad cultural en un Estado, y así convertirse en fuente de conflictos, o por el contrario, ser puesta en peligro.

En consecuencia, el papel del Estado constitucional consiste en garantizar las diversida-des culturales con el fin de que no se conviertan en un freno a la contrucción nacional.

En el marco de esta contribución, seran abordados, desde un punto de vista comparado, los mecanismos constitucionales que acompañan dicha construcción estatal, teniendo en cuenta las diversidades culturales correspondientes a cada país.

Der internationale Schutz kultureller Vielfalt und des kulturellen Erbes im Spannungsfeld nationaler und lokaler Interessen: die Kulturlandschaft „Dresdner Elbtal"

Sylvia Maus

I. Einführung: Der Schutz der kulturellen Vielfalt und des kulturellen Erbes im Rahmen der UNESCO

Kultur hat viele Gesichter; sie umfasst historische Monumente ebenso wie klassische und moderne Kunst; archäologische Stätten und Museen ebenso wie traditionelle kulturelle Ausdrucksformen, die bis heute von Generation zu Generation weitergegeben werden. Kultur, das ist kulturelles Erbe – materiell wie immateriell – aber auch kulturelle Vielfalt, wie sie täglich gelebt wird. Aufgrund ihrer Identität stiftenden und verbindenden Rolle ist die Bedeutung von Kultur für das friedliche Zusammenleben der Menschheit und für nachhaltige Entwicklung offensichtlich wie unumstritten.

Ihr Schutz und ihre Förderung ist daher einer der zentralen Aufgaben der United Nations Organisation for Education, Science and Culture (UNESCO), der einzigen Organisation im System der Vereinten Nationen mit einem Mandat im Kulturbereich. Bereits die Präambel der UNESCO-Verfassung[1] unterstreicht die Unerlässlichkeit der weiten Verbreitung von Kultur für die Würde des Menschen und so setzt die UNESCO es sich zum Ziel, „durch Förderung der Zusammenarbeit zwischen den Völkern in Bildung, Wissenschaft und Kultur zur Wahrung des Friedens und der Sicherheit beizutragen" (Art. 1 Abs. 1). Seit ihrer Gründung im Jahr 1945 zeichnet die UNESCO maßgeblich für die zwischenstaatliche Normsetzung

---

[1] Verfassung der Organisation der Vereinten Nationen für Bildung, Wissenschaft und Kultur (UNESCO), verabschiedet am 16. November 1945, in Kraft getreten am 4. November 1946.

und Prägung internationaler Standards auf diesem Gebiet verantwortlich. Sechs UNESCO-Übereinkommen im Bereich der Kultur bilden sowohl den normativen Rahmen als auch eine Plattform für internationale Zusammenarbeit auf der Basis gemeinsamer Normen und Werte.[2]

Das wohl bekannteste und das bei weitem meist-ratifizierte aller UNESCO-Übereinkommen ist das Übereinkommen zum Schutz des Kultur- und Naturerbes der Welt, die sogenannte Welterbe-Konvention von 1972. Sie wird gerne als das „Juwel" unter den UNESCO Übereinkommen bezeichnet;[3] ihre Umsetzung gilt als Erfolgsgeschichte.[4] Bei aller Wichtigkeit und allem Erfolg ist jedoch der internationale Schutz von kulturellem Erbe und kultureller Vielfalt, gerade auch im Bereich des Welterbes, nicht immer spannungsfrei. Der vorliegende Beitrag zeigt anhand des Konflikts um den Bau der sogenannten Waldschlösschenbrücke im Welterbe-Gebiet „Dresdner Elbtal" in Deutschland beispielhaft auf, wie lokale und regionale Interessen mit internationalen Verpflichtungen kollidieren können. Die ebenso spannenden wie komplexen völkerrechtlichen Detailfragen können an dieser Stelle nur gestreift werden. Vielmehr steht das Spannungsfeld zwischen lokalen Interessen und internationalen Verpflichtungen im Vordergrund. Um es vorwegzunehmen: Der Streit um die Waldschlösschenbrücke endete mit der bis dato einzigartigen Streichung eines Kulturerbes von der Welterbeliste.[5]

II.   Der Schutz von kulturellem und natürlichem Erbe im Rahmen der Welterbekonvention

Die Welterbekonvention wurde 1972 von der UNESCO verabschiedet in der „Erwägung, dass Teile des Kultur- oder Naturerbes von außergewöhnlicher Bedeutung sind und daher als Bestandteil des Welterbes der ganzen Menschheit erhalten werden müssen" (Präambel). Heute ist sie mit 191 Vertragsstaaten das universellste

---

2   Auch in den drei weiteren UNESCO-Arbeitsbereichen Bildung, Wissenschaft und Kommunikation und Information wurden unter Federführung der UNESCO verschiedene internationale Übereinkommen ausgehandelt und verabschiedet. Für eine vollständige Liste siehe: http://portal.unesco.org/en/ev.php-URL_ID=12025&URL_DO=DO_TOPIC&URL_SECTION=-471. html, abgerufen am 4. Dezember 2014.

3   VON SCHORLEMER S., « Völkerrechtler aus aller Welt zu Gast in Paris », in *UNESCO heute*, Ausgabe 3–4, März/April 2006.

4   VON SCHORLEMER S., « 40 Jahre Welterbekonvention – Stärkung des Schutzes unseres Planeten und seiner Ressourcen », in *Beiträge des UNESCO-Lehrstuhls für Internationale Beziehungen*, 2013/1, S. 2.

5   Die erste von der Liste gestrichene Welterbestätte überhaupt war das Naturerbe « Arabian Oryx Sanctuary » im Oman, welches 2007 von der Welterbe-Liste gestrichen wurde.

internationale Instrument zum Schutz des kulturellen und natürlichen Erbes.[6] Als Leitgedanke liegt der Welterbekonvention die Überzeugung zugrunde, dass der Verlust bedeutender Beispiele des gemeinsamen Welterbes nicht nur allein einen einzelnen Staat, sondern die gesamte Menschheit betrifft. Der Schutz diesen Erbes ist daher Aufgabe der internationalen Gemeinschaft.

Das Herz der Welterbekonvention ist die „Liste des Erbes der Welt" (Art. 11(2), „Welterbeliste"), die sowohl kulturelles Erbe (Denkmäler, Ensembles, Stätten) wie auch natürliches Erbe (Naturgebilde, geologische und physiographische Erscheinungsformen, Naturstätten) umfasst, die „von außergewöhnlichem universellem Wert sind" (Art. 11(2)). Aktuell verzeichnet die Liste 1007 Kultur- und Naturstätten in 161 Ländern, darunter auch Peru (12 Stätten), Frankreich (39 Stätten) und Deutschland (39 Stätten). Über die Eintragung in die Welterbeliste entscheidet das „Zwischenstaatliche Komitee für den Schutz des Kultur- und Naturerbes der Welt" (Art. 8, „Welterbekomitee"), das sich aus 21 gewählten Vertretern der Vertragsstaaten zusammensetzt. Zur Seite steht dem Welterbekomitee ein Ständiges Sekretariat in Paris, das UNESCO-Welterbezentrum.

Mit einer gewissen Voraussicht sieht die Welterbekonvention eine zweite Liste vor, die „Liste des gefährdeten Erbes der Welt" (Art. 11(4), oft auch Rote Liste genannt). In diese Liste werden solche Kultur- und Naturerbestätten aufgenommen, die „durch ernste und spezifische Gefahren bedroht" sind, u. a. Gefahr des Untergangs durch beschleunigten Verfall, öffentliche oder private Großvorhaben oder rasch vorangetriebene städtebauliche oder touristische Entwicklungsvorhaben; Ausbruch oder Gefahr eines bewaffneten Konflikts; Natur- und sonstige Katastrophen. Vorrangiges Ziel einer Eintragung in die Rote Liste ist die Erhöhung der Aufmerksamkeit bei den politisch Verantwortlichen und der Öffentlichkeit auf nationaler wie internationaler Ebene. Sie versteht sich somit als Instrument, nicht nur den betroffenen Staat im Rahmen seiner Möglichkeiten zum Handeln zu bewegen, sondern auch die Staatengemeinschaft zur Unterstützung anzuregen.[7] Dass diese Intention auch missverstanden werden kann, zeigt nicht zuletzt der Fall der Kulturlandschaft Dresdner Elbtal, der im Folgenden genauer beleuchtet werden soll.

---

6   FRANCIONI F., « The Human Dimension of International Cultural Heritage Law: An Introduction », in *European Journal of International Law*, 22 (1), 2011, S. 11.

7   BUZZINI G. P./CONDORELLI L., « Article: 11, List of World Heritage in Danger and Deletion of a Property from the World Heritage List », in: FRANCIONI F./Lenzerini F., *The 1972 World Heritage Convention: a Commentary*, Oxford, Oxford University Press, 2008, S. 182.

III. Lokale Interessen gegen internationale Verpflichtungen: Die Aufnahme und Streichung der Kulturlandschaft „Dresdner Elbtal"[8]

Der Fall des Dresdner Elbtals war nicht das erste Mal, dass es in Deutschland zu Konflikten um Welterbestätten kam. Besonders in Erinnerung ist der Auseinandersetzung um den Kölner Dom, der im Juli 2004 als erste Welterbestätte aus Deutschland überhaupt auf die Rote Liste gesetzt wurde. In diesem Fall gefährdeten geplante Hochhausbauten in der Nachbarschaft der weltbekannten gotischen Kathedrale die visuelle Integrität des Weltkulturerbes. Zwei Jahre später konnte der Dom wieder von der Roten Liste gestrichen werden, da die Stadt Köln Maßnahmen für die Begrenzung der Höhe von Hochhäusern ergriffen und auf den Bau weiterer Häuser verzichtet hatte.[9]

Der Dresdner Fall jedoch ist besonders in der Hinsicht, dass – zum ersten Mal in Europa überhaupt – eine lokale Regierung bereit war, offen auf Konfrontationskurs mit der UNESCO zu gehen.[10] Wie konnte es dazu kommen? Der Verlauf des Konflikts um das Dresdner Elbtal ist überaus komplex, nicht nur wegen der Vielzahl von Akteuren auf Stadt-, Landes- und Bundesebene. Er zeichnet sich darüber hinaus aus durch eine nahezu beispiellose Verkettung von fehlerhafter oder unvollständiger Information, Missverständnissen und Beharren auf festgefahrenen Positionen. Dies alles im Detail wiederzugeben würde den Rahmen dieses Beitrages bei Weitem sprengen. Die wichtigsten Etappen im Konflikt seien im Folgenden jedoch kurz dargestellt.

Im Juli 2004 wurde die Kulturlandschaft Dresdner Elbtal in die Welterbeliste aufgenommen.[11] Die Kernzone umfasste „das Elbtal auf einer Länge von 19,5 Kilo-

---

8 Von Schorlemer S., « Compliance with the UNESCO World Heritage Convention: Reflections on the Elbe Valley and the Dresden Waldschlösschen Bridge », in *German Yearbook of International Law*, 51, 2008, S. 321–390.

9 Für eine detaillierte Darstellung des Konflikts und seiner rechtlichen Implikationen siehe Zacharias D., « Cologne Cathedral versus Skyscrapers – World Cultural Heritage Protection as Archetype of a Multilevel System », in *Max Planck Yearbook of United Nations Law*, 10, 2006, S. 273–366. Für eine ausführliche Auflistung der aktuell gefährdeten Stätten in Deutschland und in anderen Ländern siehe die Berichte « Heritage at Risk » des Internationalen Denkmalrates ICOMOS, http://www.icomos.de/heritage-at-risk.php, zuletzt aufgerufen am 4. Dezember 2012; siehe auch HOTZ C., *Deutsche Städte und UNESCO-Welterbe. Probleme und Erfahrungen mit der Umsetzung eines globalisierten Denkmalschutzkonzeptes*, Hamburg, Dr. Kovac, 2004.

10 Von Schorlemer S., Fn. 8, S. 327.

11 UNESCO, Convention concerning the Protection of the World Cultural and Natural Heritage, World Heritage Committee, Twenty-eighth session, Suzhou, China, 28 June-7 July 2004, 28 COM, WHC-04/28.COM/26, Paris, 29 October 2004, 28 COM 14 B.40. Die Einschreibung

metern zwischen Schloss Übigau im Nordwesten und Schloss Pillnitz im Südosten, die flussnahen Elbhänge sowie die von dörflichen und bürgerlichen Siedlungsbereichen geprägte Kulturlandschaft, das höfische Stadtzentrum (Zwinger, Brühlsche Terrasse, Semperoper, Frauenkirche) und Zeugen der industriellen Entwicklung des 19. Jahrhunderts."[12]

I.   Die Aufnahme der Kulturlandschaft „Dresdner Elbtal" in die Welterbeliste

Bereits bei der Antragstellung im Januar 2003 waren die Pläne für den Bau einer Brücke innerhalb des künftigen Welterbegebiets grundsätzlich bekannt.[13] Allerdings war in den Antragsunterlagen die Lage einer möglichen neuen Elbquerung falsch angegeben, nämlich 5 Kilometer flussabwärts des Stadtzentrums anstatt tatsächlich 5 Kilometer flussaufwärts auf Höhe eines kleinen Schlosses aus dem 18. Jahrhundert, dem sogenannten Waldschlösschen. Unter anderem aufgrund dieser Angaben wurde die geplante Brücke zunächst nicht als Hindernis für die Aufnahme des Dresdner Elbtals in die Welterbeliste angesehen.[14] Im Februar 2004 – und somit einige Monate vor Eintragung in die Welterbeliste – wurde vom Sächsischen Regierungspräsidium der Planfeststellungsbeschluss für den Neubau des Verkehrszuges Waldschlösschenbrücke erlassen und damit das Baurecht für die Planungen erteilt. Informationen über den Planfeststellungsbeschluss wurden jedoch nicht nach Paris weitergeleitet, wo erst ein knappes halbes Jahr später über die Aufnahme entschieden wurde. Diese fehlerhafte und lückenhafte Informationspolitik der deutschen Behörden kann zweifelsohne als „Wurzel des Konfliktes"[15] angesehen werden.

---

erfolgte unter dem besonderen Attribut der Kulturlandschaft, siehe hierzu Von Schorlemer S., Fn. 8, S. 333–336 m.w.N.

12   Lehrstuhl Und Institut Für Städtebau Und Landesplanung, « Gutachten zu den visuellen Auswirkungen des ‹ Verkehrszuges Waldschlösschenbrücke › auf das UNESCO-Weltkulturerbe ‚Elbtal Dresden › », Visual Impact Study-VIS, Dritte überarbeitete Fassung, in *RWTH Aachen*, April 2006, S. 15.

13   Am 18. Februar 2003 wurde von der Stadt Dresden die Planfeststellung beantragt, welche am 25. Februar 2004 erfolgte. Am 7. September 2004 erfolgte zunächst ein Stadtratsbeschluss zur Sperrung der Finanzmittel, der aber am 23. September 2004 durch ein Veto des Oberbürgermeisters wieder aufgehoben wurde, siehe Lehrstuhl Und Institut Für Städtebau Und Landesplanung, Fn. 12, S. 67.

14   Von Schorlemer S., Fn. 8, S. 341.

15   Id., S. 341.

2. Zwischen Beharrlichkeit und Kompromissbereitschaft: Das Ringen um eine Lösung

Einige Monate nach der Aufnahme des Dresdner Elbtals in die Liste des Welter-bes erfuhr das Welterbekomitee in Paris nun doch von den Brückenplänen. Die im November 2005 an das Welterbezentrum der UNESCO weitergeleiteten Pla-nungsunterlagen ließen das Ausmaß des Bauvorhabens zutage treten: statt einer räumlich begrenzten „Stadtbrücke" zeigten die Pläne vielmehr einen mehrspurigen, autobahnähnlichen Verkehrszug, der praktisch als Verbindung zwischen zwei bes-tehenden Autobahnen jeweils im Süden und im Norden Dresdens dienen würde. Das zuständige Beratungsgremium, der Internationale Rat für Denkmalpflege, ICO-MOS, kommentiert die nun vorliegenden Pläne kritisch: „Das Projekt wird dazu führen, die betroffenen Stadtgebiete und vor allem die Flußtal-Gebiete der Elbe auseinander zu reißen."[16] ICOMOS plädierte daher für eine Planungspause, die vor allem für die Suche nach weniger schädlicher Alternativen, allen voran einer Tunnel-Lösung unter der Elbe, aber auch für die Diskussion alternativer Standorte einer Elbquerung genutzt werden sollte. Die Vergabe der Bauaufträge durch die Stadt Dresden sollte daher bis mindestens Ende September 2006 aufgeschoben werden, um eine irreversible Schaffung von Tatsachen zu verhindern. Dieser Rat jedoch verhallte ungehört: die Stadt Dresden fuhr mit der Vergabe der Bauaufträge fort, ungeachtet der Äußerungen des Welterbekomitees auf seiner Sitzung im Juli 2006, bei der es das Dresdner Elbtal auf die Rote Liste setzte.[17]

Eines der Hauptargumente für das Festhalten am Bauvorhaben war ein Refe-rendum Dresdner Bürger vom Februar 2005, bei dem sich rund zwei Drittel der Wahlbeteiligten für eine Brücke aussprachen (die Wahlbeteiligung lag bei 51%).[18] Unbenommen der Bedeutung eines Bürgerentscheids als wichtiges Instrument eines demokratischen Entscheidungsfindungsprozesses muss angemerkt werden, dass die

---

16   ICOMOS, *Heritage at Risk, ICOMOS World Report 2006/2007 on Monuments and Sites in Danger*, Altenburg, Reinhold-Verlag, 2008, S. 64 (Übers. ins Deutsche d. Verf.).

17   UNESCO, Decision 30 COM 7B.77, in: UNESCO, « World Heritage Committee, Thirtieth session, Vilnius, Lithuania, 8–16 July 2006, Summary Record », *WHC-06/30.COM/19*, 23. August 2006, S. 135–140.

18   Das Referendum war initiiert vom Allgemeinen Deutschen Automobil-Club e.V. (ADAC), der Christlich Demokratischen Union (CDU) und der Freien Demokratischen Partei (FDP). Die Frage lautete: « Sind Sie für den Bau der Waldschlößchenbrücke? – einschließlich des Verkehrszuges der abgebildeten Darstellung », Bürgerentscheid zur Brücke am 27. Februar 2005. Siehe auch VON SCHORLEMER S., « Die Dresdner Brücke-Posse », in *Blätter für deutsche und internationale Politik*, 50, 2006.

Fragestellung mögliche Auswirkungen auf den Welterbestatus des Dresdner Elbtals völlig außen vorließ und damit ein weiteres Beispiel lückenhafter Information darstellt. Ein denkbarer und rechtlich zulässiger zweiter Bürgerentscheid, diesmal unter Einbezug der Welterbe-Komponente, wurde von der Dresdner Stadtverwaltung nicht weiter verfolgt.[19]

Ohne die Möglichkeit eine welterbeverträgliche Tunnellösung ernsthaft in Betracht zu ziehen oder gar nach einem ganz neuen Standort für eine Elbquerung zu suchen, hielten die lokalen Behörden an der ursprünglichen Planung fest. Um dennoch die Ernsthaftigkeit der Bemühungen um den Erhalt des Welterbetitels zu beweisen, wurde dem Welterbekomitee ein Katalog verschiedener kleinerer Modifikationen am Brückendesign vorgelegt.[20] Diese Maßnahmen überzeugten das Welterbekomitee jedoch wie zu erwarten war nicht. Eine Streichung von der Welterbeliste war nun unausweichlich. Sie erfolgte auf der 33. Sitzung des Welterbekomitees im Juli 2009 mit der Begründung, dass durch den Bau der Brücke der außergewöhnliche universelle Wert, aufgrund dessen das Elbtal als Welterbe aufgenommen wurde, nicht erhalten werden konnte.[21]

3.   Lehren aus dem Fall Dresdner Elbtal

Aus der Perspektive eines unbeteiligten Beobachters war der Streit um das Dresdner Elbtal in erster Linie ein Konflikt zwischen lokalen Interessen einerseits, nämlich der Verbesserung der städtischen Verkehrsinfrastruktur, und dem internationalen Schutz des Welterbes andererseits. In der Debatte vor Ort spielten hingegen weder die moralische Verantwortung noch die tatsächliche völkerrechtlichen Verpflichtungen, die aus dem Welterbetitel erwachsen, eine große Rolle.

Dies gilt sowohl für die politischen Auseinandersetzungen zwischen den zahlreichen Akteuren (Dresdner Stadtrat, Stadtverwaltung und Oberbürgermeister, Freistaat Sachsen) wie auch für die gerichtliche Bearbeitung des Konflikts. In den verschiedenen Verfahren vor dem Dresdner Verwaltungsgericht, dem Oberverwaltungsgericht, dem Sächsischen Verfassungsgericht und dem Bundesverfassungsgericht

---

19   Siehe insbesondere FASTENRATH U., « Rechtliche Stellungnahme zum Vorschlag des Dresdner Oberbürgermeisters für einen zweiten Bürgerentscheid zur Waldschlösschenbrücke – Wie die Frage richtig lauten müsste », 21. August 2006.

20   U.a. Wegfall der Laternenmasten auf der Brücke, Verringerung der Größe der Brückenpfeiler, Wegfall der Fußgängeraufgänge von den Elbwiesen zur Brücke, Umgestaltung der Brückenköpfe.

21   UNESCO, World Heritage Centre, « Dresden is deleted from UNESCO's World Heritage List », 25. Juni 2009, http://whc.unesco.org/en/news/522, zuletzt aufgerufen am 4. Dezember 2014.

lag der Fokus vor allem auf der Bindungswirkung des Planfeststellungsbeschlusses sowie des Referendums. Mögliche rechtliche Verpflichtungen Deutschlands als Vertragspartei der Welterbekonvention und die Konsequenzen eines möglichen Bruchs dieser Verpflichtungen auf internationaler Ebene wurden von den Gerichten nur nachrangig berücksichtigt.[22] Es wurde jedoch verschiedentlich betont, dass „trotz der erheblichen Bedeutung der Welterbekonvention und der sich aus ihr ergebenden völkerrechtlichen Verpflichtungen der Bundesrepublik Deutschland zum Erhalt geschützter Kulturgüter" die Umsetzung des „Bürgerentscheids als Akt der unmittelbaren Demokratie" vorrangig sei gegenüber dem Interesse der Stadt Dresden, den Verlust des Welterbestatus zu verhindern.[23] Darüber hinaus, so das Bundesverfassungsgericht weiter, biete die Welterbekonvention nach „Konzeption und Wortlaut keinen absoluten Schutz gegen jede Veränderung der eingetragenen Stätten des Kultur- und Naturerbes."[24] Mögliche Nachteile aus der Entscheidung – wie etwa der Verlust des Welterbestatus – müssten in Kauf genommen werden.[25]

Diese eher konfrontative Betrachtungsweise zwischen lokalen Interessen einerseits und internationalen Verpflichtungen andererseits unterschätzt die Bedeutung des Welterbes. Letzteres gehört nämlich nicht den Dresdner Bürgern, nicht dem Freistaat Sachsen und auch nicht der Bundesrepublik Deutschland sondern muss, wie eingangs bereits erwähnt, als „Bestandteil des Welterbes des ganzen Menschheit erhalten werden"[26]. Dabei ist es nicht relevant, ob lokale oder nationale Akteure den Verlust des Titels in Kauf nehmen (müssen), sondern vielmehr entscheidend, dass der außergewöhnliche universelle Wert des Kulturerbes im Interesse aller geschützt wird.

An dieser Stelle muss auch betont werden, dass „Schutz" nicht mit „Konservierung" und dem Verbot jeglicher Veränderung gleichzusetzen ist. Im Gegenteil, die Eintragung des Dresdner Elbtals als Kulturlandschaft anerkennt bereits die Bedeutung der Interaktion zwischen Mensch und ihrer Umwelt.[27] Der Schutz einer solchen Kulturlandschaft erzwingt mithin keinen Stillstand in der Entwicklung. Vielmehr erfordert er eine wirksame Management-Strategie, anhand derer dem

---

22 Siehe detailliert zu den zahlreichen Verfahren Von SCHORLEMER S., Fn. 8, S. 353–355.
23 BVERFG, Entscheidung v. 29. Mai 2007, 2 BvR 695/07, Ziff. 11. Siehe dazu Fastenrath U., « Zur Eilentscheidung des OVG Bautzen – 4 BS 216/06 – und zum Beschluss der 1. Kammer des 2. Senats des Bundesverfassungsgerichts – 2 BvR 695/07 », in *Zeitschrift für Europäisches Umwelt- und Planungsrecht*, 5. Jahrgang, 2007, Heft 3, S. 142–149.
24 BVERFG, Fn. 23, Ziff. 35.
25 Ibid.
26 UNESCO, Übereinkommen zum Schutz des Kultur- und Naturerbes der Welt, 16. November 1972, Präambel.
27 RÖSSLER M., « World Heritage Cultural Landscapes: A UNESCO Flagship Programme 1992–2006 », in *Landscape Research*, 31, 2006, S. 333–334.

Gleichgewicht zwischen Modernisierung und Bewahrung angemessen Rechnung getragen werden kann. Diese Überlegungen – und Herausforderungen – sind in Dresden möglicherweise unterschätzt worden.[28]

IV. Abschließende Bemerkungen

Dass es auch anders gehen kann, zeigt das Beispiel der Kulturlandschaft Oberes Mittelrheintal. Auch hier sollte eine mehrspurige Brücke innerhalb des Welterbegebiets gebaut werden. Anders als in Dresden jedoch war die UNESCO bereits in der Planung der Brücke eingebunden, u. a. als Mitglied der Jury bei der Auswahl der Architektenentwürfe. Die welterbeverträgliche Brückenlösung war dabei ein wichtiges Ausschreibungskriterium.[29] Frühzeitig erkannte die damalige rheinland-pfälzische Landesregierung die Notwendigkeit für ein Management-Konzept, das den Schutz aber auch die „behutsame Weiterentwicklung der Infrastruktur im Interesse der Bevölkerung des Tales mit einschließt."[30] Zwar führten Veränderungen der politischen Machtverhältnisse im Land Rheinland-Pfalz zu einer bis auf weiterer Aussetzung der weiteren Planungen für den Bau der Rheinbrücke. Nichtsdestotrotz kann die behutsame und der Bedeutung des Welterbes angemessene Herangehensweise der regionalen Behörden als Vorbild für künftige Projekte dieser Art gelten.

Solche erfolgreichen Konzepte setzen eine detaillierte Kenntnis und sicheren Umgang mit den Möglichkeiten und Grenzen der Welterbekonvention voraus und zwar nicht nur bei den relevanten Akteuren auf Bundesebene, sondern vor allem auch bei den lokalen und regionalen Behörden. Hier besteht mitunter noch Handlungsbedarf.[31] Gleiches gilt für eine transparente und verständliche Informations- und Kommunikationspolitik des Welterbezentrums und des Welterbekomitees: nur, wenn Entscheidungen zeitnah und nachvollziehbar kommuniziert werden, ist ein konstruktiver Dialog zwischen den internationalen Entscheidungsträgern einerseits und den lokalen Vertretern andererseits möglich. Entscheidend ist, dass der Schutz des kulturellen Erbes nicht als Hindernis für wirtschaftliche und/oder städtebauliche Entwicklung oder auch für Tourismus wie etwa im Falle des Machu Picchu

---

28   Von Schorlemer S., Fn. 8, S. 336.
29   Ausschreibung des Architektenwettbewerbs « Planung der Mittelrheinbrücke », http://www.competitionline.com/de/ausschreibungen/14191, zuletzt aufgerufen am 4. Dezember 2014.
30   Englert S., « Mittelrheinbrücke: Kein Schandfleck », in *Die ZEIT*, Nr. 12/2011, http://www.zeit.de/2011/12/Mittelrhein-Bruecke, abgerufen am 4. Dezember 2014.
31   Von Bogdandy A./Zacharias D., « Zum Status der Weltkulturerbekonvention im deutschen Rechtsraum – ein Beitrag zum internationalen Verwaltungsrecht », in *Neue Zeitschrift für Verwaltungsrecht*, 26, 2007, Ausgabe 5, S. 527–528.

wahrgenommen wird. Vielmehr sollten die verbindende Wirkung des Welterbes und nicht zuletzt die Möglichkeiten für gemeinschaftliche Maßnahmen zum Schutz von Kultur- und Naturerbe von außergewöhnlichem universellem Wert, wie sie die Welterbekonvention vorsieht, ins Zentrum der Debatte rücken.

La protection internationale de la diversité culturelle et du patrimoine culturel au centre de conflits entre intérêts nationaux et locaux : le paysage culturel dans la « Vallée de l'Elbe »

La contribution traite du conflit autour de la construction du pont « Waldschlösschenbrücke » (le « pont du petit palais forestier ») dans le paysage du patrimoine mondial de l'UNESCO « Dresdner Elbtal » (« vallée de l'Elbe », dans la région de Dresde en Allemagne). À l'aide de cet exemple, il s'agit d'étudier comment les intérêts locaux et régionaux peuvent entrer en conflit avec les obligations internationales. Après un aperçu sur la convention du patrimoine mondiale de l'UNESCO et son système de listes (II), une description détaillée est proposée sur le fond et le déroulement du conflit à Dresde (III). En conclusion, la contribution se consacre à un court exemple de management du patrimoine mondial réussi et termine avec quelques remarques pour éviter de tels conflits à l'avenir (IV).

La protección internacional de la diversidad cultural y del patrimonio cultural, en el seno del conflicto de intereses nacionales y locales: el paisaje cultural en el «Valle de Elba»

Esta comunicación presenta el conflicto surgido por la construcción del puente «Waldschlösschenbrücke» (el «puente del pequeño palacio forestal») en el paisaje del patrimonio mundial de la UNESCO «Dresdner Elbtal» («valle de Elba», en la región de Dresde en Alemania). Con la ayuda de este ejemplo, se trata de estudiar cómo los intereses locales y regionales pueden entrar en conflicto con las obligaciones internacionales. Tras una visión de conjunto sobre el convenio mundial del patrimonio de la UNESCO y su sistema de listas (II), se propone una descripción detallada sobre el fondo del asunto y el desarrollo del conflicto en Dresde (III). Como conclusión, esta comunicación destaca la clave de una acertada gestión del patrimonio mundial, y termina aportando algunas observaciones para evitar tales conflictos en un futuro (IV).

WIRTSCHAFTSORDNUNG IM VERFASSUNGSSTAAT: VERGLEICHSANALYSE FRANKREICH, DEUTSCHLAND UND PERU

RÉGIME ÉCONOMIQUE DANS L'ÉTAT CONSTITUTIONNEL : ANALYSE COMPARÉE FRANCE, ALLEMAGNE, PÉROU

RÉGIMEN ECONÓMICO EN EL ESTADO CONSTITUCIONAL: ANÁLISIS COMPARADO DE FRANCIA, ALEMANIA Y PERÚ

Nationale Wirtschaftskultur: Staatliche
Intervention im Bereich der Wirtschaft

La culture étatique d'intervention dans
l'économie

La cultura de regulación del Estado en materia
económica

Le rôle de l'État français dans l'économie

Manuel Tirard

Comprendre le rôle de l'État dans l'économie, et plus généralement la place de l'intervention publique dans la société dont il est indissociable, nécessite d'abord de s'interroger sur ses fondements théoriques. Cela renvoie aux conceptions du droit public et de l'intérêt général car, comme le relève le Conseil d'État à propos de ce dernier, il s'agit de « la pierre angulaire de l'action publique, dont il détermine la finalité et fonde la légitimité ».[1] L'intérêt général (public) est la notion centrale du droit public.

Si le sujet nécessite de se pencher sur des aspects conceptuels, il parait également pertinent d'y adjoindre des éléments comparés. En effet, cette méthode est utile car elle permet, entre autres, de mieux connaître son propre droit. L'importance de cette approche est d'ailleurs inhérente à notre manifestation trinationale. Comme le modèle allemand est étudié par ailleurs par nos collègues d'outre-Rhin, c'est une comparaison avec les États-Unis qui sera surtout mise en avant.

Enfin, traiter ce thème serait impossible sans tenir compte d'éléments historiques. En effet, même en se cantonnant à l'histoire récente (*i. e.* sans remonter trop avant le 20ème siècle), l'action de l'État français dans l'économie a schématiquement connu deux périodes. Si c'est vrai de tous les autres États, il est impossible de résumer les expériences à l'unité compte tenu des modèles particuliers que révèlent justement les aspects théoriques et comparés évoqués ci-dessus. La première phase, qui va de la fin du 19ème siècle aux années 1980, est marquée par une intervention étatique (et plus globalement publique[2]) importante et croissante (I). Elle a toutefois laissé place depuis à un mouvement de remise en cause et de retrait partiels (II).

---

1   Conseil d'État, Rapport public 1999, *L'intérêt général*, EDCE, La Doc. Fran., no. 50, 1999, p. 245.
2   Intégrant l'État *stricto sensu* mais aussi les collectivités territoriales (communes …) et la Sécurité sociale.

I.   Un modèle traditionnellement interventionniste (fin 19ème – années 1980)

I.   Un modèle traditionnellement
      interventionniste (fin 19ème – années 1980)

Pour comprendre le rôle important de l'État français dans l'économie (2.), il faut d'abord envisager ses fondements conceptuels historiques (1.).

1.   Fondements théoriques

Marqués par la volonté de rupture avec le passé royaliste, les révolutionnaires cherchèrent à modifier l'ordre social existant pour assurer non pas tellement la liberté mais l'égalité (juridique). L. Jaume oppose ainsi un libéralisme du sujet qui privilégie l'individu, à l'assujettissement de l'individu à un esprit de corps qui le discipline. C'est à ce titre qu'il relève que « Le libéralisme français a très majoritairement adopté la seconde voie, celle d'un libéralisme par l'État, et non contre ou hors l'État ».[3] L'idée fondamentale, en tout cas telle qu'elle a évolué jusqu'au 20ème siècle dans l'Hexagone, est que l'État doit transcender les intérêts privés car il existe une chose publique (*res publica*) à défendre et à valoriser au-dessus de la multiplicité de ces intérêts.

Il est possible de mieux comprendre cette conception en la comparant à la vision états-unienne. En synthèse, la marche de la société va s'y penser avant tout de bas en haut. L'intérêt public tend donc à être considéré comme l'addition des intérêts individuels. À propos de comparaison entre les États-Unis et la France, F. Furet relevait avec intérêt que « dans le premier cas, l'histoire a subordonné l'État à la société. Dans le second, elle livre la société à l'État ».[4] De même, le Conseil d'État a souligné l'existence historique de deux approches de l'intérêt général. La première, française, est d'essence volontariste, puisque « l'intérêt général ne saurait être obtenu, ni les liens sociaux subsister, sans que l'intérêt personnel ne s'efface devant la loi (…), et sans que l'État ne régule la société civile pour garantir la réalisation des fins sur lesquelles cette volonté s'est prononcée ». À l'opposé, aux États-Unis, « dans sa version utilitariste et libérale, la notion d'intérêt général permet de penser l'organisation de la vie sociale sur le modèle de l'activité écono-

---

3   Jaume L., *L'individu effacé ou le paradoxe du libéralisme français*, Fayard, 1997, p. 11.
4   Furet F., préf. in : de Tocqueville A., *De la démocratie en Amérique*, Garnier-Flammarion, vol. 1, 1981, p. 17.

mique, sans qu'il soit besoin de faire intervenir un pouvoir politique régulateur des relations entre les individus ».[5]

De façon indissociable et en reprenant l'idée selon laquelle l'intérêt public est la notion cardinale du droit public, il ne faut pas aborder ce droit de manière uniforme. J-B. Auby souligne ainsi que « tout le droit administratif, le nôtre comme les autres, est l'expression d'une certaine vision du pouvoir, de l'État, du rapport entre le pouvoir, l'État et la société ».[6] C'est donc tout le droit public qui obéit à cette logique de différenciation compte tenu du but qui lui est assigné dans la recherche du bien public. Il existe dès lors deux types de droit public sur lesquels va s'appuyer l'intervention de l'État. L'un fait de ce droit un instrument au service d'une action publique qui veut assurer le respect et le succès de l'intérêt général volontariste. L'autre, à l'inverse, limite les autorités publiques au profit de la somme des intérêts particuliers.[7]

En conclusion, il apparait que l'État en France agit traditionnellement plus que son homologue outre-Atlantique.[8] Ce cadre conceptuel et comparé permet de comprendre la réalité historique des interventions étatiques dans l'économie.

2.   Conséquences pratiques dans l'économie

Conformément à son modèle, la France est marquée par une intervention publique dont le domaine est plus vaste et, corrélativement, les formes sont plus directes qu'ailleurs.

Le domaine d'action a connu une nette augmentation à partir du début du 20ème siècle avec la mise en place progressive d'un vaste secteur public, en application des thèses keynésiennes (politiques conjoncturelles et structurelles) puis des principes posés par le Préambule de la Constitution de 1946. Ce texte met en effet à la charge de l'État des missions éducatives et sociales[9]. En matière strictement économique c'est son article 9 qui est le plus représentatif. Il dispose que : « Tout bien, toute entreprise, dont l'exploitation a ou acquiert les caractères d'un service public

---

5   CONSEIL D'ÉTAT, *supra* note 1, p. 248–249.
6   AUBY J-B., Droit administratif et démocratie, in : LOMBARD M. (dir.), *Régulation économique et démocratie*, Dalloz, coll. Thèmes et commentaires, 2006, p. 13–28, 13.
7   V. ZOLLER E., *Introduction au droit public*, Dalloz, 2. éd., 2013.
8   Et peut-être outre-Rhin. Ce dernier est en effet marqué par l'ordolibéralisme, selon lequel la mission économique de l'État est de créer et de maintenir un cadre normatif permettant la concurrence libre et non faussée entre les entreprises, et non d'intervenir directement dans l'économie.
9   Articles 13 et 11.

national ou d'un monopole de fait, doit devenir la propriété de la collectivité ».
Ce modèle d'État providence est synthétisé dans l'article 1er de la Constitution
actuelle de 1958, qui dispose que la République française est notamment « sociale »,
alors que les États-Unis étaient et restent un modèle libéral. Cette différenciation
entre les modèles des deux côtés de l'Atlantique nord se retrouve dans le rapport
prélèvements obligatoires (PO)/produit intérieur brut (PIB), qui démontre par
le prisme financier une plus forte intervention publique en France (de manière
croissante au niveau local).[10]

Concernant maintenant les formes d'intervention dans l'économie, la France
est allée loin dans le sens d'une action directe, notamment par la gestion publique
de nombreuses activités. La notion de service public s'y est développée à la fin du
19ème siècle et a permis aux personnes publiques de prendre en charge de nombreuses missions. Même si les délégations aux personnes privées ont depuis longtemps été pratiquées, cette notion a entraîné une certaine « publicisation » des
activités correspondantes, car la délégation permet l'application de règles de droit
public avec pour socle minimum les « lois du service public ».[11] Nombre d'activités ont par ailleurs fait l'objet de nationalisations et de monopoles publics après
1945 (augmentant sensiblement le domaine du secteur public) : énergie (EDF),
transports (SNCF), industrie (Renault), … Ainsi, au milieu des années 1980, les
entreprises publiques en France représentaient presque 25% de son PIB, et plus
de 19% de ses effectifs salariés.[12] De manière connexe et moins directe, l'encadrement de l'économie s'est généralisé à la même époque par le développement
de la réglementation dans différentes branches du droit, notamment le droit du
travail au profit des salariés. Enfin, après 1945, des procédés nouveaux et souvent
indirects (incitatifs) comme la planification économique ont permis d'accroître
encore cet encadrement.

Au final, les réalités françaises de l'intervention étatique (publique) dans l'économie confirment bien les éléments théoriques évoqués plus haut d'un modèle
de promotion active de la chose publique.[13] La remise en cause de ce schéma
traditionnel doit maintenant être étudiée.

---

10   OCDE, *Statistiques des recettes publiques 2013*, 2014, p. 24 (sur Internet).
11   Autrement dit et au minimum les principes de continuité, d'égalité et d'adaptabilité.
12   INSEE, *Poids du secteur public dans l'économie en 2011* (sur Internet).
13   *A contrario*, l'intervention publique aux États-Unis a été plus limitée qu'en France dans son
     domaine et, ensuite, largement indirecte en privilégiant, d'une part, la réglementation plutôt
     que la gestion publique (les entreprises publiques y ont toujours été très peu répandues), ainsi
     que, d'autre part, les incitations financières (fiscales).

II. Les évolutions récentes (depuis le milieu des années 1980)

C'est l'évolution des fondements conceptuels historiques (1.) qui a eu des répercussions profondes sur le rôle de l'État français dans l'économie (2.).

1. Fondements théoriques

Différentes thèses sont petit à petit venues critiquer le rôle de l'État dans la société. On peut citer dans ce cadre l'École de Chicago (M. Friedman) ; ou encore les conceptions de F. Hayek qui, en proposant une vision plus politique et théorique, a voulu démontrer que l'intervention publique était incompatible avec la liberté.[14] En pratique, c'est peut-être l'École des choix publics (*Public choice*) qui a le mieux caractérisé cette attaque.[15] Son point de départ consiste à relever que, pendant longtemps, l'analyse économique a été marquée par l'idée que les décideurs étaient supposés avoir des objectifs correspondants à ceux de la collectivité (l'emploi ou la lutte contre l'inflation), avec pour but l'amélioration de la vie des citoyens. Les tenants de cette École vont inverser la présomption. À leurs yeux, plutôt que de partir du postulat que l'action publique sur le marché est par définition légitime, il est d'abord indispensable de s'assurer que les propres défauts de l'État ne sont pas supérieurs aux anomalies auxquelles il cherche à remédier. Ils rejettent donc ce qu'ils considèrent comme une interprétation simplificatrice. La théorie devient dès lors celle de la mise à jour des défaillances de l'État et, au-delà, de tout le processus démocratique. Sa portée se résume dans l'idée que l'homme politique et le fonctionnaire sont des individus égoïstes, ni plus ni moins altruistes que leurs concitoyens, car ils agissent de la même façon dans la sphère publique et privée. Du fait des dérives qu'ils constatent, la faveur de ces auteurs est très claire : ils préfèrent « le marché, même imparfait, aux dérives de l'action politique qui masque les préférences individuelles sous le prétexte de l'intérêt général ».[16] Ce faisant la politique perd toute vertu désintéressée, et la recherche de l'intérêt public par l'État devient une chimère.

---

14 HAYEK F. A., *The Road to Serfdom*, Routledge Press, 1944.
15 BUCHANAN J./TULLOCK G., *The Calculus of Consent: Foundations of Constitutional Democracy*, Ann Arbor, Univ. of Michigan Press, 1965.
16 CROZET Y., *Analyse économique de l'État*, Paris, Armand Colin, 1997, p. 57

Si ces thèses contestant l'action publique ont pu trouver de l'écho à partir des années 1970, c'est parce que le contexte de l'époque l'a permis. Il s'est agi, d'une part, de l'essoufflement concret des théories keynésiennes et, en parallèle, du succès croissant de la mondialisation et de son corollaire, la concurrence ; d'autre part, de la réalisation de politiques (néo)libérales menées par M. Thatcher et R. Reagan (dérégulation, privatisation, déréglementation, *New Public Management*) à partir de la toute fin de ladite décennie. En France, cela s'est en particulier manifesté par l'influence européenne grandissante et sa coloration « libérale », marquée par la promotion des libertés de circulation et du droit de la concurrence (Acte Unique européen en 1986 puis Traité de Maastricht en 1992, jurisprudence de la Cour de Justice de l'Union européenne).

Les évolutions de l'intérêt général en France depuis une trentaine d'années sont donc profondes. Cela s'est traduit par une certaine diminution/transformation de l'intervention étatique (et plus généralement publique) dans l'économie (et dans la société).

2.   Conséquences pratiques dans l'économie

Le processus de reflux a été divers. Au sein de la « crise du service public à la française », sa matérialisation la plus visible fut un mouvement de privatisations de nombreuses entreprises publiques, et la disparition corrélative des monopoles qui y étaient régulièrement associés. S'il faut encore souligner les spécificités hexagonales dans le fait que, en 1982, au moment où les autres pays développés connaissaient des vagues de privatisations, la France approfondissait les nationalisations, cette dernière fut finalement soumise à cette même vague à partir de 1986. Le phénomène s'est accru par la suite pour ne plus se démentir (énergie, télécommunications, banques ...). Au final, fin 2011, les entreprises du secteur public (avec principalement le SNCF, EDF et la Poste) ne représentaient plus en France qu'un peu plus de 5% de son PIB et de ses effectifs salariés.[17] Le désengagement public inhérent à ces privatisations a posé la question de la coordination des nouveaux domaines et du rôle de l'État. Il a débouché sur la mise en place d'agences administratives indépendantes (AAI)[18] autour du thème de la régulation.

---

17   INSEE, *supra* note 12.
18   V. Conseil d'État, Rapport public 2001, *Les Autorités Administratives Indépendantes*, EDCE, La Doc. Fran., no. 52, 2001.

Cette nouvelle logique a généré un droit plus souple et des mécanismes incitatifs faisant l'objet de la recherche de consensus avec les parties (entreprises) intéressées.

Nourris par l'influence européenne (encadrement des aides d'État, du droit de la commande publique…), ces changements, associés à d'autres (fin de la planification, certaine déréglementation concernant d'abord l'encadrement des prix en 1986), ont généré en France au-delà de l'économie une remise en cause globale de l'intervention publique et de l'État providence. La crise actuelle des finances publiques dans l'Union européenne, marquée par la nécessité de faire des économies pour résorber les déficits, semble encore accroître cette perspective.[19]

La question finale consiste dès lors à se demander si les évolutions contemporaines de l'action publique en France n'ont (ne vont) pas révolutionné son « modèle historique ». S'il est difficile de répondre à cette question on peut d'abord relever que, si les mutations ont plus placé l'État français dans un rôle d'arbitre que d'acteur de l'économie, cela ne lui empêche pas, comme d'autres États, de développer des moyens novateurs et plus directs (banque publique d'investissement, patriotisme économique, pôles de compétitivité …). De plus, l'adoption d'une méthode comparative dépassant l'économie permet de montrer que le modèle hexagonal conserve de réelles spécificités malgré des mutations indéniables. Ainsi, la promotion de la concurrence, des privatisations, ou encore de la déréglementation n'est pas un absolu en France comme ce peut être le cas ailleurs (notamment aux États-Unis). En effet, le domaine et le régime juridique des privatisations et des délégations de service public sont bornés par son modèle.[20] De même, le recul de l'encadrement juridique de l'économie (la déréglementation) y est bien moins important qu'aux États-Unis. Enfin, les objectifs suivis par les agences administratives indépendantes ne se résument pas à faciliter partout et tout le temps la concurrence, mais également à promouvoir les missions d'intérêt général. *In fine*, l'action étatique (publique) française semble donc avoir évolué surtout dans ses formes, et avant tout dans le secteur économique, car son domaine reste toujours très important.

---

19   Apparaissant comme une crise du (néo)libéralisme et ayant entraîné dans un premier temps une forte intervention publique dans l'économie (aide aux banques …), cette crise, en creusant les déficits, a désormais l'effet inverse de renforcer la contestation de l'État-providence.

20   V. TIRARD M., Privatization and Public Law Values: A View from France, in *Ind. J. Global Legal Stud.*, vol. 15, 2008, p. 285–304.

Der Eingriff des französischen Staates in die Wirtschaft

Dieser Beitrag stellt die Rolle des französischen Staates in der Wirtschaft aus einer vergleichenden, historischen und praktischen Perspektive vor. Der erste Aspekt beleuchtet die französischen Besonderheiten aus der Außenperspektive. Der zweite ermöglicht es, die gewandelte staatliche Rolle in der Gegenwart zu verstehen, insbesondere im Rahmen der europäischen Integration. Schließlich konkretisiert der dritte Aspekt den eher theoretischen Ansatz der beiden ersten Perspektiven. Aus diesem dreigliedrigen Ansatz lässt sich schließen, dass sich in Frankreich (wie auch anderswo) die Rolle des Staates in der Wirtschaft seit gut 30 Jahren spürbar fortentwickelt hat. Allerdings erkennen wir aus einer übergeordneten Perspektive, dass die Rolle staatlicher Eingriffe in die Gesellschaft im Allgemeinen mit diesem Muster übereinstimmt. Letztlich scheint sich das staatliche (öffentliche) Handeln in Frankreich vor allem hinsichtlich seiner Form fortentwickelt zu haben, und zwar vor allem im wirtschaftlichen Bereich, da die staatliche Präsenz hier noch immer besonders wichtig ist. Diese Evolution ist eindeutig, ohne jedoch (schon?) eine Revolution darzustellen.

El papel del Estado Francés en la economía

Este artículo propone trabajar sobre el rol del Estado Francés en la economía según un enfoque comparado, histórico y práctico. El primer aspecto ilustra la especificidad francesa. El segundo permite comprender las transformaciones contemporáneas, particularmente en el marco de la construcción europea. Finalmente, el tercer aspecto ilustra en concreto el planteamiento teórico de los dos primeros elementos. Este tríptico permite concluir que, en Francia así como en otros países, el papel del Estado en la economía ha progresado sensiblemente desde hace aproximadamente treinta años. No obstante, adoptando un análisis más amplio, nos damos cuenta que rol de intervención público en la sociedad en general se conforma a su modelo. De hecho, la acción estatal (pública) francesa parece, por consiguiente, haber evolucionado sobre todo en sus formas, y ante todo en el sector económico, ya que su presencia allí sigue siendo muy importante. La evolución es segura, sin llegar a constituir (todavía?) una revolución.

L'intervention de l'État dans la régulation de la « démocratie industrielle » en France et en Allemagne

De la *Reconstruction* (1945) aux crises économiques des années 1970/1980 : retour sur les *réformes d'entreprise* après la 2ème Guerre mondiale

Otmar Seul

L'idée de la *démocratie industrielle* – une notion empruntée au classique *Industrial Democracy* de Sidney et Beatrice Webb (1897) – est bien ancrée dans les visions d'une politique de *progrès social* développées tout le long du 20ème siècle dans les pays qui aujourd'hui font partie de l'Union européenne. La *démocratisation* des institutions politiques et sociétales est censée aller de pair avec des réformes dans le monde du travail assurant non seulement l'humanisation du travail, l'extension des libertés syndicales, le développement de négociations collectives mais aussi la *participation* des salariés aux décisions dans l'entreprise. Ainsi, en France, parmi les réformes concédées par le patronat au *Front populaire* (1936–1938), le premier gouvernement de gauche sous la IIIème République (1870–1940), figure l'élection de *délégués du personnel* sur les lieux du travail (Accords de Matignon, 1936). Une représentation élue des salariés dans l'entreprise, voire une certaine *culture de la négociation*, sont alors déjà le fait de l'Allemagne, puisque accordées par la Constitution de la République de Weimar (1919–1933). Outre-Rhin, les syndicats vont jusqu'à développer une conception de la *Wirtschaftsdemokratie* englobant tous les niveaux de l'activité économique.[1] Deux références historiques qui semblent signaler une tendance inhérente à la *démocratie politique* consistant à transposer

---

1   Naphtali F., *Wirtschaftsdemokratie: Wesen, Weg und Ziel*, Berlin, Verlagsgesellschaft des Allgemeinen Deutschen Gewerkschaftsbundes GmbH, 1928.

ses principes et procédures au système économique et ainsi aux relations industrielles. Au risque de se voir reprocher – comme le *Front populaire* – d'orienter le
pays vers une « étatisation des rapports sociaux » ? En France cette interrogation
est toujours d'actualité. Une réforme d'envergure sans précédent est conduite sous
la Présidence de François Mitterrand (1981–95) par le premier gouvernement de
gauche sous la Vème République (depuis 1958) : elle modifie en 1982 près d'un tiers
du *Code du travail*, à la suite notamment de la promulgation des *lois Auroux*.[2] Ces
lois ont pour ambition de transformer les relations de travail en responsabilisant
les *acteurs sociaux*: salariés, syndicats et chefs d'entreprise. Elles instaurent, entre
autres, une obligation annuelle de négocier dans l'entreprise: sur les salaires, la
durée et l'organisation du travail (loi du 13 novembre 1982).

L'intervention de l'État dans la *régulation* des relations industrielles semble
donc une évidence en France. Serait-elle propice à une nouvelle répartition des
pouvoirs dans l'entreprise ?

I.   L'impact des *lois Auroux* de 1982 sur la démocratisation de l'entreprise

La nouvelle législation se propose de « promouvoir une *démocratie économique*
fondée sur de nouvelles relations du travail [...] et sur l'élargissement du droit des
travailleurs » (Auroux).[3] Si l'apport des *lois Auroux* à l'idée de la *démocratisation* de
l'entreprise est évidente, c'est alors surtout parce que la loi relative aux *libertés des
travailleurs dans l'entreprise* en date du 4 août 1982 (modifiée par la loi du 3 janvier
1986) introduit un droit inédit d'*expression directe et collective* des salariés sur les
lieux du travail, qui est censé être bénéfique au *dialogue intra-entreprise*, d'ailleurs
inconnu dans les autres pays de l'Europe des Quinze d'alors.

En France, les éléments constitutifs de la *démocratie industrielle* correspondent
à des aspirations historiques de la gauche syndicale et politique, que celles-ci aient
des relents *révolutionnaires* ou *réformistes*. Qu'on appelle au *contrôle ouvrier*, à la
gestion démocratique, à l'*autogestion*, à la *concertation* entre Capital et Travail ou à la
cogestion, toutes ces revendications – si disparates soient-elles – s'inscrivent dans
la visée *émancipatrice* du salariat. Les réformes réalisées sous François Mitterrand

---

2   Voir à ce sujet SEUL O., *Arbeitnehmerpartizipation im Urteil der französischen Gewerkschaften,
     Sozialreformen unter der Präsidentschaft François Mitterrands (1982–1985)*, Saarbrücken, Südwes-
     tdeutscher Verlag für Hochschulschriften, 2012 (réédition *thèse* 1986).

3   AUROUX J., *Les droits des travailleurs*, Rapport au président de la république et au premier
     ministre, Paris, La Documentation française, 1981.

peuvent être rapprochées de la mouvance *participative* voire *autogestionnaire* qui émerge en *mai-juin 1968*, quand la révolte étudiante débouche sur une crise sociale et politique généralisée, avec grèves et occupations d'usines, ou encore de la *pensée sociale* chrétienne de gauche incarnée par des personnalités comme Jacques Delors, futur Président de la Commission européenne (1985–1995). Mais la *participation directe* et l'élargissement des droits des représentants élus et syndicaux sont aussi et surtout fondés sur des raisonnements économiques: « Dans la crise économique qui touche les pays développés », affirme Jean Auroux, le Ministre du travail, « (leur) richesse réside dans la qualité de leur main d'œuvre (…). Les travailleurs constituent un potentiel souvent mal utilisé de compétences, d'innovation et de talents : il s'agit là d'un gisement précieux non encore mis en valeur ».[4] Autrement dit, les *lois Auroux* sont conçues pour répondre aux défis économiques et sociaux posés dans le contexte de la crise provoquée par les chocs pétroliers des années 1970. Le *marché* étant de plus en plus concurrentiel, il est généralement admis que des restructurations et des innovations technologiques s'imposent pour améliorer la productivité des entreprises. Et le droit du travail se doit de stimuler les initiatives individuelles et collectives, et s'abstenir de les brider. Les réformes de 1982 confirment le rôle fortement *interventionniste* de l'État dans la *régulation* des relations industrielles en France. Une loi étant la résultante d'un compromis entre les trois pouvoirs et supposant un accord entre les *acteurs* politiques et sociaux, force est de constater qu'au sens matériel (si l'on s'attache à l'essence de la norme édictée) le gouvernement se fait aussi *législateur*. Sous la Présidence de François Mitterrand, la cohésion entre l'*action politique* et l'*action syndicale* est évidente. Pour concevoir ses réformes, le gouvernement s'inspire des programmes des partis (Parti socialiste, Parti communiste) et des confédérations syndicales (CGT, CFDT notamment) qui lui sont proches, idéologiquement et politiquement. Disposant d'une large majorité au Parlement, la Gauche a le monopole de la création législative pour imposer, *de jure*, son projet de *démocratie économique*. Avec ces observations, nous rejoignons Michel Aglietta et Robert Boyer, les fondateurs de la *théorie de la régulation*. Selon eux, les ressorts d'une « dynamique vertueuse » sont à rechercher dans la « complémentarité institutionnelle » entre un certain mode de relations industrielles et certaines institutions d'État, regroupé sous l'idéal-type du rapport salarial *fordiste*.[5] En effet, dans le cadre de la mise en place

---

4   Id., p. 4.
5   Selon eux, cette architecture des formes institutionnelles se trouve menacée par la macro-économie des années 1970 et 1980, cf. BOYER R./SAILLARD Y., *Théorie de la régulation. L'état des savoirs*, Paris, La Découverte, 2002; *Le fordisme, mode d'organisation du travail et mode de régulation économique,* 7 novembre 2004, http://jp.malrieu.free.fr/SES702/article.php3?id_article=16, consulté en dernier lieu le 2 décembre 2014.

du droit d'*expression directe et collective*, les *acteurs sociaux* sont bel et bien appelés à *transposer* les nouvelles normes dans les relations industrielles. La réforme s'inspire d'un concept fondateur de la démocratie *politique*: les *lois Auroux* reconnaissent l'extension de la *citoyenneté* au monde du travail. « Citoyens dans la cité » – affirme Jean Auroux, « les travailleurs doivent l'être aussi dans leur entreprise ».[6] La loi préconise l'encadrement du pouvoir disciplinaire du chef d'entreprise et du règlement intérieur, au moyen notamment de l'interdiction de toute discrimination du salarié « en raison de ses opinions politiques, de ses activités syndicales ou de ses convictions religieuses ». L'*expression directe et collective* porte sur les conditions de travail, l'organisation et la productivité du travail ainsi que sur la qualité des produits et services. Dorénavant le concept de la *démocratie industrielle* ne repose donc plus uniquement sur le fait *représentatif*, c'est-à-dire la *délégation* des droits de *participation* des salariés à leurs institutions élues et syndicales, mais également sur des éléments de *démocratie directe*: le nouveau droit implique la transmission à l'employeur des demandes et propositions des salariés ainsi que des avis émis par eux lors de consultations. Autrement dit, l'intervention de l'État dans la régulation de l'*expression directe et collective* se limite à un rôle incitatif: les *modalités d'exercice* du nouveau droit sont à définir par accord conclu entre l'employeur et les syndicats. Le nouveau droit est donc *intégré* dans le système établi de *représentation des salariés* dans l'entreprise, fondé sur la complémentarité de l'action des institutions élues (contrôle, information, consultation) et de l'action syndicale (négociation).

Afin d'apprécier la réforme à sa juste valeur, il nous paraît judicieux de nous intéresser au type de régulation en vigueur sous les gouvernements précédents y compris ceux de la IVème République (1946–1958). Dans l'immédiat après-guerre, le pouvoir politique se doit de respecter le Programme du *Conseil national de la Résistance* (CNR) de 1944 qui prévoit l'instauration d'une « véritable démocratie économique et sociale ».[7] Nous suggérons un regard croisé sur les grandes étapes de la *démocratisation* des entreprises en République fédérale d'Allemagne, dont le droit s'est focalisé sur la *participation* des salariés aux décisions dans l'entreprise, dimension essentielle de la *démocratie industrielle*. Notre étude comparative se situera dans le contexte de la *crise* sociale et politique des années 1960 (*Mai 68* en France, récession 1966/67 en Allemagne) et de la crise économique provoquée par les chocs pétroliers des années 1970. Comprendre et comparer l'intervention de l'État-législateur dans la régulation de la *démocratie industrielle* nous amène donc à nous interroger sur la coopération entre les *acteurs* des relations indus-

---

6   Auroux, op. cit. p. 4.
7   Cité d'après Andrieu C., *Le programme commun de la Résistance, des idées dans la guerre*, Paris, Les éditions de l'érudit, 1984.

trielles, les réseaux politiques et l'État, et notamment sur les rapports entre *syndicats*, promoteurs legitimes du *changement* dans l'entreprise, et *partis*, moteur de la concertation sociétale sur les projets de réforme une fois appelés à gouverner. Pour les syndicats, la *démocratisation* de l'entreprise est-elle subordonnée ou non au changement politique ? Compte tenu des contraintes d'espace imposées à la présente publication, notre étude comparative se limitera à des observations sur la construction historique de l'enjeu, le rôle interventionniste de l'État et les configurations sociétales propices à la démocratisation de l'entreprise (1.) ainsi que sur l'évolution du concept de la *participation* des salariés aux décisions dans l'entreprise dans le contexte des crises des années 1960 et 1970 (2.).

II. Regard croisé sur les étapes de la *démocratisation* des entreprises en France et en République fédérale d'Allemagne (conclusions)

1. Les lois fondatrices de la *démocratie industrielle* en France et en Allemagne révèlent un fort décalage dans la construction historique de l'enjeu. Outre-Rhin, l'acte fondateur majeur se situe dans l'entre-deux-guerres, sous la République de Weimar; en France, il est intervenu plus tardivement, après la *Libération* sous le *Gouvernement provisoire de la République française* (GPRF 1944–1946), donc avant le passage à la IVème République.

Ces lois émergent en France dans des contextes marqués par une crise politique et sociale majeure, ou sous la contrainte économique. Par conséquent, le rôle incitatif et interventionniste de l'État dans la réforme de l'entreprise y est plus accentué que dans le pays voisin où les réformes sont davantage fondées sur un consensus social en matière de *culture d'entreprise*: le modèle retenu après-guerre s'inscrit dans la continuité du répertoire institutionnel allemand construit de la fondation de l'Empire (1871) jusqu'à la chute de la République de Weimar (1933). Dans le cadre de l'*économie sociale de marché*, les relations industrielles reposent largement sur le principe du *partenariat social*, c'est-à-dire sur la négociation collective et la *codétermination* et la *cogestion* dans l'entreprise.

a. En France, la pression de mouvements sociaux pousse le Gouvernement, les syndicats et le patronat à des accords tripartites propices à une législation renforcant la participation des salariés aux décisions dans l'entreprise, comme en 1936,

avec l'institutionnalisation des *délégués du personnel,* ou en 1968, avec la reconnaissance de la *section syndicale d'entreprise.* Si les *délégués du personnel* trouvent
leur origine dans la création de *délégués mineurs* (1920) voire dans des expériences
participatives locales plus anciennes, force est de constater que leur activité reste
limitée à la présentation de réclamations individuelles relatives à l'application des
grilles de salaires, du Code du travail et autres lois et règlements concernant la
protection ouvrière, l'hygiène et la sécurité. Une démarche réactive similaire est
adoptée après la *Libération* en 1944/45 pour la création des *comités d'entreprise
et d'établissement* et l'introduction de représentants des salariés dans les conseils
d'administration du secteur public et nationalisé. Les réformes sont accordées dans
le cadre de la mobilisation générale pour la *reconstruction* du pays (« la bataille de
la production »), lancée par un gouvernement d'union nationale (GPRF) appli-
quant le programme du *Conseil national de la Résistance,* moyennant un important
programme de *nationalisations.*

Des avancées dans la démocratisation de l'entreprise peuvent également être
opérées par un gouvernement *conservateur.* Les élections législatives qui ont suivi
les mouvements sociaux de 1968 ne débouchent pas sur un changement politique
en faveur de la gauche mais sur une confirmation du pouvoir gaulliste. Désireux
d'apaiser le climat social, celui-ci finit par concéder la création de la *section syndicale d'entreprise,* revendication historique du syndicalisme français mais jusqu'ici
fermement rejetée par les gouvernements de la Vème République. Pour développer
la compétitivité des entreprises françaises dans le *Marché commun européen* naissant,
ils privilégient les impératifs industriels dans la *modernisation* de l'appareil produc-
tif : pour ne pas mécontenter le patronat, hostile tant à l'intervention *économique*
des *comités d'entreprise* qu'à l'institutionnalisation des syndicats sur les lieux du
travail voire même à la négociation interprofessionnelle. Accepter finalement des
accords d'établissements et d'entreprise revient donc à remettre en cause la culture
très verticale des relations de travail en France, génératrice d'une *approche conflic-
tuelle,* politique, de l'entreprise, « chacun campant sur des positions stéréotypées:
marxiste du côté de la confédération syndicale majoritaire (CGT), souverainiste
voire royaliste au sens ‹ droit divin › du terme, du côté des patrons ».[8]

Contrairement aux précédentes, les réformes de 1982/83 ne sont pas imposées
sous la pression d'un *mouvement* social. L'introduction du *droit d'expression directe
et collective* et le renforcement des pouvoirs des institutions élues et syndicales –
aussi bien au niveau de l'établissement qu'au niveau de la gouvernance des entre-

---

8   « La France a une culture trop verticale de la relation au travail », in *Amphitéa Magazine,* avril
      2008, http://www.midori-consulting.com/?page_id=2534, consulté en dernier lieu le 2 décembre
      2014.

prises du secteur public et nationalisé (où un tiers des sièges peuvent revenir aux élus des salariés dans les conseils d'administration ou de surveillance) – sont le fait d'un gouvernement de gauche particulièrement volontariste en matière de réformes sociales, se sachant exposé aux contraintes d'un contexte sociétal de plus en plus marqué par une crise économique durable mais ne pouvant ignorer les attentes des confédérations syndicales majoritaires. Ces dernières sont particulière-ment attachées aux *réformes de structure* promises dans le *Programme commun de gouvernement* de l'Union de la Gauche, qui défendait une relance économique d'inspiration keynésienne (1972). Autrement dit, les confédérations subordonnent la poursuite de la *démocratisation* de l'entreprise au *changement* politique insufflé par les partis de gauche.

b. Comme en France, on légifère en République fédérale d'Allemagne dans le contexte de la reconstruction économique post 2ème Guerre mondiale, ceci sous un gouvernement de coalition conservateur-libéral. Outre-Rhin, il ne s'agit pas d'un acte fondateur en la matière: en développant la *codétermination* et la *cogestion* à tous les niveaux de l'entreprise, la législation s'inspire d'un *modèle* esquissé dès 1920 sous la République de Weimar. Elle confirme aux organisations patronales et syndicales le droit à l'*autorégulation* en matière de conditions de travail, de rémunération et de sorties de conflits (*autonomie tarifaire*). La *démocratie indus-trielle* à l'allemande (1951, 1952) n'est pas assimilable à un simple renforcement du pouvoir syndical. La représentation des intérêts des salariés est *duale*: elle est assumée à la fois par les syndicats et par les organes élus des salariés que sont les *conseils d'établissements* (Betriebsräte).[9] La reconnaissance d'une *section syndicale* sur les lieux du travail leur étant refusée, les syndicats finissent par s'accommoder des *Betriebsräte,* leur crainte d'être concurrencés par des organes élus ne s'étant pas confirmée sous la République de Weimar. Pour cause: l'élection des conseils se fait sous leur contrôle. Interlocuteurs attitrés de l'employeur, les élus disposent de droits d'information, de consultation voire de codécision impliquant le droit de négocier des accords d'établissement. Au niveau de la gouvernance des entre-prises, une partie des sièges attribués aux représentants des salariés dans les *conseils de surveillance* est réservée aux délégués syndicaux. Mais les syndicats échouent à imposer la *codétermination paritaire* à toutes les industries: elle n'est réalisée qu'au sein *des conseils de surveillance* des entreprises du charbon et de l'acier (1951). Dans

---

9   Cf. Jansen P./Seul O., « Traditions et perspectives du dialogue social dans les entreprises et les établissements de l'Union européenne », in: Jansen P. et Seul O. (éds.), *L'Europe élargie: la participation des salariés aux décisions dans l'entreprise. Traditions à l'Ouest, innovations à l'Est ?,* Berne, Berlin, Francfort s. M., New York, Oxford, Vienne, Ed. Peter Lang, 2009, p. 3–37, 16 sq.

les autres entreprises, seulement un tiers des sièges est accordé aux représentants des salariés (1952).

Elément constitutif du système économique et du *consensus social,* la *Mitbestimmung* reste tout de même un enjeu conflictuel: tout projet se proposant d'équilibrer les rapports de pouvoir en faveur des salariés donne lieu à une polarisation sociale et politique *gauche-droite.* La *codétermination paritaire* est accordée sous un gouvernement de coalition social-libéral aux entreprises de plus de 2 000 salariés (1976), mais sous une forme atrophiée: en cas d'égalité des voix, le Président du conseil, qui est nommé par les représentants des actionnaires, a une voix prépondérante.

C'est autour de la *Mitbestimmung* que se recomposent certains ‹ compromis sociaux ›. Articulée encore dans les années 1950 autour d'un projet de ‹ socialisation › des moyens de production (Verstaatlichungen), cette revendication se décline au cours des années 1960 sous la forme d'un *programme* syndical plus modéré qui permet de gagner le soutien de la mouvance sociale du parti chrétien-démocrate (CDU). Les syndicats font preuve de pragmatisme: sous le gouvernement de la *grande coalition* (CDU/CSU, SPD) alliant *droite* et *gauche* entre 1966 et 1969, ils acceptent la *concertation* (konzertierte Aktion) avec les pouvoirs publics et le patronat pour sortir le pays de la crise économique et sociale provoquée par la première récession d'après-guerre (1966/67).

c. Les configurations sociétales propices à la démocratisation de l'entreprise sont donc contrastées. En Allemagne, codétermination et cogestion sont des acquis sociaux marquant la *culture d'entreprise.* Par conséquent, toute discussion sur leur élargissement revêt un caractère public. En France, par contre, le *débat sur l'entreprise* n'a pas d'envergure nationale. Il est majoritairement appréhendé par des cercles modernisateurs modérés de la société civile (club, syndicats minoritaires réformistes, partis politiques) ou appartenant aux instances de *concertation* comme le *Commissariat général du Plan* ou le *Conseil économique et social* « comme un moyen d'agir sur la conflictualité sociale et d'obtenir une amélioration de la condition des salariés par des moyens pragmatiques ».[10] Néanmoins, des similarités apparaissent dans les deux pays dans la construction du *compromis sociétal* que suppose la *démocratisation* de l'entreprise. Des deux côtés du Rhin, des réseaux « sont alimentés de projets, de propositions ou de données dans le but de faire avancer le dossier de la réforme ».[11]Dans la coopération étroite entre les différents

---

10   Cf. GIRAUD O./TALLARD M./TALLARD V., « Processus d'institutionnalisation de la démocratie industrielle et crises sociales en France et en Allemagne à la fin des années 1960 », in *Revue Travail et Emploi,* no. 111, juillet-septembre 2007, Centenaire du Ministère du Travail, 2. partie, p. 39–52, § 54.

11   Id. § 56.

acteurs, la position de pivot incombe au Ministère du travail qui met à disposition ses moyens. Dans des gouvernements conservateurs, ce portefeuille est confié à des personnalités représentant les sensibilités, minoritaires, d'ouverture en direction du monde ouvrier, *gaullistes de gauche* en France et mouvance sociale de la CDU en Allemagne.[12]

2. Force est de constater que des convergences entre les deux pays apparaissent en matière de démocratisation de l'entreprise depuis que la France mise sur des réformes *concertées* avec les *partenaires sociaux*. La *politique contractuelle* est lancée avec la création de la *section syndicale*. Certes, la négociation collective au niveau de l'entreprise sera alors encore peu utilisée par les organisations syndicales et ne connaîtra un véritable essor qu'après la promulgation des lois Auroux en 1982. Mais les événements de mai-juin 1968, impliquent une réévaluation de l'intervention de l'État: la traduction législative des compromis négociés réintroduit au-devant de la scène l'*arbitrage gouvernemental* qui jusqu'alors s'exerçait « avec discrétion ou avec effacement ».[13] L'investissement de l'appareil d'État par des hauts fonctionnaires et intellectuels partageant le projet de la « nouvelle société » (Jacques Chaban-Delmas) va entre 1969 et 1972 favoriser cette tentative réformiste. En concédant aux salariés la section syndicale, la France complète sa législation sur la *représentation* des intérêts des salariés sur les lieux du travail. Comme en République fédérale d'Allemagne, celle-ci est fondée sur la complémentarité des formes de la *participation par délégation*, donc sur la coopération entre institutions élues et organisations syndicales. Se présente alors un *dualisme inter-entreprise* fonctionnant différemment dans les deux pays: La caractéristique spécifique de la *variante allemande* réside dans la répartition durable des tâches: au sein de l'entreprise, ce sont les représentants élus (qui doivent s'engager à trouver un *consensus* avec les dirigeants de l'entreprise) qui sont compétents pour la discussion sur les conditions de travail et de rémunération en interne; en dehors de l'entreprise, la politique contractuelle relève de la compétence des syndicats (revendicatifs). Dans la *variante française*, il existe dorénavant dans les entreprises et les établissements, à côté des institutions élues, des sections syndicales disposant de tous les droits syndicaux (notamment en matière de négociations collectives et de grève).[14]

---

12 Ibid.

13 REYNAUD J-D., *Les évènements de mai-juin 1968 et le système français de relations professionnelles*, en *Le conflit, la négociation et la règle*, Toulouse, Octarès éditions 1999, p. 69 (première publication : *Sociologie du travail*, no. 1, 1971, p. 73–97 et no. 2, p. 121–209).

14 JANSEN P./Seul O., « Droits d'information et de consultation dans l'entreprise: la diversité harmonisée dans l'Union européenne », in JANSEN P./Seul O. (éds.), *L'Europe élargie: la participation des salariés aux décisions dans l'entreprise. Traditions à l'Ouest, innovations à l'Est ?*, Berne, Berlin, Francfort, New York, Oxford, Vienne, Ed. Peter Lang 2009, p. 417–439, 430 sq.

Quant à l'impact du droit d'*expression directe et collective* concédé en France en 1982, les résultats de la recherche empirique ont tempéré les espoirs de démocratisation de l'entreprise: si certains annoncent la fin du taylorisme, d'autres le voient resurgir sous l'effet de l'informatisation et de l'introduction d'un *management participatif* qui détruit les collectifs de travail et les solidarités et laisse de très faibles marges d'autonomie aux salariés plus qu'il ne crée des identités. Il est ici sous-entendu que le droit d'expression risque de *court-circuiter* les syndicats et les institutions représentatives élues en établissant un dialogue *direct* entre direction d'entreprise et salariés.[15] Autrement dit, dans le contexte de l'intégration européenne et de la division internationale du travail naissante, la *démocratie industrielle* s'exprime plus que jamais par le système établi de la *participation par délégation*.

Der Eingriff des Staates in die Regulierung der „industriellen Demokratie" in Frankreich, Deutschland und anderen Ländern der Europäischen Union

Die für die „industrielle Demokratie" in Frankreich und Deutschland grundlegenden Gesetze bedeuteten in der historischen Entwicklung dieses Gegenstandes jeweils einen tiefen Einschnitt. Diese Gesetze tauchen in Frankreich meistens in Zusammenhängen auf, die von politischen und sozialen Krisen oder von wirtschaftlichen Zwangslagen geprägt sind. Die fördernde und intervenierende Rolle des Staates ist dort stärker ausgeprägt als in Deutschland, wo Reformen mehr auf einem gesellschaftlichem Konsens im Bereich der Unternehmenskultur aufbauen und dabei an tradierte deutsche Institutionen (1871–1933) anknüpfen. Mit der Anerkennung der Gewerkschaftssektionen innerhalb der Betriebe (1968) führte die gesetzliche Umsetzung der ausgehandelten Kompromisse die staatliche Schlichtung ein. Wie in Deutschland baut die „Wirtschaftsdemokratie" in Frankreich auf der gegenseitigen Ergänzung der Formen von „delegierter Beteiligung" auf, also auf der Zusammenarbeit zwischen gewählten Institutionen und gewerkschaftlichen Organisationen. Das Recht auf „direkten und kollektiven" Ausdruck, das den Mitarbeitern im Jahre 1982 zugestanden wurde, blieb praktisch unbeachtet.

---

15 SEUL O., *La participation directe des salariés aux décisions dans l'entreprise en France et en Allemagne: théories, droits et pratiques 1970–2000*, Sarrebruck, Editions universitaires européennes, 2011, p. 119 sq.

*La intervención del Estado en la regulación de la
«democracia industrial» en Francia y en Alemania. De la
Reconstrucción (1945) a las crisis económicas de los años
1970/1980 : enfoque sobre las reformas de empresa después
de la Segunda Guerra Mundial*

*Las leyes fundadoras de la democracia industrial en Francia y en Alemania revelan
un desfase en la construcción histórica del problema. Estas leyes emergeren en Francia,
lo más seguido, en contextos marcados por una crisis política y social o en casos de
coacción económica. El rol incitativo e intervencionista del Estado parece estar maás
acentuado en Alemania, donde las reformas estan más fundadas en un consenso social
en el marco de una cultura de empresa, inscribiéndose en la continuidad del reperto-
rio institucional alemán (1871–1933). Con el reconocimiento de la sección sindical de
empresa (1968), la traducción legislativa de los compromisos negociados introdujo al
arbitraje gubernamental. Como en Alemania, la «democracia industrial» está fundada
en Francia en la complementariedad de las formas de la «participación por delegación», y por ende en la cooperación entre las instituciones elegidas y las organizaciones
sindicales. El derecho a la expresión «directa y colectiva», concedida a los asalariados
en 1982, parece ser letra muerta.*

Una regulación para crecer

Hebert Tassano Velaochaga

I.   Introducción

El presente trabajo tiene como finalidad que el lector conozca la importancia de la regulación para el crecimiento económico social de nuestro país. La Constitución Política de 1993 (en adelante, la Constitución) estableció a la Economía Social de Mercado como nuestro modelo económico y para su adecuado funcionamiento se realizaron una serie de reformas destinadas a fortalecer la institucionalidad del país.

En ese sentido, se crearon entidades que han desempeñado un rol clave para el fortalecimiento de la institucionalidad como la agencia de competencia INDECOPI y los cuatro (4) organismos reguladores de servicios públicos OSITRAN, OSINERGMIN, SUNASS y OSIPTEL, que como veremos han tenido el mérito de trabajar de manera sólida, técnica e independiente, lo que en definitiva ha coadyuvado al crecimiento económico y social del país de la última década.

II.   El modelo de economía social de mercado. Nuevo rol del Estado en la economía

El modelo de Economía Social de Mercado (en adelante, ESM) surgió en Alemania, luego de la Segunda Guerra Mundial, con el objetivo de crear un nuevo orden social y económico que garantizara la unidad y la paz. Fue elaborado por la escuela de la Universidad de Friburgo y puesto en marcha por Ludwig Erhard, Primer Ministro de esa época, su éxito radicó en que incorporó una visión política a la actividad económica, combinando el principio de la libertad de mercado con el de justicia social.

En nuestro país, la Constitución Política de Perú de 1993 (en adelante, la Constitución) instauró el modelo de ESM, estableciendo las reglas, principios rectores y derechos fundamentales económicos que permiten el funcionamiento del modelo.[1] Asimismo, estableció el rol promotor del Estado señalando que debe actuar con especial énfasis en las áreas de promoción de empleo, salud, educación, seguridad, servicios públicos e infraestructura.

Durante la década de los 90's se llevaron a cabo una serie de reformas con la finalidad de aumentar el desarrollo económico del país. Como parte de esta reforma, el Estado asumió un rol regulador, lo que supuso una reconsideración de las tareas públicas (gestión) y un repliegue a funciones de carácter ordenador y no prestador. El Estado es regulador cuando ejerce acción sobre el mercado mediante una intervención «arbitral», buscando el equilibrio entre los intereses de los usuarios, de los prestadores del servicio y del mismo Estado. En ese sentido, la regulación deberá ser utilizada como un instrumento al servicio del mercado y no como un sustituto del mismo,[2] donde el rol de los organismos reguladores resulta fundamental.

Este tipo de reformas también fueron realizadas por otros Estados que han cambiado su rol de dueños y operadores de empresas de servicios por acuerdos regulatorios con el fin principal de mejorar la prestación de diversos servicios considerados como esenciales para lograr un adecuado desarrollo económico.[3]

En este proceso de reforma, los reguladores de servicios públicos han jugado un rol fundamental dentro del ambiente, influyendo en la implementación de reformas, ante la presencia de la presión del gobierno, del sector privado, de los consumidores y de otros grupos de interés.[4] Por ello, su desempeño debe buscar la credibilidad en los inversores, la transparencia en sus procesos y la eficiencia de la economía en general.[5]

---

1   CONSTITUCIÓN POLÍTICA DE 1993, Artículo 58°, La iniciativa privada es libre. Se ejerce en una economía social de mercado. Bajo este régimen, el Estado orienta el desarrollo del país, y actúa principalmente en las áreas de promoción de empleo, salud, educación, seguridad, servicios públicos e infraestructura. »

2   ARIÑO G., « Mesa redonda: un inventario de ideas fundamentales sobre la regulación de servicios públicos », in *Themis revista de Derecho*, no 46, 2003.

3   La actividad de infraestructura es la base del desarrollo de muchas industrias en el mundo, por lo que el desempeño de la misma tiene profundas implicaciones en el desarrollo de la economía del país. En este proceso las estas empresas adquirieron nuevas formas, por lo que dichos cambios pueden originar beneficios y/o problemas que deben ser manejados. Para ello, las empresas deben ser más innovadoras, lo que puede ser muy complicado si estas actividades están en manos estatales.

4   Esta presión ejercida desde el gobierno y otros grupos de interés se ve reflejada en diversos acontecimientos que abarcan desde el ilegal pedido de renuncia de un ministro a un miembro del Consejo Directivo de un organismo regulador hasta la modificación del Reglamento de la Ley de Organismos Reguladores, que permitió el cambio del gerente general de ciertos reguladores a decisión del presidente del regulador.

5   Ideas tomadas del documento sobre el Décimo Programa Internacional de Regulación y Estrategia de Empresas de Servicios (PURC) y el Banco Mundial, elaborado por Armando Vargas en junio de 2001.

Los reguladores se crean para garantizar un marco institucional de seguridad y estabilidad en las reglas de juego y la inversión, aislados de los vaivenes políticos, por lo que su éxito dependerá del entendimiento de las relaciones entre la estructura del mercado, el diseño de las reglas y los requerimientos institucionales.

En el Perú, la aparición de los organismos reguladores de los servicios públicos determinó la liberalización de amplios sectores del mercado, la transferencia al sector privado de la propiedad de numerosas empresas estatales y el otorgamiento de concesiones de servicios públicos y de obras públicas de infraestructura.[6] Así, se crearon las siguientes entidades: la agencia de competencia INDECOPI y los cuatro (4) organismos reguladores: OSITRAN (infraestructura de uso público), OSINERGMIN (energía y minería), OSIPTEL (telecomunicaciones) y SUNASS (saneamiento). La Ley 27332,[7] denominada Ley Marco de Organismos Reguladores de la Inversión Privada en Servicios Públicos, estableció las normas básicas comunes de organización y funcionamiento de tales entidades y determinó que las funciones transversales a los reguladores son: (i) función supervisora; (ii) función reguladora; (iii) función normativa; (iv) función fiscalizadora o sancionadora; (v) función de solución de controversias; y, (vi) función de solución de reclamos.

III. El marco institucional y los organismos reguladores

Que un Estado logre una economía estable, le permite lograr un desarrollo económico-social perdurable en el tiempo y, con ello, cumplir con uno de los objetivos básicos del Estado, el bienestar de su población. Por ello, las economías requieren de un marco institucional propicio para desarrollarse, ya que las instituciones son reglas de juego que establecen incentivos para el comportamiento de los diferentes actores económicos y políticos (estas reglas de juego pueden ser formales e informales).

Douglas North sostiene categóricamente, basándose en su exhaustivo trabajo de análisis económico de la historia, que las instituciones, estas «reglas de juego» ampliamente concebidas, son el determinante subyacente del desempeño de las economías.[8] Partiendo de ello nos preguntamos: ¿qué marco institucional es favorable para el desarrollo económico moderno? En síntesis, podemos responder que

---

6   Danos J., « Los organismos reguladores de servicios públicos en el Perú », in *Ponencias del Congreso Nacional de Derecho Administrativo PUCP*, Lima, Jurista Editores, 2004.

7   En julio de 2000.

8   Cf. Apoyo, 1995.

es aquel en que se ha desarrollado un Estado capaz de monitorear derechos de propiedad y hacer valer los contratos. Y, lo que es más importante aún, que dicho Estado esté enraizado en la cultura de la nación, a través de un sistema de valores que premie el éxito y la honestidad en el intercambio. Como vemos, las instituciones desempeñan un papel clave en los costos de una economía, pues determinan, junto con la tecnología empleada, los costos de transacción y transformación y, por consiguiente, la utilidad y la viabilidad de participar en la actividad económica.

Teniendo ello en consideración, el Perú ha avanzado significativamente en mejorar el marco institucional en que opera la economía, en cuanto al marco legal o lo que North llama reglas formales. Como hemos visto, el régimen económico de la Constitución establece un mejor marco de lineamientos para la acción del Estado y el respeto a los derechos de propiedad y contratación.

En ese sentido, los organismos reguladores de servicios públicos cumplen un rol fundamental en el desarrollo económico del país, al tener a su cargo la regulación de servicios públicos, esenciales para el bienestar y desarrollo. Por ejemplo, es conocido que los inversionistas buscan que las decisiones regulatorias, económicas y políticas les favorezcan. Por ello, para cumplir sus objetivos, el regulador debe manejar sus relaciones con las empresas reguladas, los consumidores, los políticos,[9] los medios de comunicación y otras partes interesadas, de manera adecuada, con solvencia legal, técnica (capacidad de sus funcionarios y sustento de sus decisiones) y económica.

Este manejo es muy complejo y requiere gran capacidad por parte del regulador para no ceder ante una de las partes, por lo que el rol de los reguladores de servicios públicos resulta clave en el fortalecimiento de la institucionalidad del país, lo que facilita que el desarrollo económico – social sea estable y el bienestar de la población mejore.

IV. Una regulación para crecer

El Perú se encuentra en un ciclo de expansión económica lo suficientemente prolongado para explicar mejoras en el bienestar de su población. En el Cuadro 1

9   La política tiene una participación en el ambiente regulador. Las tarifas son un tema político pues afectan a la mayoría de los votantes. El regulador recibe una fuerte presión para disminuir las tarifas en el corto plazo, dejando para el largo plazo la decisión correcta, largo plazo que nunca llega, con lo cual el inversionista puede recibir una mala señal. Se podrá dejar de invertir y, a la larga, el gran perjudicado es el consumidor, a quien en principio se deseaba proteger, porque se afecta la calidad del servicio y su cobertura.

podemos apreciar que en la década 1981–1990 la economía peruana se encontraba en recesión, siendo que a partir de las reformas económicas ocurridas en la década 1991–2000 se observó un crecimiento económico de 2.1% y lo que es más interesante aún, durante la última década 2001–2010 el Perú creció en 4.4% lo que no ha tenido precedentes desde que se tiene estadísticas en el país. Efectivamente, el gráfico de la izquierda muestra que la renta per cápita creció a un ritmo de 4.4% anual, muy por encima de lo observado en décadas pasadas, lo que ha tenido impacto sobre la reducción de la pobreza. De otro lado, el gráfico de la derecha muestra que el porcentaje de la población en situación de pobreza se ha reducido a la mitad en los últimos años, de 58.7% en 2004 a 23.9% en 2013, cifras con que son consistentes con el crecimiento económico del país de las dos últimas décadas:

Asimismo, como veremos en el Cuadro 2 el crecimiento económico ha traído como consecuencia un importante proceso de entrada al mercado, especialmente en el sector servicios lo que trae como consecuencia un mayor nivel de consumo, en particular podemos apreciar como en el año 2001 las principales cadenas de

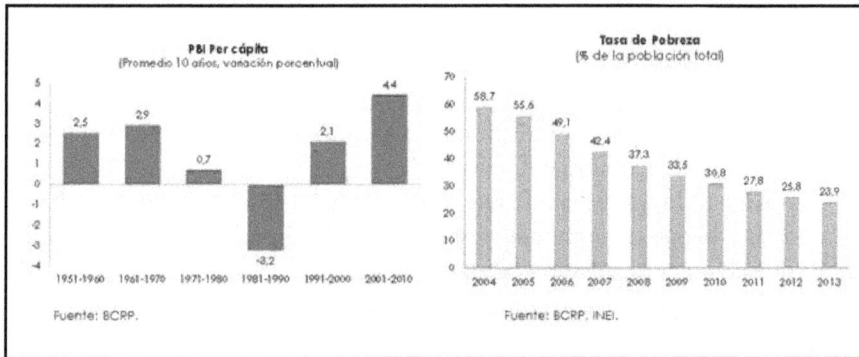

Cuadro 1: Elaboración Gerencia de Estudios Económicos del INDECOPI

consumo se concentraban en Lima, hoy en día esta situación ha cambiado radicalmente, ya que en otros departamentos del país también se evidencia un crecimiento considerable:

En este contexto, es claro que un correcto desempeño de los reguladores beneficia a la sociedad, así lo demuestra la experiencia internacional y nacional. Un regulador independiente mejora el desempeño del sector regulado, disminuye el riesgo de los inversionistas y mejora, por lo tanto, la situación del consumidor y, con ello, la economía y condición social del país, fin principal de todo Estado. Los organismos

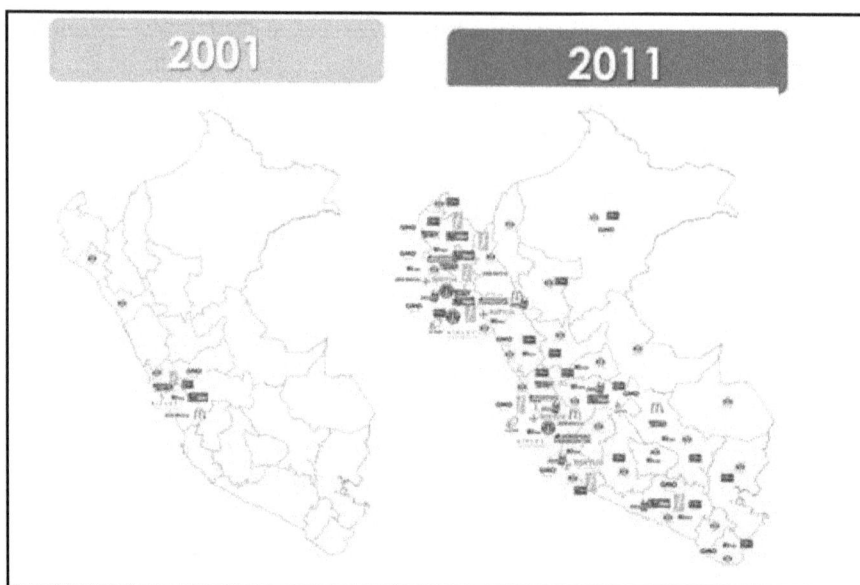

Cuadro 2: Fuente: MEF – Marco Macroeconómico Multianual 2011 – 2013.

reguladores deben de ganarse su legitimidad ante la sociedad logrando mejoras en el sector que regulan y mostrando eficiencia.

Comparando lo que señala la teoría para el mejor diseño de los organismos reguladores y lo que encontramos normado en el Perú para los mismos, consideramos que el diseño regulatorio peruano, en general, es bastante bueno. Los elementos señalados para lograr la independencia del regulador con solvencia técnica, transparencia y fortaleza en la gestión se cumplen casi en su totalidad. Se garantiza un importante margen de autonomía en sus funciones, a pesar de la complicada vida política del país, saben manejar sus relaciones con los grupos de interés y han logrado en cada caso con diferente nivel de éxito sus objetivos.

La principal prueba de esto está en la mejora de los niveles de calidad y cobertura de varios de los servicios regulados. La clave del éxito ha sido apostar en trabajar por la credibilidad del marco regulatorio, el diseño de un marco regulatorio apropiado para las condiciones institucionales del país y en la independencia de los organismos reguladores. En ese sentido, el sistema regulatorio peruano es bastante sólido, técnico e independiente y viene cumpliendo de manera adecuada con el mandato legal que la Constitución y las normas le han asignado, beneficiando a la sociedad en su conjunto y estando siempre a la altura de las circunstancias.

Esto no significa que no hayan aspectos que se pueden mejorar, en efecto, todavía existe mucho por hacer en un país como el nuestro que está en vía de desarrollo: el marco legal siempre es perfectible y siempre existirán críticas a ciertas actuaciones que realicen o que dejen de hacer, en algunos casos como parte de los intereses de los grupos de presión; sin embargo, como hemos podido apreciar en este documento, no hay que perder de vista que pese a las críticas, el desarrollo de un país se encuentra estrictamente ligado a la solidez de sus instituciones y siendo los organismos reguladores actores importantes, su desempeño resulta clave para el funcionamiento de la ESM y en consecuencia, para el crecimiento económico – social sostenido del país.

V. Reflexiones Finales

En la década de los 90's se llevaron a cabo una serie de reformas con la finalidad de aumentar el desarrollo económico – social del país. En virtud de ello, el Estado asumió un rol regulador y dejó de lado el rol de prestador de los servicios públicos que venía llevando a cabo sin éxito. En ese contexto, el fortalecimiento de la institucionalidad del país resultaba clave para que la economía del país se desenvolviera en el marco del modelo de ESM y que el bienestar de la población aumentara. Por ello, el Estado creó una agencia de competencia – INDECOPI – y a los cuatro (4) organismos reguladores responsables de la regulación de los servicios públicos, esenciales para el bienestar y el desarrollo – OSITRAN, OSINERGMIN, OSIPTEL y SUNASS – .

Han transcurrido aproximadamente veinte (20) años desde la creación de los organismos reguladores y somos testigos que la economía peruana ha crecido considerablemente en las últimas décadas, en efecto, la población en situación de pobreza se ha reducido a la mitad en los últimos años, de 58.7% en 2004 a 23.9% en 2013, con lo cual vemos que el trabajo que se viene realizando en fortalecer la institucionalidad del país ha dado resultado. Esto se debe a que el diseño regulatorio peruano es bastante bueno ya que cuenta con normas adecuadas, alto tecnicismo e independencia en sus decisiones.

Regulierung, die zum Wachstum beiträgt

Der vorliegende Beitrag verfolgt das Ziel, die Bedeutung der Regulierung für das wirtschaftliche und soziale Wachstum in Peru zu erklären. Die Verfassung von 1993 hat die soziale Marktwirtschaft als das für Peru maßgebliche wirtschaftliche Modell etabliert. Für ihr angemessenes Funktionieren wurden eine Reihe von Reformen durchgeführt, die zur Stabilität der Institutionen des Landes beitragen sollten. In diesem Kontext wurden Einrichtungen entwickelt, denen eine Schlüsselrolle bei der Stärkung der Institutionen zukommt, wie die Wettbewerbsagentur INDECOPI und die vier Regulierungsbehörden für öffentliche Dienstleistungen OSITRAN, OSINERGMIN, SUNASS und OSIPTEL. Diese verdienen Anerkennung, da sie unabhängig, dauerhaft und professionell gearbeitet haben, was im letzten Jahrzehnt unbestritten zum wirtschaftlichen und sozialen Wachstum des Landes beigetragen hat.

Réguler pour favoriser la croissance

Le présent travail a pour but de faire connaître aux lecteurs l'importance de la régulation de la croissance économique et sociale au Pérou. La Constitution de 1993 a établi l'économie sociale de marché comme notre modèle économique. Afin de réussir à trouver un fonctionnement adéquat, notre pays a dû réaliser une série de réformes destinée à fortifier et protéger ses institutions. En ce sens, ont été crées des entités qui ont un rôle important dans le renforcement de l'institutionnalité, comme l'Agence de concurrence INDECOPI et les quatre organismes régulateurs de services publics OSITRAN, OSINERGMIN, SUNASS et OSIPTEL. Ils ont tous réussi à travailler de manière sérieuse, technique et indépendante. Tous ces efforts ont rendu possible la croissance économique et sociale du pays durant la dernière décennie.

Staatliche Verantwortung für die Wirtschaft und die internationale Rechnungslegung (IPSAS, EPSAS)

Athanasios Gromitsaris

I. Internationale und Europäische Standards öffentlicher Rechnungslegung (IPSAS und EPSAS)

In Anlehnung an die IPSAS (International Public Sector Accounting Standards)[1] strebt die Europäische Kommission einheitliche und verbindliche europäische Rechnungsführungsgrundsätze für den öffentlichen Sektor (EPSAS) an. Die Kritik an IPSAS bzw. EPSAS weist auf die Relevanz von Cash Basis Accounting, auf die Leistungsfähigkeit der an das HGB angelehnten System der Doppik oder schlicht die hohen Kosten einer Umstellung auf die Periodenrechnung hin, die außer Verhältnis zum tatsächlichen Nutzen aus der Einführung der IPSAS bzw. EPSAS stünden.[2] Im Folgenden wird diskutiert, inwieweit die internationalen Rechnungslegungsstandards, die im Kern mit der Doppik die Grundsätze der Periodengerechtigkeit und Konzernrechnungslegung gemeinsam haben, die Voraussetzungen und Grenzen einer staatlichen Verantwortung für die Wirtschaft neu bestimmen.

---

[1] CHARTERED INSTITUTE OF PUBLIC FINANCE AND ACCOUNTANCY (CIPFA) AND THE INTERNATIONAL FEDERATION OF ACCOUNTANTS (Ifac), « International Framework: Good Governance in the Public Sector », Supplement, July 2014, COM, 2013, 114 final, https://www.ifac.org/publications-resources/international-framework-good-governance-public-sector, zuletzt aufgerufen am 8. Dezember 2014.

[2] WYNNE A., « An Efficient Technical Solution or an Ideologically Contested Approach – the balance sheet for business style accrual accounting in the public sector », http://www.icgfm.org/journal/2012/no1/chapter5.pdf, zuletzt aufgerufen am 8. Dezember 2014; OHLER C., « Die europarechtliche Zulässigkeit der Einführung von EPSAS », Sachverständigengutachten im Auftrag von Bertelsmann Stiftung, Deutscher Landkreistag, Deutscher Städtetag, Deutscher Städte- und Gemeindebund, 2. April 2014, http://www.bertelsmann-stiftung.de/bst/de/media/xcms_bst_dms_39742_39743_2.pdf, zuletzt aufgerufen am 8. Dezember 2014; Hessischer Rechnungshof, « Entwicklung der öffentlichen Rechnungslegung in Europa », in: Mann W./Nowak K., *Hessischer Rechnungshof*, Wiesbaden, Schriftenreihe, Kommunal- und Schul-Verlag, 2014.

II.   Staatliche Verantwortung durch Beachtung der Kernmerkmale des öffentlichen Sektors

Der Begriff „öffentlicher Sektor" bezieht sich auf nationale und sub-nationale Regierungen, örtliche Gebietskörperschaften und Regulierungsbehörden sowie auf öffentliche Unternehmen. Er wird auch auf internationale Organisationen erstreckt.

1.   Periodengerechtigkeit, marktunabhängige Vermögenswerte, Regulierungskompetenz, Dienstleistungspotentiale

Moderne öffentliche Rechnungslegungen beruhen auf dem Prinzip der Perioden-gerechtigkeit („accrual accounting"). Wichtig ist, dass die staatlichen Risiken und Garantien vollständig in den Kategorien Finanzgarantien, Rückstellungen und Eventualverpflichtungen abgebildet werden. Die Periodenrechnung soll jedoch die Rechnungslegung nach dem Kassenprinzip nicht abschaffen oder ersetzen, sondern ergänzen. Die Rechnungslegungsstandards für gewinnorientierte Unter-nehmen lassen sich nicht ohne Weiteres auf den Jahresabschluss der öffentlichen Verwaltung anwenden. Das materielle Kultur- und Naturerbe befindet sich meist in staatlicher Hand. Einerseits wird vorgeschlagen, die Vermögenswerte einer Verwaltungseinheit nach ihrer finanziellen Realisierbarkeit zu unterteilen. Die zur Erfüllung öffentlicher Aufgaben eingesetzten und unabdingbaren Gegenstände und Beteiligungen (Verwaltungsvermögen) sind demnach von den Gegenstän-den und Beteiligungen, die i. R. d. Aufgabenerfüllung ohne Beeinträchtigung der öffentlichen Aufgabenwahrnehmung zumindest abstrakt veräußert werden können (Realisationsvermögen), zu unterscheiden.[3] Ferner wird vorgeschlagen, Natur- und Kulturgüter in einzelne Kategorien zu zerlegen: Materielle Natur- und Kulturgüter, die veräußerbar sind (z. B. Sammlungsstücke), materielle Natur- und Kulturgüter, die nicht veräußerbar sind, aber zusätzlich einen wirtschaftlichen Nutzen bieten (z. B. historische Gebäude, die als Verwaltungsgebäude genutzt werden), immaterielle Natur- und Kulturgüter mit verlässlicher Bewertbarkeit

---

3   LÜDER K., *Beiträge zum öffentlichen Rechnungswesen: öffentliche Bilanz und Entwicklungspers-pektive*, Speyer, Schriftreihe Speyer, Arbeitsheft 194, Deutsche Universität für Verwaltungswis-senschaften (DHV), 2007, S. 6 f.

(z. B. Verwertungs- und Nutzungsrechte eines UNESCO-Natur- oder Kulturerbes für Münzen) und ohne verlässliche Bewertbarkeit (z. B. einzigartige Denkmäler oder Naturformationen). Auch für letztere, nicht bilanzierte, Kategorie sind Anhangsangaben erforderlich, die Informationen über die Anzahl, den Zustand, gegenwärtige und geplante Restaurationsvorhaben bereitstellen, um Aufwendungen für diese Güter rechtfertigen zu können.[4]

Eine weitere Besonderheit der öffentlichen Hand ist ihre Regulierungskompetenz, deren politischer Grund in der Aufgabe liegt, die Bürger vor Risiken zu schützen, die der Preismechanismus nicht abwehren kann. Hiermit hängt zusammen, dass Hauptziel des öffentlichen Sektors nicht die Gewinnerzielung, sondern die Erbringung von Dienstleistungen und die Versorgung mit Gütern und Dienstleistungen ist. Obwohl etwa Sozialwohnungen Einnahmen generieren, ist die Generierung von Einnahmen nicht das Hauptziel. Dies hat zur Folge, dass staatliche Leistungen nur zum Teil aufgrund der Überprüfung der staatlichen Vermögens- und Finanzlage zum Bilanzstichtag und der staatlichen finanziellen Leistungsfähigkeit im Berichtszeitraum evaluiert werden können. Aus der Sicht der Rechnungslegung müssen sich somit Vermögenswerte im öffentlichen Sektor auf einen zukünftigen wirtschaftlichen Nutzen oder auf ein Dienstleistungspotential beziehen, soweit dafür Anschaffungs- oder Herstellungskosten bzw. Zeitwerte (fair value)[5] ermittelbar sind (IPSAS 1.7). Nach IPSAS 21.14 (Wertminderung von nicht-ertragsbringenden Vermögenswerten) bemisst sich der Nutzungswert nach dem überbleibenden wirtschaftlichen Nutzen- oder Dienstleistungspotential eines Vermögenswerts. Damit wird der Besonderheit Rechnung getragen, dass Vermögenswerte der öffentlichen Hand oft gemäß ihrer Zweckbestimmung keine Erträge generieren.

---

4   Zum Vorschlag siehe BLAB D., *Die Anwendung der Internationalen Public Sector Accounting Standards (IPSAS) als funktionales Element einer Neuordnung der* öffentlichen *Verwaltung*, Lohmar – Köln, Josef Eul Verlag, 2014, S. 267 ff.

5   IPSAS 17.14. Als tatsächlicher Wert bzw. als Synonym beizulegender Zeitwert (*fair value*) gilt der Betrag, zu dem ein Vermögenswert zwischen sachverständigen, vertragswilligen und voneinander unabhängigen Geschäftspartnern unter marktüblichen Bedingungen getauscht oder eine Verbindlichkeit beglichen werden könnte.

2. Problematische Hierarchisierung von Rechnungslegungszwecken: Entscheidungsunterstützung, Schutzfunktion, kontrollierende Rechenschaftsablegung

Im privaten Sektor beziehen sich die Informationsbedürfnisse vornehmlich auf den Zwang, den Anlegern eine im Verhältnis zum Anlagerisiko angemessene Rendite zu bieten, und auf die Fähigkeit, ihre Verpflichtungen gegenüber Gläubigern zu erfüllen. Demgegenüber brauchen die Adressaten der Finanzberichterstattung des öffentlichen Sektors (Steuerzahler, Dienstleistungsempfänger, Ressourcenanbieter, die Kapital- und Finanzmärkte aber auch Ratingagenturen, staatliche Gläubiger oder Entwicklungshelfer, supra-, inter- oder nationale Überwachungsorgane, Rechnungshöfe) Informationen, um die Beachtung von Rechenschaftspflichten ex post zu kontrollieren und ex ante relevante Entscheidungen zu treffen.[6] Allerdings sind Informationsbedürfnisse und Informationen stets adressatenabhängig. Faktisch ist bei der Verbindung der Rechnungslegungszwecke von Entscheidungsunterstützung und Rechenschaft eine Hierarchisierung der Informationsbedürfnisse für die Rechnungslegung unabdingbar. Das Rechnungslegungssystem muss die Frage beantworten, ob vornehmlich für Gläubiger oder für Überwachungsinstanzen relevante Informationen bereitgestellt werden sollen. Darüber hinaus organisieren die neuen Rechnungslegungsstandards das soziale Feld der einschlägigen Berufe (Wirtschaftsprüfer, Steuerberater, Rechtsanwälte, an dem HGB orientierte Rechnungslegungsschule, Doppik) und die Wettbewerbsbedingungen um die Definitionsmacht im Bereich der Überprüfung öffentlicher Haushalte neu. Entwicklungsländer etwa werden von der Weltbank und dem IWF praktisch nur unterstützt, wenn sie ihre Rechnungslegung nach den IPSAS-Prinzipien erstellen. Die Einführung von I(E)PSAS wäre natürlich nicht zuletzt den Interessen der als „Big Four" bekannten vier Wirtschaftsprüfungsgesellschaften förderlich, die die wichtigsten börsennotierten Kapitalgesellschaften weltweit prüfen (Deloite Touche Tohmatsu, Ernst & Young, PricewaterhouseCoopers (PwC), KPMG).

---

6   IPSASB, « The Conceptual Framework for General Purpose Financial Reporting by Public Sector Entities », Januar 2013, http://www.ifac.org/sites/default/files/publications/files/Public%20Sector%20Conceptual%20Framework%20Ch%20%201–4%20Jan%20%2011%202013%20FINAL.pdf, zuletzt aufgerufen am 10. Dezember 2014.

III. Staatliche Verantwortung durch Beachtung der Trennung von staatlichem und nichtstaatlichem Sektor

Die Trennung von Staat und Nicht-Staat hat praktische Bedeutung für die Einbeziehung von Schattenhaushalten, die Verschuldung öffentlicher dezentraler Einheiten, die Berücksichtigung von staatlichen Bürgschaften für notleidende Unternehmen, aber auch für die Aufdeckung von Verpflichtungen im Rahmen von Public Private Partnerships. Die Trennung von Staat und Nicht-Staat thematisiert zugleich die Problematik staatsabhängiger „geschlossener" bzw. „regulierter" Berufe, die politisch unter Mitwirkung ihrer Berufsvertretungen vor dem Wettbewerb geschützt werden.[7] Mit der Trennung von Staat und Nicht-Staat befassen sich neben den IPSAS auch die staatlichen Finanzstatistiken und die volkswirtschaftlichen Gesamtrechnungen. Dies zeigt, dass auch diese Unterscheidung nicht absolut, sondern zielgebunden ist.

1. Staatliche Finanzstatistiken und volkswirtschaftliche Gesamtrechnungen

Der Leitfaden zu staatlichen Finanzstatistiken 2001 (Government Finance Statistics Manual GFSM) stellt einen adäquaten Rahmen zur Abschichtung des öffentlichen vom privaten Sektor dar. Das Europäische System Volkswirtschaftlicher Gesamtrechnungen (ESVG, European System of Accounts, ESA 2010) enthält entsprechende Leitsätze für die Mitglieder der EU. Der GFSM[8] erwähnt als genuine Funktionen des Staates die Fähigkeit, Güter und Dienstleistungen auf nicht-marktwirtschaftlicher Basis zur Verfügung zu stellen und Einkommen und Wohlstand umzuverteilen. Öffentliche Unternehmen produzieren hingegen Güter und Dienstleistungen auf marktkonformer Basis für den Markt. Der Begriff des „wirtschaftlich signifikanten Preises" wird herangezogen, um zwischen marktwirtschaftlicher und nicht-marktwirtschaftlicher Bereitstellung von Gütern und Dienstleistungen zu unterscheiden. Typischerweise werden dem Staat auch

---

7   Siehe etwa für Griechenland: »lawyers, notaries and chartered accountants, civil engineers and architects, stevedores, electricians and plumbers, as well as the coastal maritime transport sector." EUROPEAN COMMISSION, *Task Force for Greece*, Seventh Activity Report, July 2014, S. 14.

8   INTERNATIONALER WÄHRUNGSFOND, « Government Finance Statistics Manual 2014 Pre-publication Draft », http://www.imf.org/external/np/sta/gfsm/pdf/text14.pdf, zuletzt aufgerufen am 10. Dezember 2014.

Sozialversicherungsfonds zugerechnet. Das ESVG enthält weitere Regeln für die Unterscheidung zwischen Markt- und Nichtmarktproduzenten. Im ESVG erfolgt die Umsetzung des Konzepts des wirtschaftlich signifikanten Preises mit Hilfe des 50 %-Kriteriums, d. h. anhand der Frage: Werden die Produktionskosten zu mehr als 50 % durch Umsätze gedeckt? Dies zeigt schon, dass Statistik, und insbesondere der statistische „Föderalismus" in der EU zusammen mit auf EU-Ebene festgelegten Wettbewerbsindikatoren für Volkswirtschaften die bilanzielle Sicht ergänzen soll, wenn man staatliche Aktivitäten aus der Sicht der Überwachungsinstanzen erfassen will.[9]

2.   Eigentum, Risiko und Kontrolle

Für die Abgrenzung des öffentlichen Sektors sind Ansatz und Bewertung von Public Private Partnerships von Bedeutung. Nach IFRIC 12[10] ist für die Zurechnung des Projektgegenstandes das „*Control*"-Kriterium maßgeblich. „Spiegelbildlicher" Ansatz zu IFRIC 12 für öffentliche Stellen ist das Konzept von IPSAS 32[11], das ebenfalls auf dem „*Control*"-Kriterium beruht. Eurostat benutzt hingegen ein Risiko- und Belohnungskriterium (*risks and awards*).[12] Der Kontrollansatz entspricht dem steuerrechtlichen „wirtschaftlichen", nicht dem juristischen Eigentum. Es geht darum, wer das Leistungs-, Nutzungs- und Preisbestimmungsrecht innehat. Bei gemischtwirtschaftlichen Unternehmen oder Modellen einer „société

---

9   IPSASB hat dies übrigens eingesehen und ein Positionspapier zur Reduzierung der Unterschiede zwischen IPSAS und staatlichen Finanzstatistiken veröffentlicht. IPSASB, « Process for Considering GFS Reporting Guidelines during Development of IPSASs », February 2014, http://www.ifac.org/sites/default/files/publications/files/IPSASB-GFS-Policy-Paper.pdf, zuletzt aufgerufen am 9. Dezember 2014.

10   Interpretation 12 vom INTERNATIONAL FINANCIAL REPORTING INTERPRETATION COMMITTEE (IFRIC), IASB 2006; vgl. die Übernahme von der EU, in: VO EG Nr. 254/2009 der Kommission v. 25. März 2009.

11   *Service Concession Arrangements: Grantor*, Oktober 2011. Der vorliegende Aufsatz geht auch auf das einschlägige Konsultationspapier und den anschließenden Standardentwurf ein: IPSASB, *Consultation Paper, Accounting and Financial Reporting for Service Concession Arrangements*, March 2008, zitiert: SCA CP; IPSASB, *Exposure Draft 43, Service Concession Arrangements: Grantor*, February 2010, zitiert: ED 43. Alle drei Texte samt den dazu gehörigen Kommentierungen sind auf der Homepage des IPSAS Board zu finden: http://www.ifac.org/public-sector, zuletzt aufgerufen am 10. Dezember 2014.

12   Zur Behandlung öffentlich-privater Partnerschaften mit Blick auf Staatsdefizit und Schuldenstand siehe EPEC, « Eurostat Treatment of Public-Private Partnerships », http://www.eib.org/epec/resources/epec-eurostat-statistical-treatment-of-ppps.pdf, 2010, zuletzt aufgerufen am 10. Dezember 2014, S. 26 f.

d´économie mixte locale" kommt es darauf an, öffentliche Aufgabenerfüllung mit Gewinnerzielung und Wettbewerbsregeln zu verbinden und diese Verbindung durch Rechnungslegung transparent zu machen.

3.   Schattenhaushalte

Schattenhaushalte werden vom Staatshaushalt unterstützt, ihm jedoch nicht zugerechnet. Sie können sich auf kommunale Beteiligungen, Pensions- und Krankenkassen, Straßenbau oder Universitätsausbildung beziehen. Selbst wenn sie als rechtlich selbständig und als nicht-marktwirtschaftliche Produzenten anzusehen sind, sind sie der öffentlichen Hand zuzurechnen. Man braucht zu ihrer Erfassung Informationen über Mittelherkunft und Mittelverwendung. Es ist erwünscht, dass ein Gesamtabschluss über sämtliche Tätigkeiten und Beteiligungen einer öffentlichen Stelle informiert.

4.   Erfassung nicht monetisierbarer Zusammenhänge: Leistungs- und Wirkungsberichterstattung, erläuternde Berichterstattung

In diesen Berichten, die Fragen nach dem „Warum", „Was", „Wie" und „Wann" mit Blick auf Verwaltungstätigkeiten beantworten, sollen Leistungsinformationen zu den erbrachten Dienstleistungen, die Wirkungen der Verwaltungsaktivität für die Gesellschaft, Vergleiche zwischen vergangenen und gegenwärtigen Perioden, die Beziehungen der berichterstattenden Einheit zu anderen Verwaltungseinheiten und zu den regulierten Bereichen von Berufs- und Wirtschaftsfeldern erfasst werden.[13]

---

13   Hierzu siehe IPSASB, *Reporting Service Performance Information*, Exposure Draft 54, December 2013, Introduction to recommended practice guidelines, in: IPSASB, *Handbook International Public Sector Accounting Pronouncements*, 2014 Edition Vol. II, International Federation of Accountants, New York, 2014, S. 1584 ff.

IV. Rechnungslegungsstandards und Statistik verändern die Spielregeln von Politik

Die Finanzberichterstattung ist kein Instrument der Finanzpolitik mehr. Diese Trennung stellt einen eigentlichen Paradigmenwechsel in einigen Ländern dar. Der Finanzberichterstattung liegt keine implizite Befürwortung einer bestimmten, etwa der monetaristisch-neoliberalen, ökonomischen Theorie zugrunde. Die Rechnungslegung ist per se kein Instrument zum Abbau des Sozialstaats, zum Ausverkauf des staatlichen „Tafelsilbers" durch Privatisierung[14] oder zur Regulierung der Finanzmärkte. Sie ist ein Instrument zur Generierung von Vertrauen[15] in das System Politik. Sie bewirkt zwar keine Regelbildung der Politik, doch sie verändert die Natur der Posten des staatlichen Haushalts. Kaschierte staatliche langfristige (Eventual-) Verbindlichkeiten und gemeinwohlwidrige politisch bedingte Wettbewerbsverzerrungen können aufgrund von intergenerativer und interperiodischer Gerechtigkeitsanforderungen rechtzeitig aufgedeckt werden. Die Staatsdefizitreduktion kann durch Steuererhöhung oder durch Ausgabenreduktion erfolgen. Die Bekämpfung der Arbeitslosigkeit kann durch Ermöglichung von Einstellungen auf dem privaten Sektor oder aber durch Einstellungen auf dem öffentlichen Sektor stattfinden, doch müssen die Beschäftigten im öffentlichen Dienst stets für die Erfüllung öffentlicher Aufgaben erforderlich sein und effizient und effektiv arbeiten.

Ferner kann eine Missachtung der unterschiedlichen Operationsweise von Politik und Wirtschaft nicht mehr verdeckt werden. Ausgliederungen können nicht mehr zur Verschleierung der tatsächlichen Finanzlage der Gebietskörperschaften und zur vermeintlichen Verringerung der Pro-Kopf-Verschuldung genutzt werden. Die Öffnung geschlossener Berufe betrifft ebenfalls die Trennung von Staat und Markt. Sie sind eher dem Staat als dem Markt zuzurechnen, soweit sie durch Zugangsbarrieren geschützt und wie Zünfte organisiert sind und vom Staat geschützt und indirekt subventioniert werden. Wenn bekannt wird, dass es

---

14 Hierzu instruktiv und spannend die Debatte in Griechenland: EUROPEAN COMMISSION. DIRECTORATE-GENERAL FOR ECONOMIC AND FINANCIAL AFFAIRS, « The Second Economic Adjustment Programme for Greece, Fourth Review », April 2014, http://ec.europa.eu/economy_finance/publications/occasional_paper/2014/pdf/ocp192_en.pdf, zuletzt aufgerufen am 8. Dezember 2014; siehe ferner COHEN, S./KARATZIMAS, S./VENIERIS, G., « The Informative Role of Accounting Standards in Privatizing State-Owned Property: Comparing Greek Governmental Accounting Standards and IPSAS », October 2012, in *Global Business and Economics Review*, Band 17, Nr. 1, 2015, S. 51–62, http://ssrn.com/abstract=2160645 or http://dx.doi.org/10.2139/ssrn.2160645, zuletzt aufgerufen am 8. Dezember 2014.

15 BALL I., « IPSAS: The Greek Elephant in the Room », 29. July 2014, http://opinion.publicfinanceinternational.org/2014/07/the-greek-elephant-in-the-room/, zuletzt aufgerufen am 8. Dezember 2014.

eigentlich der Staat ist, der darüber entscheidet, wer die Tätigkeit ausüben darf und welche Mindesttarife er dafür verlangen muss, lässt dies politisch-juristische Rechtfertigungslasten entstehen. Die Subsidiarität der wirtschaftlichen Betätigung des Staates, die Entflechtung des Netzbereichs von den Wettbewerbsbereichen in Netzwirtschaften, die Verbindung von öffentlichem Auftrag und Wettbewerb in PPP, die Trennung von Regulierungsaufsicht und Verfügungsmacht über Vermögenswerte werden transparent und kontrollierbar gemacht. Andererseits werden durch periodengerechte Rechnungslegung und Statistik gesellschaftlich unverzichtbare Dienstleistungspotentiale aufgedeckt, die nicht schulddeckungsfähig sind und dem Schutz der Gläubiger verschuldeter Staaten eine Grenze ziehen.

Was die Subventionierung von Unternehmen angeht, macht Rechnungslegung die Selektivität des Subventionsaktes sichtbar. Es wird dann klar, ob eher Sektoren oder bestimmte Unternehmen gefördert werden und ob die schöpferische Zerstörungskraft des Marktes aufrechterhalten wird. Die Industriepolitik bleibt somit möglich, sie wird allerdings transparent und mit dem Wettbewerb kompatibel gemacht. Institutionen der Wirtschaftsförderung, die sich im Überschneidungsbereich zwischen Staat und Markt bewegen, müssen ebenfalls die Trennung der Operationsweise von Staat und Markt beachten und politische Ziele mit Mitteln des Marktes verfolgen. Ein gutes Beispiel dafür sind Förderbanken, die aus der Sicht des deutschen Rechts Anstalten des öffentlichen Rechts sind.[16] Zahlreiche Regelungen des öffentlichen Rechts müssen von ihnen beachtet werden. Sie müssen aber wettbewerbsneutral bleiben und den Markt lediglich dort ergänzen, wo marktwirtschaftliche Ergebnisse als nicht sozialverträglich angesehen werden.

Responsabilité de l'État concernant l'économie et la comptabilité internationale

L'article montre que les normes de comptabilité publique IPSAS ont un impact sur la responsabilité de l'État concernant l'économie. Elles engendrent un changement de la gouvernance de l'État en favorisant l'application d'indicateurs de compétitivité pour l'économie, en rendant visible aussi bien la réduction des dépenses publiques que l'augmentation des recettes, ou en rendant apparentes les interventions de l'État

---

16 Als Paradebeispiel wird hier die deutsche Kreditanstalt für Wiederaufbau (KfW) herangezogen: https://www.kfw.de/kfw.de-2.html, zuletzt aufgerufen am 8. Dezember 2014. Einige Länder haben schon eine Förderbank, wie etwa Frankreich, Italien oder Spanien. Andere Länder sind in Europa dabei, neue Förderbanken aufzubauen, z. B. Portugal, Großbritannien, Griechenland. Auf Europa-Ebene gibt es die Europäische Investitionsbank (EIB). Sie ist Hauptanteilseigner an dem Europäischen Investitionsfonds (EIF).

qui ne sont pas justifiées par une défaillance du marché et favorisent un clientélisme industriel au lieu de promouvoir la concurrence au sein d'un secteur. Compte tenu de la pluralité d'utilisateurs des comptes (marchés financiers, instances de contrôle, citoyens, Cours des comptes, agences de notation etc.) et de l'importance politique du pouvoir de définition qui réside dans les normes de comptabilité, une réflexion sur la hiérarchie des objectifs poursuivis par l'information financière s'impose.

La responsabilidad del Estado en lo concerniente a la economía y la contabilidad internacional

Este artículo muestra que las normas de contabilidad pública, IPSAS, tienen un impacto sobre la responsabilidad del Estado en lo concerniente a la economía. Estas normas promueven un cambio de la gobernanza del Estado que favorece la aplicación de indicadores de competitividad para la economía, haciendo visible tanto la reducción de los gastos públicos como el aumento de los ingresos, o haciendo transparentes aquellas intervenciones del Estado que no se justifican por una falla del mercado, y que favorecen un clientelismo industrial en lugar de promover la competencia en el seno de un determinado sector. Teniendo en cuenta la pluralidad de agentes económicos (mercados financieros, instancias de control, ciudadanos, contralorías, agencias de evaluación, etc.) y la importancia política que tiene el poder de definición que reside en las normas de contabilidad, se hace necesaria una reflexión sobre la jerarquía de los objetivos perseguidos por la información financiera.

Control de concentraciones empresariales en una economía social de mercado

Tania Zúñiga-Fernández

I.   Introducción

El tema del control de concentraciones empresariales en el Perú aún constituye un asunto altamente controvertido en el espacio académico y político, debido a factores de orden económico que influyen en el devenir de un debate consistente en propuestas de formulación legislativa, así como en la necesidad de requerir con urgencia estudios especializados en sectores económicos que permitan evaluar y diseñar el modelo de gestión de un instrumento prospectivo como es la evaluación previa de concentraciones empresariales.

A ello se suman las posiciones de naturaleza ideológica, que sostienen por un lado, que el Estado debe evitar actuar como agente intervencionista en el proceso de competencia en el mercado, y por otro, que el Estado debe actuar necesariamente como agente garante de la seguridad jurídica a través de la supervisión y manteni-miento de una competencia efectiva en el mercado.

Los actos de concentración empresarial a través de las fusiones y adquisiciones («*mergers & acquisitions*») han devenido en una creciente preocupación por los efectos anticompetitivos que puede generar el cambio en la estructura del mercado.[1] y es por ello que se propone la regulación a través del control de concentraciones.

El control de concentraciones es un procedimiento administrativo ante la auto-ridad de competencia, y se inserta en el proceso privado de las operaciones de fusiones y adquisiciones, previo al cierre de la operación privada. En este sentido, el control de concentraciones como procedimiento administrativo es una condición para establecer el cierre definitivo de la operación. Sin embargo, no todos los actos de concentración están sujetos a este tipo de control. Ello dependerá del diseño

---

1   Panorama General: UNCTAD, *Global Value Chains: Investment and TradeforDevelopment*, World Investment Report, Nueva York/Ginebra, 2013, Las cadenas de valor mundiales: Inversión y comercio para el desarrollo, p. 15–16.

normativo para establecer el umbral, es decir el ámbito de aplicación para definir cuáles son las operaciones de concentración empresarial que deben ser sometidas a la autoridad de competencia.

En el Perú sólo se practica el control de conductas y se evalúa el abuso de posición dominante (control ex post). La autoridad de competencia, Indecopi, no tiene potestad para aplicar un control de estructuras (control ex ante) en todos los sectores de la economía, con excepción del sector eléctrico.

No existe aún una ley de control de concentraciones empresariales de aplicación general para toda la economía, sin embargo han habido dos intentos de introducirlo con la presentación de dos Proyectos de Ley, en los años 2005 y 2012. Cabe mencionar que el Acuerdo Comercial suscrito entre el Perú y la Unión Europea constituye una pieza clave para promover la introducción del control ex ante, debido a que el Perú deberá tomar acciones frente a las concentraciones empresariales que puedan afectar el comercio y la inversión entre las Partes.

En resumen, el debate continua, sin embargo en esta ocasión bajo un escenario favorable en mérito a los compromisos internacionales adquiridos por el Estado Peruano en el marco de los tratados de libre comercio, sin perjuicio de las preexistentes consideraciones de política multilateral relativas al comercio y desarrollo en el marco de la UNCTAD.

El control de concentraciones en el contexto de la economía social de mercado

La era moderna de la política de competencia en el Perú nace en la década de los noventa con la introducción de reformas económicas estructurales luego de un periodo en el cual los países de América Latina habían atravesado serias crisis de índole económica y política, regímenes económicos sometidos a medidas proteccionistas y con fuerte intervención del Estado en el proceso económico.

A la década de los ochenta se le denomina la «década perdida». Los organismos financieros internacionales y otras organizaciones internacionales procuraron una evaluación de las economías a través de propuestas tendientes a satisfacer niveles de crecimiento económico, promover la liberalización y apertura de los mercados, introducir una férrea disciplina fiscal y promover la iniciativa privada y las inversiones. A este tipo de medidas con perfil de propuesta se le ha llamado el «Consenso de Washington».[2]

Ingresando a la década de los noventa, los países latinoamericanos establecieron una agenda de reformas estructurales, entre las cuales destaca la creación de autoridades de competencia y el establecimiento de leyes de competencia. Desde

---

2   WILLIAMSON J., *Latin America Adjustment: How much has happened?,* Washington, Institute for International Economics, 1990; WILLIAMSON J., *The Washington Consensus Revisited*, Washington, Institute for International Economics, 1996.

inicios de los noventa el Perú cuenta con una autoridad de competencia y una ley de competencia, así como una Constitución Política que promueve y protege la libre competencia, la iniciativa privada y las inversiones.

1. Marco jurídico-constitucional

Han transcurrido más de dos décadas desde la emisión de las primeras disposiciones legales sobre la libre competencia que regulaban las conductas anticompetitivas, y este año se cumplen veinte años de la entrada en vigencia de la actual Constitución de 1993, cuyas disposiciones sobre el Régimen Económico también manifestaron un verdadero cambio en cuanto al rol del Estado en la economía como facilitador y vigilante, promoviendo la iniciativa privada, la libre competencia y las garantías a la inversión.[3] Si bien la Constitución de 1979 introduce el modelo económico de la economía social de mercado, la Constitución de 1993 se pronunció expresamente por el rol subsidiario en la actividad empresarial y el combate a los monopolios legales y privados.

Es preciso mencionar que el Perú tiene en su historia 13 Constituciones incluyendo la actual: 1823, 1826, 1828, 1834, 1837, 1839, 1856, 1860, 1867, 1920, 1933, 1979 y 1993.

En cuanto a los antecedentes constitucionales inmediatos en materia antimonopolio, la primera norma constitucional en materia antimonopolio se encuentra en la Constitución de 1920, y posteriormente en la Constitución de 1933. Ambas tienen un texto muy similar, se prohíben los monopolios y acaparamientos y únicamente, el Estado puede establecer por ley monopolios o estancos del Estado en exclusivo interés nacional.[4]

---

3   Zuñiga Fernandez T., *Fusionskontrolle in einer « small market economy » in Lateinamerika. Wettbewerbspolitische Untersuchung am Beispiel Peru*, Baden-Baden, Nomos, 2009, p. 67–68; Zuñiga Fernandez T., « The principle of subsidiarity as the essential restriction on Peruvian state business activity under pro-competitive conditions », in Drexl J./Bagnoli V., *State-Initiated Restraints of Competition.* Cheltenham, Edward Elgar, 2015, p. 55; Kresalja Roselló B./ Ochoa Cardich C., *Derecho Constitucional Económico*, Lima, Fondo Editorial PUCP, 2009, p. 352–356; al respecto: Kresalja Roselló B., « Las reservas de las actividades económicas a favor del Estado y el régimen de los monopolios en las Constituciones de 1979 y 1993 », in *Ius et Veritas*, no. 22, 2001, p. 272–306.

4   Constitución de 1920, Art. 50: « Se prohíben los monopolios y acaparamientos industriales y comerciales. Las leyes fijarán las penas para los contraventores. Sólo el Estado puede establecer por ley monopolios y estancos en exclusivo interés nacional. Constitución de 1933, artículo 16.- Están prohibidos los monopolios y acaparamientos industriales y comerciales. La ley fijarás las penas que se impongan a los contraventores. Sólo la ley puede establecer monopolios y estancos del Estado en exclusivo interés nacional. »

Será la Constitución de 1979 que establezca en el artículo 115 el modelo económico de la economía social de mercado.[5]Esta inclusión se explica por una marcada influencia del pensamiento ordoliberal[6] que propugna la necesidad de que el Estado establezca un orden jurídico en armonía con el interés social.[7]

El concepto de «economía social de mercado» advierte que las reglas de la economía deben regirse fundamentalmente por los mecanismos que proporciona el mercado, pero al mismo tiempo el Estado tiene ineludibles deberes que cumplir, como es propiciar un sistema competitivo, para beneficio en primer lugar de los consumidores, pero también de los agentes económicos. La economía social de mercado considera dos principios del liberalismo económico, por un lado el individualismo que propugna libertad del hombre y comprende el derecho de disponer libremente de su propiedad, y por otro, el principio de libre competencia como el mejor sistema para asegurar el bienestar de todos, por lo que reconoce la intervención del Estado en ciertas materias económicas y sociales, respetando la formación libre de los precios y rechazando el ánimo de direccionamiento del proceso económico o intervencionismo estatal.[8] Conviene manifestar que la Constitución de 1979 constituye en la historia del Derecho Constitucional peruano la primera Constitución Política que presenta la Constitución Económica en sentido formal. En realidad hasta antes de la entrada en vigencia de la Constitución de 1993, el Estado no tenía una visión clara del combate al monopolio, y sólo se encontraban prohibidos los monopolios privados pero no los monopolios estatales o legales.

El modelo expresado en el texto de la Constitución de 1979 ha sido calificado como modelo de economía mixta de planificación concertada, que reconoce una economía social de mercado pero con reserva sobre los monopolios legales y el fomento de la actividad empresarial del Estado. La Constitución de 1993 por el contrario, se orienta hacia una mínima participación del Estado en la economía. Su participación se encuentra en brindar el marco normativo para garantizar el desarrollo de la iniciativa privada y la participación irrestricta de los agentes en el mercado. El artículo 58 de la Constitución reconoce el régimen de economía social

---

5   Constitución de 1979, Art. 115: « La iniciativa privada es libre. Se ejerce en una economía social de mercado. El Estado estimula y reglamenta su ejercicio para armonizarlo con el interés social. »

6   Representantes de la Escuela de Friburgo, o escuela ordoliberal destacan Alfred Müller-Armack, Wilhelm Röpke y Ludwig Erhard.

7   ZUÑIGA FERNÁNDEZ T., *Fusionskontrolle in einer « small market economy » in Lateinamerika. Wettbewerbspolitische Untersuchung am Beispiel Peru*, Baden-Baden, Nomos, 2009, p. 51.

8   KRESALJA ROSELLÓ B./OCHOA CARDICH C., *Derecho Constitucional Económico*, Lima, Fondo Editorial PUCP, 2009, p. 352–356; OCHOA CARDICH C., *Bases fundamentales de la Constitución económica de 1993. Análisis y comentarios II. Lecturas Constitucionales Nr. 11*, Lima, Comisión Andina de Juristas, 1993, p. 90.

de mercado,[9] pero el artículo 60 establece que el Estado reconoce el pluralismo económico e introduce el principio de subsidiariedad del Estado,[10] marcando una distancia con la Constitución de 1979.

Con la Constitución de 1993, el Estado se manifiesta como un Estado facilitador (*«enabling state»*) y en menor medida como Estado de bienestar o de asistencia como ocurría con la Constitución de 1979. [11]

En el ámbito de la política de competencia el artículo 61 afirma que el Estado «facilita» y «vigila» la libre competencia, y combate toda práctica que la limite y el abuso de posiciones dominantes o monopólicas. Ninguna ley ni concertación puede autorizar ni establecer monopolios.

En realidad indagar sobre la concepción o concepciones sobre la teoría de competencia llevaría a señalar que son diversas las teorías que sirvieron de base al texto constitucional de 1993. El principio de competencia se explica a partir de los valores que inspiran del texto constitucional.

Establecer los objetivos del Derecho de Competencia en un sistema jurídico determinado implica un trabajo altamente sofisticado y arduo. En primer lugar, se trata de fijar los objetivos de un sistema normativo que se vincula estrechamente con los objetivos de desarrollo de una economía, y en segundo lugar porque debe considerarse que tales objetivos deben informar la aplicación del derecho de competencia en un horizonte temporal de larga vigencia.

Como señalan Fikentscher y Sullivan: «Antitrust refers to a competition policy dealing with business structure and conduct and, more broadly, with the appropriate role of business in modern life. To describe antitrust, then, one must assume a context. One must identify both the government (or governments) whose policy is being considered and a particular historical stage of development.» [12]

---

9   Constitución de 1993, Art. 58: « La iniciativa privada es libre. Se ejerce en una economía social de mercado y bajo este régimen, el Estado orienta el desarrollo del país, y actúa principalmente en las áreas de promoción de empleo, salud, educación, seguridad, servicios públicos e infraestructura. »

10 Constitución de 1993, Art. 60: « Pluralismo Económico. El Estado reconoce el pluralismo económico. La economía nacional se sustenta en la coexistencia de diversas formas de propiedad y de empresa. Sólo autorizado por ley expresa, el Estado puede realizar subsidiariamente actividad empresarial, directa o indirecta, por razón de alto interés público o de manifiesta conveniencia nacional. La actividad empresarial, pública o no pública, recibe el mismo tratamiento legal. »

11 Kresalja Rosselló B., « Las reservas de las actividades económicas a favor del Estado y el régimen de los monopolios en las Constituciones de 1979 y 1993 », in *Ius et Veritas*, no. 22, 2001, p. 276. Zuñiga Fernandez T., *Fusionskontrolle in einer « small market economy » in Lateinamerika. Wettbewerbspolitische Untersuchung am Beispiel Peru*, Baden-Baden, Nomos, 2009, p. 53.

12 Fikentscher W./Sullivan, L., « On the Groth of the Antitrust Idea », in *Berkeley Journal of International Law*, no. 97, 1998, p. 197.

Las economías en desarrollo o economías emergentes («*small economies*», «*emerging economies*») presentan necesidades y prioridades ciertamente distintas respecto de economías altamente industrializadas, y en consecuencia requieren de políticas ajustadas a sus específicas características.[13] En este sentido, Gal señala que dichos objetivos no sólo son importantes para los agentes en el mercado, también lo son para las autoridades quienes deben interpretar y aplicar la normativa jurídica[14]: «In a small economy it is vital that the goals of competition policy be clearly, consciously, and unambiguously defined, and that economic efficiency be given primacy over other goals. Goals signal to market participants, as well as to the relevant authorities, how the law should be interpreted and implemented. (…). The reason is that in small economies, striking a balance between competing goals raises particularly difficult trade-offs that may create high degrees of uncertainty.»

En consecuencia, se trata de establecer las ventajas y desventajas de la intervención del Estado en la economía frente a las fuerzas que se presentan en el mercado dirigidas por los agentes económicos o competidores en un proceso de libre competencia, sin embargo no existe un consenso sobre cuáles deberían ser los objetivos del derecho de la competencia y del derecho *antitrust*. La situación se manifiesta en una dimensión de abierta discusión debido a que se trata de asuntos vinculados directamente al desarrollo económico de un país y su modelo económico.[15]

---

13   GAL M., « Size does matter: The effect of market size on optimal competition policy », in *Southern California Law Review*, no. 74, 2001, p. 1439–1441; KOVACIC W. E., « Institutional foundations for economic legal reform in transition economies: The case of competition policy and antitrust enforcement », in *Chicago Kent Law Review*, 77, 2001, p. 289–290; DE LEÓN I., « The role of competition policy in the promotion of competititveness and development », *Boletin Latinoamericano de Competencia*, no. 11, 2000, p. 69–71; Fox E. M., « Economic Development, Poverty and Antirust: The Other Path », in *Southwestern Journal Law and Trade*, 13 (1), 2006–2007, p. 229–231; MIRANDA LONDOÑO A./GUTIÉRREZ J. D., « Fundamentos Económicos del Derecho de las Competencia: Los beneficios del Monopolio vs. los beneficios de la competencia », in *Revista de Derecho de la Competencia*, no. 2 (2), 2006, p. 277–278; OECD, « Third Global Forum on competition, small Economies and competition policy: A background paper », Cita Nr. 19. Conferencia llevada a cabo del 10 al 11 de Febrero, 2003, Centre for Cooperation with Non-Members, Directorate for Financial, Fiscal and Enterprise Affairs. Recuperado de: CCNM/GF/COMP(2003)4, http://www.oecd.org/dataoecd/-57/57/2486546.pdf, último acceso 19 mayo 2015.

14   GAL M., « Size does matter: The effect of market size on optimal competition policy », in *Southern California Law Review*, no. 74, 2001, p. 1441.

15   MÖSCHEL W., « Schutzziele eines Wettbewerbsrechts », in LÖWISCH M./SCHMIDT-LEITHOFF C./SCHMIEDEL B., *Beiträge zum Handels- und Wirtschaftsrecht. Libro Homenaje a Fritz Rittner*, München, C. H. Beck, 1991, p. 405.

2. Pronunciamientos del Tribunal Constitucional

Sobre el contenido del modelo económico el Tribunal Constitucional del Perú se ha manifestado en distintas oportunidades. El Tribunal Constitucional ha sostenido que «lo ‹social›, se define desde tres dimensiones: como mecanismo para establecer legítimamente algunas restricciones a la actividad de los privados; como una cláusula que permite optimizar al máximo el principio de solidaridad, corrigiendo las posibles deformaciones que pueda producir el mercado de modo casi «natural», permitiendo, de este modo, un conjunto de mecanismos que permitan al Estado cumplir con las políticas sociales que procuren el bienestar de todos los ciudadanos; y, finalmente, como una fórmula de promoción del uso sostenible de los recursos naturales para garantizar un ambiente equilibrado y adecuado al desarrollo de la vida. Poner esto, la actividad de la empresa está sujeta a regulaciones constitucionales y legales a fin de que la organización política pueda lograr los objetivos establecidos en la propia Constitución. (…) Ni la propiedad ni la autonomía privada son irrestrictas *per se* en el constitucionalismo contemporáneo. Lo importante es que dichos derechos se interpreten a la luz de las cláusulas del Estado Social y Democrático de Derecho; de lo contrario, otros bienes constitucionales igualmente valiosos tendrían el riesgo de diferirse. Sólo de este modo puede considerarse superado el viejo y equívoco postulado del mercado *per se* virtuoso y el Estado *per se* mínimo, para ser reemplazado por un nuevo paradigma cuyo enunciado es: «tanto mercado como sea posible y tanto Estado como sea necesario».[16]

En este sentido la intervención del Estado en la economía a través de un control de concentraciones tendría necesariamente que estar conforme al modelo establecido en la Constitución, es decir de conformidad con el principio de la iniciativa privada y el bienestar general.

En otra sentencia del Tribunal Constitucional del Perú manifestó que: «La función reguladora del Estado se encuentra prevista en el artículo 58° de la Constitución. (…) El artículo 61° confiere al Estado el deber de proscribir y combatir toda práctica que limite la libre competencia, así como el abuso de las posiciones dominantes o monopólicas. (…). En coherencia con tales imperativos se justifica la existencia de una legislación antimonopólica y de desarrollo de los marcos regulatorios que permitan mayores niveles de competencia. De este modo y dentro del respeto a la libre iniciativa privada, la función orientadora del Estado tiene como

---

16 Tribunal Constitucional del Perú, Resolución No. 0048-2004-PI/TC del 1 de Abril de 2005.

propósito el desarrollo del país, procurando que se materialice el componente social del modelo económico previsto en la Constitución. Dicha función orientadora presenta, sustancialmente, las siguientes características: a) el Estado puede formular indicaciones, siempre que éstas guarden directa relación con la promoción del desarrollo del país; b) los agentes económicos tienen la plena y absoluta libertad para escoger las vías y los medios a través de los cuales se pueden alcanzar los fines planteados por el Estado; y, c) el Estado debe estimular y promover la actuación de los agentes económicos. (..) el Estado no es sólo una organización que interviene como garantía del ordenamiento jurídico, sino porque determina o participa en el establecimiento de las «reglas de juego», configurando de esta manera la vocación finalista por el bien común. Por ende, el Estado actúa como regulador y catalizador de los procesos económicos.»[17]

Los pronunciamientos del Tribunal Constitucional como supremo intérprete de la Constitución destacan la función del Estado como «facilitador y vigilante», es decir promover y proteger la libre competencia.

II.   Control de concentraciones empresariales en el sector eléctrico

Actualmente en el Perú sólo se ejerce un control de concentraciones en el sector eléctrico a través de la Ley Nº 26876, Ley Antimonopolio y Antioligopolio del Sector Eléctrico.[18] La autoridad de competencia ha evaluado un total de once procedimientos entre 1998 y 2006. Tres solicitudes de autorización del acto de concentración no se encontraron bajo el ámbito de aplicación de la ley, y el resto de fueron aprobadas, dos de ellas sometidas a condiciones. Se puede afirmar que el control de concentraciones en el Perú de carácter sectorial ha alcanzado un registro limitado de pronunciamientos.

---

17   Tribunal Constitucional del Perú, Resolución No. 0008-2003-AI/TC del 11 de Noviembre de 2003.

18   En aquel momento hubo resistencia para su introducción y posteriormente en el transcurso de su aplicación hubo serios cuestionamientos sobre la constitucionalidad de esta medida de intervención del Estado en la economía.

III. Proyectos de ley sobre control de concentraciones empresariales

A la fecha se han presentado dos proyectos de ley sobre el control de concentraciones, uno en el año 2005, y otro en el año 2012, Proyecto de Ley N° 14199/2005–CR, Proyecto de Ley N° 972/2011–CR, respectivamente[19] Sin embargo, han sido archivados debido a que no existe aún una voluntad política de introducir este tipo de instrumento de política de competencia para supervisar y evaluar los cambios en la estructura del mercado. La influencia del Derecho antitrust americano y el comunitario europeo han influenciado en ambos proyectos de ley, considerando como test de evaluación al test de la restricción significativa de la competencia efectiva y la defensa de las eficiencias.

IV. El control de concentraciones empresariales en América Latina

En América Latina, la gran mayoría de los países cuentan con una legislación de competencia. También a nivel de procesos regionales en América del Sur y América Central se han presentado señales para el desarrollo legislativo a nivel regional en materia de competencia.[20] En cuanto al control de concentraciones, se aplica en los siguientes países: Argentina (1999), Brasil (1994, 2012), Chile (1973), Colombia (1959, 1992), Costa Rica (1994), Ecuador (2011), El Salvador (2006), Honduras (2006), México (1992, 2006), Nicaragua (2006), Panamá (1996), Paraguay (2013), Venezuela (1991) y Uruguay (2007).[21] Bolivia y Guatemala no tienen Ley de Competencia, sin

---

19 Proyecto de Ley N° 14199/2005-CR presentado por el congresista Jesús Alvarado Hidalgo, Proyecto de Ley No. 972-2011–CR, presentado por el congresista Jaime Delgado Zegarra.

20 Decisión No. 608 de la Comunidad Andina del 29 de marzo del 2005 « Nomas para la protección y promoción de la libre competencia en la Comunidad Andina » que promueve una cooperación entre las autoridades, pero no reconoce el control de concentraciones de tipo comunitario. En Centroamérica, el Tratado de Chaguaramas Revisado (RTC- Revised Treaty of Chaguaramas) de la Caricom (CSME) define las implicancias de tipo subregional sobre el rol de la Comisión de Competencia de la Caricom (CCC) en el ámbito de la política de competencia bajo el mandato establecido en el renovado Capítulo VIII Competition Policy and Consumer Protection.

21 Zuñiga Fernandez T., *Fusionskontrolle in einer « small market economy » in Lateinamerika. Wettbewerbspolitische Untersuchung am Beispiel Peru*, Baden-Baden, Nomos, 2009, p. 150–151; Botta M., *Merger Control Regimes in Emerging Economies. A Case Study on Brazil and Argentina.* Alphen aan den Rijn, Kluwer Law International, 2011, p. 40.

embargo en Bolivia se ejerce un control de concentraciones a través de una ley de regulación sectorial del año 1994 (Ley SIRESE) en determinados sectores regulados). En Perú se aplica el control de concentraciones de manera exclusiva en el sector eléctrico a través de la Ley Antimonopolio y Antioligopolio del Sector eléctrico del año 1997, y su Reglamento.

Actualmente más de cien países a nivel mundial tienen una ley de competencia,[22] incluyendo un capítulo sobre evaluación previa de concentraciones empresariales. Ello se extiende incluso hasta ordenamientos jurídicos en los cuales la visión sobre los «*national champions*» es más acentuada. Es el caso de la República Popular China, cuyo modelo es el de una economía socialista y tiene un control de concentraciones con criterios proteccionistas.[23] Por ello es preciso indicar que el modelo económico ocupa un lugar predominante en el contenido del diseño normativo del control de concentraciones empresariales

V.   La influencia de los Tratados de Libre Comercio en el Derecho de la competencia

A todo lo anteriormente mencionado, se suma el aporte de los tratados o acuerdos de libre comercio («*free trade agreement*») que proponen un capítulo sobre competencia que van definiendo los compromisos que toman los Estados en desarrollar su legislación de competencia.[24] Es el caso del Acuerdo de Promoción Comercial que firmó el Perú con los Estados Unidos de América, que tuvo consecuencias de modificación de la legislación de competencia. Por otro lado, el artículo 259[25] del Acuerdo Comercial que ha suscrito el Perú con la Unión Europea constituye una

---

22   Whish R., Competition Law, 6. ed., Oxford, Oxford University Press, 2009, p. 801.

23   En el 2008 entro en vigencia la Ley Antimonopolio, en la cual se protege el denominado « interés general », la justicia social, la competitividad nacional o el aseguramiento de puestos de trabajo. Al respectover: Mesenbrink L., *Das Antimonopolgesetz der VR China im Spannungsfeld zwischen Politik und Wettbewerbsrecht. Eine Untersuchung am Beispiel des Kartellverbots und der Fusionskontrolle*, Baden-Baden, Nomos, 2010.

24   Por ejemplo: El Acuerdo Comercial entre Perú, Colombia y la Unión Europea, que entró en vigencia el 1º de marzo de 2013. Al respecto ver: Título VIII – Competencia, Art. 258–266. El Acuerdo de Promoción Comercial Perú-Estados Unidos de América, Capítulo XIII – Política de competencia, monopolios designados y empresas del Estado, Art. 13.1 – 13-11. El Acuerdo de Promoción Comercial Perú – Estados Unidos se firmó en Washington D.C. el 12 de abril de 2006, y entró en vigencia el 1 de febrero de 2009.

25   Ver: http://www.acuerdoscomerciales.gob.pe/index.php?option=com_content&view=category &layout=blog&id=50&Itemid=73, último acceso 19 mayo 2015. Acuerdo Comercial entre Perú, Colombia y la Unión Europea, Art. 259, 2.

importante contribución en el devenir del control de concentraciones empresariales pues el Estado Peruano ha asumido la obligación de tomar medidas para combatir las concentraciones entre empresas que puedan afectar el comercio y la inversión entre las Partes. Al respecto: «Artículo 259, 2: Las Partes acuerdan que las siguientes prácticas son incompatibles con el presente Acuerdo en la medida que dichas prácticas puedan afectar el comercio y la inversión entre las Partes: (c) concentraciones de empresas, que obstaculice significativamente la competencia efectiva, en particular como resultado de la creación o fortalecimiento de una posición dominante de conformidad con lo dispuesto en sus respectivas leyes de competencia.»

Desde la perspectiva de las obligaciones multilaterales que ha contraído el Perú en el marco del comercio y desarrollo se destaca asimismo la Resolución N° 35/63 de 1980, que recoge el Conjunto de Principios y Normas sobre Competencia de las Naciones Unidas, denominado «UN Set on Competition Policy», que comprende un conjunto de principios y normas equitativos convenidos multilateralmente para el control de las prácticas comerciales restrictivas. Y en este conjunto de normas y principios se recoge lo siguiente: «D. Principios y normas aplicables a las empresas, incluidas las empresas transnacionales 4. Las empresas deberían abstenerse de los actos o del comportamiento siguientes en el mercado pertinente, cuando, mediante el abuso* o la adquisición y el abuso de una posición dominante en el mercado, limiten el acceso a los mercados o restrinjan de otro modo indebidamente la competencia, y de esta forma tengan o puedan tener efectos desfavorables sobre el comercio internacional, particularmente el de los países en desarrollo, y sobre el desarrollo económico de éstos: c) Las fusiones, absorciones, empresas comunes u otras adquisiciones de control, ya sean de naturaleza horizontal, vertical o conglomerada.»[26]

La obligación internacional de introducir un control de concentraciones empresariales existe, sin embargo definir el diseño normativo y la oportunidad de su incorporación reside en la potestad soberana del Estado Peruano.

VI.   Conclusiones

De conformidad con la economía social de mercado, modelo económico vigente en el Perú, el control de concentraciones empresariales es compatible con la Constitución. Los objetivos de la política antimonopolio deben tener en cuenta el conjunto de valores que inspiran la Constitución, pues el riesgo de escenarios de conflicto

---

26   Ver: http://unctad.org/en/Pages/DITC/CompetitionLaw/The-United-Nations-Set-of-Principles-on-Competition.aspx, último acceso 19 mayo 2015.

sobre la tutela de los bienes jurídicos es altamente probable. Este tipo de instrumento debe orientarse a evaluar los efectos de los cambios en la estructura del mercado que producen algunas operaciones de concentración, y para ello será necesario definir el límite dela intervención del Estado.

Fusionskontrolle in der sozialen Marktwirtschaft

Die Wettbewerbskultur, in der der Staat die Rolle eines Koordinators und Nachtwächters innehält, hat in Peru ihren Ursprung Anfang der 90er Jahre. In dieser Zeit wurden – als Antwort auf die langjährige Intervention des Staates in die Wirtschaft durch protekti- onistische Maßnahmen – mehrere strukturelle ökonomische Reformen eingeleitet. Die Verfassung von 1979 legt fest, dass die soziale Marktwirtschaft das ökonomische Modell der peruanischen Wirtschaft ist. Die Verfassung von 1993 aber erkennt zusätzlich die untergeordnete Rolle des Staates in der unternehmerischen Tätigkeit an. Die Fusions- kontrolle existiert in Peru ausschließlich für den Stromsektor, ihre Anwendbarkeit für die ganze Wirtschaft ist noch ein umstrittenes Thema. Ihre Einführung wird aber in den nächsten Jahren aufgrund völkerrechtlicher Verpflichtungen im Rahmen von Frei- handelsabkommen erwartet.

Le contrôle des concentrations d'entreprises dans une économie sociale de marché

La culture de la libre concurrence, où l'État accomplit un rôle de facilitateur et de sur- veillant, a son origine au Pérou au début des années 1990. Cela s'est matérialisé par des réformes économiques structurelles, en réponse aux longues années d'intervention de l'État dans l'économie par des politiques protectionnistes. La Constitution de 1979 disposait que l'économie sociale de marché était le modèle économique du Pérou, mais la Constitution de 1993 reconnaît maintenant le rôle subsidiaire de l'État dans l'activité entrepreneuriale. Le contrôle des concentrations d'entreprises existe exclusivement au Pérou dans le secteur électrique, mais son application pour toute l'économie est toujours un sujet de débats. On attend ainsi son introduction dans les prochaines années, en application des engagements internationaux pris par l'État dans le cadre des traités de libre échange.

Jugendmedienschutz und Kommunikationsfreiheiten in Deutschland – ein Überblick

Sophia Karner

I. Einleitung

Mittwoch, 14.09.2011. Zur besten Sendezeit um 20:15 Uhr strahlt der deutsche Fernsehsender RTL die Dokumentar-Soap „Die Super Nanny" aus. Ziel dieser unter die Bezeichnung „Reality-TV" fallenden Sendung ist es, Familien aus überwiegend prekären Verhältnissen unter Mitwirkung einer Sozialpädagogin in Erziehungsfragen zu beraten und unterstützend auf die von den Betroffenen selbst als nicht mehr haltbar empfundene Lebenssituation mit ihren Kindern einzuwirken. In unterschiedlicher Schnittfolge werden an diesem Abend insgesamt 22 Gewalthandlungen einer – nach dem Inhalt der Sendung therapiebedürftigen – Mutter gegenüber ihren 3-, 4- und 7-jährigen Kindern gezeigt, welche teilweise bis zu drei Mal wiederholt werden. Das Aufnahmeteam der Sendung ist bei neun Gewalthandlungen anwesend, ohne auf das Verhalten der Mutter zu reagieren. Bei der zehnten Gewalthandlung schreitet es schließlich ein. Auf Initiative der deutschen Kommission für Jugendmedienschutz (KJM) erlässt die zuständige niedersächsische Landesmedienanstalt einen Bescheid, mit welchem die betroffene Sendung wegen Verstoßes gegen die Menschenwürde der Kinder beanstandet, und eine erneute Ausstrahlung untersagt wird. Das Verwaltungsgericht Hannover bestätigt den Bescheid und urteilt, dass ein Verstoß gegen die Menschenwürde der Kinder insbesondere in dem gezeigten Ausgeliefertsein gegenüber ihrer Mutter ohne Einschreiten des anwesenden Aufnahmeteams zu sehen sei, welcher auch nicht durch ein etwaiges erziehungspädagogisches Ziel der Sendung gerechtfertigt werde[1].

Wie kommt es nun zu einer solchen Einflussnahme auf den Programminhalt des Fernsehsenders, und wie ist die Untersagung der Ausstrahlung im Hinblick

---

[1] Vgl. dazu VG HANNOVER, Urt. v. 8. Juli 2014, 7 A 4679/12, ZUM-RD 2015, 325.

auf die Rundfunkfreiheit bzw. Informationsfreiheit der Fernsehkonsumenten zu beurteilen?

II. Kompetenzfragen

Der Jugendmedienschutz in Deutschland ist von einer nicht unerheblichen Komplexität und Unübersichtlichkeit geprägt. Begründet ist dies insbesondere in der Tatsache, dass sich die Gesetzgebungskompetenzen von Bund und Bundesländern im Bereich des Jugendschutzes nach den jeweils betroffenen Medienkategorien richten. Jugendschutz in den elektronischen Medien fällt in die Kompetenz der Länder. Zwar erstreckt sich die konkurrierende Gesetzgebung des Bundes gemäß Art. 74 Abs. 1 Nr. 7 GG auf die öffentliche Fürsorge, wozu auch der Jugendschutz gehört. Der Jugendschutz in elektronischen Medien weist jedoch einen engen Bezug zu der Rundfunkregulierung auf, die den Ländern obliegt[2]. Für die medienschutzrechtliche Bewertung ist daher die Bestimmung der im Einzelfall betroffenen Medienkategorie zur Ermittlung der für die rechtliche Beurteilung maßgeblichen gesetzlichen Grundlage erforderlich. Ziel des Jugendmedienschutzes ist es, Kinder und Jugendliche vor Einflüssen zu schützen, die sie in ihrer Entwicklung zu eigenständigen, sozialverantwortlichen Persönlichkeiten beeinträchtigen können[3]. Geschützt wird insoweit ihr Recht auf „Personwerden"[4], weshalb der mediale Jugendschutz letztlich eine Ausprägung der Menschenwürde darstellt[5]. Jugendschutz als solcher genießt aus dem in Art. 6 Abs. 2 S. 1 GG folgenden elterlichen Erziehungsrecht in Verbindung mit Art. 2 Abs. 1, Art. 1 Abs. 1 GG Verfassungsrang[6].

---

2   Vgl. BVerfGE 57, S. 326; NJW 1998, S. 1774 ff.; Schulz W./Held T., in: Hahn W./Vesting T., Beck'scher Kommentar zum Rundfunkrecht, 3. Auflage, München, C.H. Beck, 2012, § 1 JMStV, Rn. 39.
3   Siehe dazu die Zielbestimmung in § 1 JMStV; vgl. auch BVerfGE 30, S. 336 ff.
4   Vgl. Engels S., « Kinder- und Jugendschutz in der Verfassung – Verankerung, Funktion und Verhältnis zum Elternrecht », in AöR, 122. Band, 1997, S. 226; Hoffmann-Riem W./Engels S., « Fernsehwerbung und Kinder », in RdJB, 1996, S. 51 ff.; Degenhart C., « Verfassungsfragen des Jugendschutzes beim Film », in UFITA, 2. Band, 2009, S. 350; Langenfeld C., « Die Neuordnung des Jugendschutzes im Internet », in MMR, Heft 5, 2003, S. 305.
5   Vgl. Erdemir M., Kommentierung JMStV, in: Spindler G./Schuster F., Recht der elektronischen Medien, 3. Auflage, München, C.H. Beck, 2015, § 1, Rn. 14.
6   Vgl. nur BVerfGE 83, S. 140; NJW 1991, S. 1471 ff.; Grabenwarter C., in: Maunz T./Dürig G., Grundgesetzkommentar Band I, 74. Ergänzungslieferung, München, C. H. Beck, 2015, Art. 5, Rn. 190; Bethge H., in: Sachs M., GG-Grundgesetzkommentar Kommentar, 7. Auflage, München, C. H. Beck, 2014, Art. 5, Rn. 160.

III. Differenzierung nach Medienkategorien

Welche gesetzliche Grundlage für die jugendschutzrechtliche Bewertung einer medialen Äußerung maßgeblich ist, richtet sich nach der im Einzelfall betroffenen Medienkategorie. In Betracht kommen dabei vor allem das Jugendschutzgesetz (JuSchG) und der Staatsvertrag über den Schutz der Menschenwürde und den Jugendschutz in Rundfunk und Telemedien (Jugendmedienschutz-Staatsvertrag – JMStV). Den Bestimmungen des JuSchG unterfallen insbesondere sog. Trägermedien. Dies sind nach § 1 Abs. 2 JuSchG Medien mit Texten, Bildern oder Tönen auf gegenständlichen Trägern, die zur Weitergabe geeignet, zur unmittelbaren Wahrnehmung bestimmt oder in ein Vorführ- oder Spielgerät eingebaut sind. Erfasst werden somit alle Druckschriften, Plakate, Filmrollen, Blueray-Discs, DVDs, CD-ROMs oder Tonträger[7]. Demgegenüber unterliegt der Jugendschutz im Bereich des Rundfunks und der sog. Telemedien der (konkurrierenden) Gesetzgebungskompetenz der Bundesländer. Von dieser haben sie in Gestalt des im Jahre 2003 in Kraft getretenen Jugendmedienschutz-Staatsvertrages Gebrauch gemacht[8]. Als Telemedien gelten gemäß § 1 Abs. 1 S. 1 TMG i.V.m. § 2 Abs. 3 JMStV alle Datenangebote von Texten, sonstigen Zeichen, Bildern oder Tönen, welche mittels Telekommunikation elektronisch übermittelt werden. Erfasst werden damit u. a. alle Online-Angebote, die im Internet abrufbar sind; so auch Blogs, Foren, Chats, Videoportale, Social Media Plattformen, etc.[9]. Der Begriff des Rundfunks umfasst gemäß § 2 Abs. 1 S. 1 RStV i.V.m. § 2 Abs. 3 JMStV lineare Informations- und Kommunikationsdienste in Gestalt der Verbreitung von Angeboten in Bewegtbild oder Ton entlang eines Sendeplans unter Benutzung elektromagnetischer Schwingungen, d. h. insbesondere Hörfunk und (digitales) Fernsehen. Vereinfacht zusammengefasst lässt sich daher festhalten, dass sich der Jugendmedienschutz im Bereich der Trägermedien nach den Vorschriften des JuSchG, im Bereich von Telemedienangeboten und Rundfunk nach dem JMStV richtet. Im Folgenden beschränkt sich die Darstellung im Sinne des eingangs geschilderten Falles auf den Jugendmedienschutz im Bereich des Rundfunks und der Telemedien.

---

7   Vgl. Liesching M., Kommentierung JuSchG, in: Erbs G./Kohlhass M., Strafrechtliche Nebengesetze, 202. Ergänzungslieferung, München, C. H. Beck, 2015, § 1 Rn. 8.

8   Zur Gesetzgebungskompetenz im Jugendschutz nach Art. 74 Abs. 1 Nr. 7 GG; vgl. Liesching M., « Zur Gesetzgebungskompetenz der Bundesländer für den Bereich Jugendschutz in Rundfunk und Telemedien », in ZUM, Heft 12, 2002, S. 868 ff.; Reinwald G., « Jugendmedienschutz im Telekommunikationsbereich in Bundeskompetenz? », in ZUM, Heft 2, 2002, S. 119 ff.

9   Vgl. Erdemir M., Kommentierung JMStV, in: Spindler G./Schuster F., Recht der elektronischen Medien, 3. Auflage, München, C.H. Beck, 2015, § 2 Rn. 10.

IV. Jugendschutzregulierung und staatliche Aufsicht

Der materielle Jugendschutz in Rundfunk und Telemedien folgt einem System der Zugangskontrollen bzw. -beschränkungen[10]. Unterschieden wird dabei zwischen absoluten und eingeschränkten Verbreitungsverboten. § 4 JMStV enthält einen Katalog von Angeboten, deren Ausstrahlung aufgrund ihres Inhaltes unbeschadet einer etwaigen strafrechtlichen Verantwortung unzulässig ist. Erfasst werden gemäß § 4 Abs. 1 S. 1 Nr. 8 JMStV u. a. Angebote, welche gegen die Menschenwürde verstoßen, insbesondere durch die Darstellung von Menschen, die [...] schweren körperlichen oder seelischen Leiden ausgesetzt sind oder waren, wobei ein tatsächliches Geschehen wiedergegeben wird, ohne dass ein berechtigtes Interesse gerade für diese Form der Darstellung oder Berichterstattung vorliegt. Eine etwaige Einwilligung ist dabei unbeachtlich. Ebendieser Tatbestand wurde im eingangs geschilderten Fall als gesetzliche Grundlage für das Ausstrahlungsverbot herangezogen.

§ 5 JMStV normiert demgegenüber eingeschränkte Verbreitungsverbote bei sog. entwicklungsbeeinträchtigenden Angeboten. Darunter fallen gemäß § 5 Abs. 1 JMStV Inhalte, die geeignet sind, die Entwicklung von Kindern oder Jugendlichen zu eigenverantwortlichen und gemeinschaftsfähigen Persönlichkeiten zu beeinträchtigen. Anbieter entsprechender Angebote haben gemäß § 5 Abs. 3 JMStV dafür Sorge zu tragen, dass sie die Wahrnehmung ihrer Angebote durch Kinder oder Jugendliche mithilfe technischer oder sonstiger Mittel unmöglich machen oder wesentlich erschweren, oder diese zu einer Zeit zugänglich machen, zu welcher Kinder oder Jugendliche der betroffenen Altersstufe sie üblicherweise nicht wahrnehmen.

Betrachtet man die im Jugendmedienschutz vorgesehenen staatlichen Aufsichtsmittel, so ist im Bereich des Rundfunks eine weitere Abgrenzung erforderlich. Zu unterscheiden ist insoweit zwischen privatem und öffentlich-rechtlichem Rundfunk. Während bei Rechtsverstößen privater Rundfunkveranstalter die Landesmedienanstalten der jeweiligen Bundesländer u. a. Verstöße beanstanden und Bußgelder verhängen können, erfolgt beim öffentlich-rechtlichen Rundfunk eine Binnenkontrolle in erster Linie durch den Rundfunkrat[11] der jeweils betroffenen Landesmedienanstalten. Staatliche Aufsichtsmittel sind in den einschlä-

---

10 Vgl. HOLZNAGEL B./NOLDEN C., in: HOEREN T./SIEBER U./HOLZNAGEL B., Handbuch Multimedia-Recht, 42. Ergänzungslieferung, München, C. H. Beck, 2015, Teil 5, Rn. 141.

11 Der Rundfunkrat ist bei deutschen öffentlich-rechtlichen Rundfunkanstalten das oberste für die Programmkontrolle zuständige Aufsichtsgremium, vgl. dazu Hahn, W. in: HAHN W./VESTING

gigen Landesgesetzen allenfalls als Ultima Ratio vorgesehen; es gilt das Gebot der Staatsfreiheit des öffentlich-rechtlichen Rundfunks[12].

Die eingangs geschilderte Sendung „Die Super Nanny" wurde im privaten Rundfunk ausgestrahlt. Ein grundlegendes Prinzip des Jugendmedienschutzes im Bereich des Rundfunks und der Telemedien ist die sog. regulierte Selbstregulierung. Das Ordnungskonzept des JMStV basiert auf dem Leitprinzip der Eigenverantwortung des Anbieters[13]. Dies bedeutet, dass sich Rundfunkveranstalter oder Anbieter von Telemedien Einrichtungen der Freiwilligen Selbstkontrolle bedienen, welche die Einhaltung der Jugendschutzbestimmungen im Hinblick auf die ihr vorgelegten Angebote überprüfen, gemäß § 19 Abs. 2 JMStV. Als erste Einrichtung der Freiwilligen Selbstkontrolle wurde im Jahre 2003 die Freiwillige Selbstkontrolle Fernsehen e. V. (FSF) anerkannt. Zuständig für die Anerkennung ist die Kommission für Jugendmedienschutz (KJM). Sie dient der jeweils betroffenen Landesmedienanstalt als zentrale Aufsichtsstelle für das private, bundesweite Fernsehen sowie für das Internet. Gemäß § 14 Abs. 1 JMStV ist es ihre Aufgabe, für die Einhaltung der Jugendschutzbestimmungen nach dem JMStV zu sorgen. Hinsichtlich des Zusammenwirkens der Einrichtungen der Freiwilligen Selbstkontrolle mit den Landesmedienanstalten bzw. der KJM erlangt die in § 20 Abs. 3 und 5 JMStV verankerte Privilegierung besondere Bedeutung. Danach hat die KJM Entscheidungen von Einrichtungen der Freiwilligen Selbstkontrolle zu akzeptieren, sofern diese die rechtlichen Grenzen ihres Beurteilungsspielraumes nicht überschritten haben. Im Ergebnis reduziert sich die Kontrolle durch die KJM damit auf eine bloße Missbrauchs- oder Vertretbarkeitsaufsicht[14].

Liegt kein Verfahrenshindernis aufgrund vorrangiger Prüfungen der Selbstkontrolleinrichtungen nach § 20 Abs. 3, 5 JMStV vor, so können die Landesmedienanstalten durch die KJM gemäß § 20 Abs. 1, 2 JMStV Aufsichtsmaßnahmen wie Beanstandungen und Untersagungen oder gemäß § 24 JMStV Bußgeldbescheide gegen private Rundfunkveranstalter und Telemedienanbieter erlassen. Darüber hinaus kann die KJM im Hinblick auf jugendgefährdende Telemedien – so z. B. Internetangebote – Indizierungsanträge bei der Bundesprüfstelle für jugendgefährdende Medien (BPjM) stellen. Die BPjM ist hieran gemäß § 18 Abs. 6 JuSchG

T., Beck'scher Kommentar zum Rundfunkrecht, 3. Auflage, München, C. H. Beck, 2012, Anh. zu §§ 11e, 11f, Überblick über das Aufsichtssystem des öffentlich-rechtlichen Rundfunks, Rn. 4 ff.

12 Vgl. zu Aufsichtsmitteln im dualen Rundfunksystem in Deutschland nur Wagner E., « Aufsichtsmittel im dualen Rundfunksystem – Ungerechtfertigte Ungleichbehandlung? », in ZUM, Heft 11, 2013, S. 850 ff.

13 Amtliche Begründung zum JMStV, S. 2, http://www.kjm-online.de/fileadmin/Download_KJM/Recht/Amtliche_Begruendung_zum_JMStV_korrigiert.pdf, Stand: Oktober 2015.

14 Vgl. ERDEMIR M., Kommentierung JMStV, in: SPINDLER G./SCHUSTER F., Recht der elektronischen Medien, 3. Auflage, München, C.H. Beck, 2015, § 1, Rn. 12.

im Hinblick auf die Entscheidung zur Listenaufnahme weitgehend gebunden. Rundfunksendungen sind zwar gemäß § 1 Abs. 2 S. 2 JuSchG von der Indizierung ausgeschlossen. Indizierte Werke dürfen aber gemäß § 4 Abs. 3 JMStV im Fernsehen nur nach Freigabe durch die BPjM ausgestrahlt werden[15].

V.   Einzelne verfassungsrechtliche Fragen

Ein möglichst effektiv geregelter und umgesetzter Jugendmedienschutz steht zwangsläufig in einem Spannungsverhältnis mit gegenläufigen Grundrechten Dritter. Insbesondere aus den in Art. 5 Abs. 1 GG enthaltenen Kommunikationsgrundrechten ergeben sich ernst zu nehmende Anforderungen an eine verfassungsgemäße Ausgestaltung des Jugendmedienschutzes[16]. Als gegenläufige Grundrechte Dritter kommen namentlich einerseits die Meinungs- bzw. Informationsfreiheit der jeweiligen Rezipienten des jugendmedienschutzrechtlichen Beschränkungen unterfallenden Mediums gemäß Art. 5 Abs. 1 S. 1 GG in Betracht, andererseits Presse- und Rundfunkfreiheit der Anbieter entsprechender Medien, gemäß Art. 5 Abs. 1 S. 2 GG. Die Grundrechte des Art. 5 Abs. 1 GG finden ihre Schranken allerdings unter anderem in den gesetzlichen Bestimmungen zum Schutze der Jugend, gemäß Art. 5 Abs. 2 GG. Als solche gelten die Bestimmungen des JuSchG und des JMStV[17]. Dabei kommt dem Gesetzgeber eine Einschätzungsprärogative dahingehend zugute, dass er im Bereich des Jugendschutzes tätig werden kann, auch soweit unmittelbare Wirkungszusammenhänge zwischen bestimmten Medieninhalten und dadurch bedingten etwaigen Fehlentwicklungen bei Jugendlichen nicht abschließend geklärt sind[18]. Die Schrankenregelungen sind jedoch ihrerseits im Lichte der grundrechtlichen Freiheiten zu interpretieren und mit diesen in einen angemessenen Ausgleich im Sinne der praktischen Konkordanz zu bringen[19]. Daraus folgt, dass auch für die gesetzlichen Bestimmungen zum Schutze der Jugend der Grundsatz des geringstmöglichen Eingriffs gilt. Maßnahmen des

---

15   Vgl. dazu LIESCHING M., « Medienrecht und Jugendschutz – ein Überblick », in RdJB, 2013, S. 145 ff.

16   Vgl. ERDEMIR M., Kommentierung JMStV, in: SPINDLER G./SCHUSTER F., Recht der elektronischen Medien, 3. Auflage, München, C.H. Beck, 2015, § 1, Rn. 17.

17   Vgl. Grabenwarter C., in: Maunz T./Dürig G., Grundgesetzkommentar, 74. Ergänzungslieferung, München, C. H. Beck, 2015, Art. 5, Rn. 194.

18   Vgl. nur SCHULZ W./Held T., in: HAHN W./VESTING T., Beck'scher Kommentar zum Rundfunkrecht, 3. Auflage, München, C. H. Beck, 2012, § 1 JMStV, Rn. 3.; DEGENHART C., « Verfassungsfragen des Jugendschutzes beim Film », in UFITA, 2. Band, 2009, S. 373.

19   Grundlegend dazu BVerFGE 7, S. 208 ff.; NJW 1958, S. 257 ff.

Jugendschutzes sind damit auf das zur Erreichung des jugendschutzrechtlichen Ziels erforderliche Ausmaß zu beschränken[20]. Weiterhin unterliegen mögliche eingriffsrechtfertigende Jugendschutzbestimmungen dem als sog. Schranken-Schranke ausgestalteten Zensurverbot des Art. 5 Abs. 1 S. 3 GG[21]. Als Zensur in diesem Sinne gilt allerdings nur die Vorzensur; auf bereits veröffentlichte mediale Äußerungen ist das Zensurverbot nach allgemeiner Ansicht nicht anwendbar. Für diese gelten vielmehr die Schrankenregelungen des Art. 5 Abs. 2 GG, welche gegenstandslos würden, wenn das Zensurverbot auch Kontroll- und Repressiv-maßnahmen nach Veröffentlichung des betroffenen Mediums umfasste[22]. Das Verbot der (Vor-)Zensur betrifft die zentralen, in JuSchG und JMStV vorgesehenen Schutzinstrumente in Gestalt von Zugangskontrollen und -beschränkungen, aber auch Alterskennzeichnung und Indizierung nicht, da es sich sämtlich um nachträglich stattfindende Eingriffsmöglichkeiten handelt. Eine Verpflichtung der Anbieter, geplante Medieninhalte vorab den Landesmedienanstalten bzw. der KJM vorzulegen, existiert ebenso wenig, wie generelle Verbreitungsverbote[23].

Die in JMStV[24] und JuSchG[25] vorgesehenen, den Landesmedienanstalten als Aufsichtsmittel zustehenden Zugangskontrollen und –beschränkungen stellen – ebenso wie die Indizierungsmöglichkeit – unbeschadet dessen staatliche Eingriffe in die Informationsfreiheit der Rezipienten einerseits, und die Rundfunkfrei-heit der Rundfunkanbieter andererseits dar. Die Informationsfreiheit des Art. 5 Abs. 1 S. 1 Hs. 2 GG stellt gegenüber der Meinungsbildungsfreiheit das speziellere Grundrecht dar, und gewährleistet es Jedermann, sich aus allgemein zugänglichen Quellen ungehindert zu unterrichten. Geschützt sind die Entgegennahme von Informationen und das aktive Handeln bei der Informationsbeschaffung, ebenso wie die Wahl der Informationsquelle[26]. Wird von Seiten der Landesmedienan-talten bzw. der KJM z. B. die Ausstrahlung bestimmter Fernsehinhalte untersagt, so wird zugleich die Möglichkeit des Rezipienten, sich zukünftig auch weiterhin

20   Vgl. DEGENHART C., « Verfassungsfragen des Jugendschutzes beim Film », in UFITA, 2. Band, 2009, S. 368 f.

21   Vgl. nur Grabenwarter C., in: MAUNZ T./DÜRIG G., Grundgesetzkommentar, 74. Ergänzungs-lieferung, München, C. H. Beck, 2015, Art. 5, Rn. 115; SCHEMMER F., Beck-OK GG, Stand: 1. Juni 2015, Art. 5, Rn. 114.

22   Vgl. nur BVerFGE 33, S. 72; NJW 1972, S. 1934 ff.; Grabenwarter C., in MAUNZ T./DÜRIG G., Grundgesetzkommentar, 74. Ergänzungslieferung, München, C. H. Beck, 2015, Art. 5, Rn. 118; SCHEMMER F., Beck-OK GG, Stand: 1. Juni 2015, Art. 5, Rn. 114.

23   Vgl. DEGENHART C., « Verfassungsfragen des Jugendschutzes beim Film », in UFITA, 2. Band, 2009, S. 366 f.

24   Siehe insbes. §§ 4, 5 JMStV.

25   Siehe insbes. § 18 JuSchG.

26   Vgl. BVerFGE 27, S. 82; NJW 1970, S. 235 ff.; BVerFGE 90, S. 38; NJW 1994, S. 1147 ff.; SCHEMMER F., Beck-OK GG, Stand: 1. Juni 2015, Art. 5, Rn. 29.

über den untersagten Medieninhalt zu informieren, eingeschränkt. Spiegelbildlich dazu beschränken derlei Maßnahmen die Rundfunkfreiheit der Programmanbieter gemäß Art. 5 Abs. 1 S. 2 GG, indem ihre Programmfreiheit insofern beeinflusst wird, als dass sie nicht mehr frei von staatlicher Einflussnahme entscheiden können, auf welche Art und Weise sie ihren publizistischen Auftrag erfüllen möchten[27].

Ob die diesen Maßnahmen zugrundeliegenden Jugendschutzbestimmungen verfassungsgemäß sind, hängt indes von ihrer Verhältnismäßigkeit ab[28]. Bedenken hinsichtlich der Erforderlichkeit und Angemessenheit einzelner Regelungen werden insbesondere im Hinblick auf solche Jugendschutzbestimmungen geäußert, welche Zugangshindernisse sowohl für Jugendliche, als auch – und sei es nur als mittelbare Reflexwirkung – für Erwachsene darstellen[29]. Der JMStV dient nicht allein dem Jugendschutz. Gemäß § 1 JMStV dient er zugleich dem Schutz aller Nutzer vor Angeboten in elektronischen Informations- und Kommunikationsmedien, die die Menschenwürde oder sonstige durch das Strafgesetzbuch geschützte Rechtsgüter verletzen. Intendiert wird über den Jugendschutz hinaus also auch sog. Erwachsenenschutz[30].

§ 4 Abs. 2 S. 2 JMStV gestattet beispielsweise bestimmte, nach § 4 Abs. 2 JMStV unzulässige Medienangebote, wenn von Seiten des Anbieters sichergestellt wird, dass sie nur Erwachsenen zugänglich gemacht werden, sog. geschlossene Benutzergruppen. Als wirksame Altersverifikationssysteme erkennt die Rechtsprechung die persönliche Identifikation mit Altersüberprüfung des Nutzers, z. B. im Rahmen des sog. Postident-Verfahrens, an[31]. Fraglich könnte insofern sein, ob der vor dem Erwerb entsprechender Medien zwingend notwendige persönliche Kontakt mit der für die Altersüberprüfung zuständigen Person ein faktisch wirkendes Zugangshindernis für Erwachsene darstellt, welches für die Gewährleistung wirksamen Jugendschutzes gerade nicht erforderlich ist. Nach dem derzeitigen Stand der Technik ist jedoch für derart potentiell jugendgefährdende Medieninhalte

---

27 Vgl. zum Umfang der Gewährleistung der Rundfunkfreiheit BVerFGE 59, S. 258; NJW 1982, S. 1447 ff.; BVerFGE 90, S. 87; NJW 1994, S. 1942 ff.

28 Vgl. Schulz W./Held T., in: Hahn W./Vesting T., Beck'scher Kommentar zum Rundfunkrecht, 3. Auflage, München, C. H. Beck, 2012, § 1 JMStV, Rn. 35.

29 Vgl. nur Grabenwarter C., in: Maunz T./Dürig G., Grundgesetzkommentar, 74. Ergänzungslieferung, München, C. H. Beck, 2015, Art. 5, Rn. 194; Erdemir M., Kommentierung JMStV, in: Spindler G./Schuster F., Recht der elektronischen Medien, 3. Auflage, München, C. H. Beck, 2015, § 4, Rn. 54; Degenhart C., « Verfassungsfragen des Jugendschutzes beim Film », in UFITA 2009, 2. Band, S. 376 ff.

30 Vgl. Erdemir M., « Kommentierung JMStV », in: Spindler G./Schuster F., Recht der elektronischen Medien, 3. Auflage, München, C. H. Beck, 2015, § 1, Rn. 16; Degenhart C., « Verfassungsfragen des Jugendschutzes beim Film », in UFITA 2009, 2. Band, S. 376.

31 Vgl. nur BVerwGE, Urt. v. 20. Februar 2002, 6 C 13/01; NJW 2002, S. 2966 ff.; OLG Düsseldorf, Urt. v. 24. Mai 2005, 20 U 143/04, MMR 2005, S. 611 ff.

wie sie § 4 Abs. 2 JMStV untersagt (insbesondere pornographische und bereits nach § 18 JuSchG indizierte Medienangebote) kein gleich wirksames und weniger beeinträchtigendes Altersverifikationssystem ersichtlich. Vor diesem Hintergrund dürfte die persönliche Identifikation zur Altersüberprüfung für Erwachsene eine verhältnismäßige Zugangserschwernis – nicht aber ein faktisches Zugangshindernis – darstellen, welches wegen überwiegender, jugendschutzrechtlicher Belange und mangels gleichwertiger Alternativen hinzunehmen ist[32].

VI. Fazit

Jugendmedienschutz begibt sich zwangsläufig in ein Spannungsverhältnis mit den in Art. 5 Abs. 1 GG enthaltenen Kommunikationsgrundrechten von Medienanbietern und –nutzern. Daraus folgen ernst zu nehmende Anforderungen an die verfassungsgemäße Ausgestaltung der gesetzlichen Regelungen. Ein besonderes Augenmerk ist darauf zu legen, dass jugendmedienschutzrechtliche Bestimmungen in die Informationsfreiheit der teilweise mittelbar von ihnen betroffenen Erwachsenen nicht unverhältnismäßig eingreifen und damit Beschränkungen darstellen, die zur Gewährleistung wirksamen Jugendschutzes nicht erforderlich sind. Grundsätzlich ist gegenüber Zugangshindernissen zu problematischen Medieninhalten abgestuften Zugangserschwerniskonzepten der Vorrang einzuräumen. Wann solche ebenso effektiv sind, bemisst sich auch anhand des faktischen Nutzungsverhaltens im Hinblick auf die jeweils betroffene Medienkategorie. Im Bereich der Telemedien, insbesondere des Internets, unterliegt die Prüfung (gleich-)wirksamer aber weniger einschneidender Zugangserschwernisse darüber hinaus in nicht unerheblichem Maße der fortschreitenden Medientechnologie.

Die in der Fernsehsendung „Super Nanny" gezeigten Kinder dürften über die Untersagung einer erneuten Ausstrahlung der Sendung in wenigen Jahren vor allem in menschlicher Hinsicht dankbar sein.

---

32 Vgl. OLG DÜSSELDORF, Urt. v. 24. Mai.2005, 20 U 143/04, MMR 2005, S. 613; BVerwG, Urt. v. 20. Februar 2002, 6 C 13/01; NJW 2002, S. 2966 ff.; GRABENWARTER C., in: MAUNZ T./DÜRIG G., Grundgesetzkommentar, 74. Ergänzungslieferung, München, C. H. Beck, 2015, Art. 5, Rn. 194; zur Verfassungsmäßigkeit des Jugendmedienschutzes beim Film vgl. DEGENHART C., « Verfassungsfragen des Jugendschutzes beim Film », UFITA, 2. Band, 2009, S. 331 ff.

La protection de la jeunesse dans la presse et les médias et la liberté de communication en Allemagne – une vue d'ensemble

Une protection efficace de la jeunesse dans les médias se situe naturellement en conflit avec les droits fondamentaux de communication des fournisseurs et des consommateurs de médias. Les lois et règlements relatifs à la protection de la jeunesse prévoient des contrôles et des limitations d'accès, ainsi que l'identification de l'âge et l'indexation des comportements. La constitutionnalité de ces règles est dépendante de leur proportionnalité. Des conflits peuvent émerger dans la mesure où le droit protégeant la jeunesse empiète en même temps sur la liberté d'information des adultes concernés indirectement. Ces normes peuvent ainsi représenter des limitations non nécessaires pour garantir une protection efficace de la jeunesse, et ce lorsqu'il existe des mesures aussi efficaces mais moins restrictives.

La protección de la juventud en la prensa y los medios de comunicación, y la libertad de comunicación en Alemania – una visión de conjunto

La protección eficaz de la juventud en los medios de comunicación, se sitúa en conflicto con los derechos fundamentales de comunicación de los informantes y de los consumidores de medios de comunicación. Las leyes y los reglamentos, relativos a la protección de la juventud, prevén controles y limitaciones de acceso, así como la identificación de la edad y la indexación de los comportamientos. La constitucionalidad de estas reglas depende de su proporcionalidad. Los conflictos pueden surgir en la medida en que el derecho que protege a la juventud se apoya, al mismo tiempo, en la libertad de información de los adultos que están concernidos indirectamente. Estas reglas podrían representar limitaciones no siempre necesarias para garantizar una protección eficaz de la juventud, aún cuando ya existen medidas tan eficaces como estas reglas, pero menos restrictivas.

Nationale Verfassungskultur und regionale
Wirtschaftsintegration

Culture constitutionnelle et intégration
régionale en matière économique

La cultura constitucional y la integración
regional en materia económica

L'influence du droit de l'Union européenne de la concurrence sur le service public français

Arnaud Sée

Le service public est une mission de la puissance publique qui désigne une prestation de services, fournie dans l'intérêt général et contrôlée par la puissance publique. La notion de service public est une notion centrale du droit administratif français. Elle a contribué à fonder juridiquement la matière : il fut un temps ou cette notion déterminait tout à la fois l'application du droit administratif, mais aussi la compétence du juge administratif. Et si la notion est rentrée en crise au milieu du XXème siècle, accentuant son flou et réduisant son rôle, elle n'en demeure pas moins, encore aujourd'hui, une notion cardinale du droit public.

Or, ce service public « à la française » a été particulièrement bouleversé par le droit de l'Union européenne. Le droit de l'Union Européenne est pour le moins indifférent à la notion de service public. Celle-ci est presque totalement absente des traités, si l'on excepte l'ex-article 73 TCE, devenu 93 TFUE, relatif au service public des transports, dont on a pu se demander « s'il n'était pas un oubli ou une erreur ».[1] Cette absence s'explique certainement par la méfiance du droit de l'Union Européenne à l'égard d'une notion pour le moins ambigüe, polysémique, et largement variable d'un État membre à un autre.

Reste que les règles du droit de l'Union européenne, et précisément celles du droit de la concurrence, ont largement contribué à repenser l'organisation du service public français. On pourrait s'en étonner : les règles de concurrence, qui prohibent les pratiques anticoncurrentielles que sont les ententes[2] et les abus de position dominante[3] sont avant tout des normes à destination des opérateurs économiques, qui ne doivent pas, par leurs pratiques, fausser le jeu de la concurrence sur le marché. Mais le droit de l'Union européenne est indifférent au caractère

---

1   Auby J.-F., « Une directive communautaire sur les services d'intérêt général. État et perspectives », in *RFDA*, No 4, juillet-août, 2006, p. 778.
2   Art. 101 Tfue.
3   Art. 102 Tfue.

public d'un opérateur économique, et tous les opérateurs économiques, mêmes publics, sont soumis à l'ensemble des stipulations du Traité.[4] Les opérateurs gérant une mission de service public sont ainsi appréhendés par les règles de concurrence dès lors qu'ils exercent une « activité économique » au sens du droit de l'Union.

Plus précisément, le droit de l'Union distingue les services d'intérêt économique général (SIEG), soumis au droit du marché, des services d'intérêt général non économiques (SIGNE), exclus de l'application du droit marché. Il en résulte que la notion d'activité économique détermine le champ d'application des règles de concurrence. Or, force est de constater que les institutions de l'Union adoptent une conception extensive de ce que doit être une activité économique, soumettant par la-même une multitude de services publics aux règles de concurrence Pour qualifier une activité, la Cour de justice ne se fonde que sur la nature de l'activité exercée : une activité économique consiste en une activité d'entreprise, c'est-à-dire toute activité qui consiste à offrir des biens et services sur un marché.[5] La CJCE a retenu une vision purement matérielle de la notion d'entreprise, abstraction faite de tout rattachement organique. Le droit de l'Union est ainsi indifférent à l'égard du statut juridique de l'opérateur exerçant une activité économique, et du mode de financement de l'activité ainsi que de l'absence de finalité lucrative.[6] Parallèlement, les institutions de l'UE ont adopté une conception restrictive des SIGNE, c'est-à-dire des services exclus des règles de concurrence – ce que l'on appelle couramment les activités « hors marché ». Ces SIGNE sont définis de manière négative : sont des SIGNE les activités d'intérêt général non qualifiables d'activités économiques. Mais les institutions de l'Union semblent réduire progressivement cette catégorie à une peau de chagrin, pour reprendre l'expression du Professeur Kovar : il s'agit essentiellement de certains services sociaux[7], ainsi que des activités qui révèlent la mise en œuvre de prérogatives de puissance publique[8].

Il convient d'appréhender, dans ces conditions, l'impact des règles de concurrence sur les services publics nationaux. A ce titre, il est important de noter, à titre liminaire, que la soumission de certains services publics aux règles de concurrence n'a aucun impact sur la définition du service public, c'est-à-dire sur son existence même. Le droit de l'Union ne limite pas la compétence des États membres pour définir l'étendue des services d'intérêt général, et garantit donc leur liberté dans la définition des missions d'intérêt général. La formulation de l'art. 106§ 2 l'admet clairement : en soumettant les SIEG aux règles de concurrence, le traité reconnait

---

4　Art. 106 § 2 Tfue.
5　CJCE, *Commission c. Italie*, 16 juin 1987, aff. C-11/85.
6　CJCE, *Höfner et Elser*, 23 avril 1991, aff. C-41/90.
7　CJCE, *Poucet et Pistre*, 17 février 1993, aff. C-159/91.
8　CJCE, *Eurocontrol*, 19 janvier 1994, aff. C-364/92.

implicitement le droit des États membres à mettre en place de tels services. L'art. 36 de la Charte des droits fondamentaux de l'Union européenne stipule ainsi que « *l'Union reconnaît et respecte l'accès aux services d'intérêt économique général tel qu'il est prévu par les législations et pratiques nationales, conformément à la Constitution, afin de promouvoir la cohésion sociale et territoriale de l'Union* ».

C'est en réalité l'organisation du service public qui a été profondément bouleversée par les règles de concurrence du droit de l'Union européenne. En droit de la concurrence, certains modes de gestion, tout comme certains modes de financement des services d'intérêt économique général peuvent apparaître parfois comme des restrictions de concurrence. Ceux-ci ne sont donc admis au regard de l'article 106§ 2 TFUE qu'à la condition d'être nécessaires à l'accomplissement de la mission d'intérêt général de l'opérateur en cause. Le droit de la concurrence de l'Union européenne a donc profondément rénové les modes de gestion des services d'intérêt économique général. Il a conduit à une rénovation tant de la gestion (1) que du financement (2) des services d'intérêt économique général.

I. La rénovation de la gestion des services d'intérêt économique général

1. La liberté du choix du mode de gestion du service d'intérêt économique général

Les pouvoirs publics concernés dans les États membres sont, en principe, libres de décider de fournir eux-mêmes un service d'intérêt général ou de le confier à une autre entité.[9] Cette entité peut être publique ou privée, le droit de l'Union européenne étant indifférent à la propriété publique ou privée des opérateurs économiques.[10] L'externalisation d'un service n'est jamais, sauf disposition spéciale, une obligation pour les personnes publiques.

---

9   CJCE, *Stadt Halle*, 11 janvier 2005, aff. C-26/03.
10   Art. 345 TFUE.

2.   L'encadrement du choix du gestionnaire du service d'intérêt économique général

Pour autant, dès lors qu'elles décident d'externaliser la gestion du service, les collectivités publiques ne sont pas libres du choix du gestionnaire et doivent respecter le droit de la mise en concurrence. Si le service est externalisé, une procédure de mise en concurrence s'imposera si la mission d'intérêt général est dévolue par contrat à un opérateur du marché, que ce contrat soit un marché public ou une délégation de service public.[11] Le recours à un tel contrat est obligatoire, quel que soit le statut juridique de l'opérateur « et alors même qu'elles l'auraient créé ou auraient contribué à sa création ou encore qu'elles en seraient membres, associés ou actionnaires ».[12] Le droit de la commande publique milite en faveur de telles procédures. Les règles fondamentales du Traité, au rang desquelles figurent les principes d'égalité de traitement et de non discrimination, impliquent « une obligation de transparence, qui consiste à garantir, en faveur de tout soumissionnaire potentiel, un degré de publicité adéquat permettant une ouverture des concessions de service à la concurrence ».[13] Il en résulte que l'attribution d'une concession de service public sans mise en concurrence viole les articles 43, 49 TFUE ainsi que les principes d'égalité, de non discrimination et de transparence.

3.   La remise en cause de la gestion du service par le biais d'établissements publics industriels et commerciaux

Plus encore, le droit de l'Union européenne de la concurrence semble prohiber certaines formes de prise en charge du service public. Il est ainsi possible de constater un abandon progressif de la forme de l'établissement public industriel et commercial (EPIC) au profit d'un statut de société anonyme de droit privé. En France, la sociétisation des EPIC opérateurs de service public est aujourd'hui rendue nécessaire par le droit des aides de l'Union européenne.[14] L'EPIC dispose en effet d'avantages constitutifs d'une aide d'État au sens du droit de l'Union euro-

---

11   CJCE, *Teleaustria Verlags GmbH*, 7 décembre 2000, aff. C-324/98.
12   CE, Sect., 6 avril 2007, Commune d'Aix-en-Provence.
13   CJCE, 7 décembre 2000, préc.
14   Art. 107 et s. TFUE.

péenne. Il dispose d'une garantie illimitée : ses biens sont insaisissables[15], et les procédures collectives lui sont inapplicables[16]. La Commission a définitivement condamné la formule en constatant que « cette garantie, qui est illimitée dans sa couverture, dans le temps et dans son montant, constitue une aide d'État ».[17] Le Tribunal de l'Union européenne, suivi en cela par la Cour de justice, ont confirmé cette analyse.[18] Cette remise en cause inquiète : la garantie illimitée dont dispose l'EPIC bénéficie en réalité à toutes les personnes publiques. Est-ce à dire que le juge de l'Union entend remettre en cause la prise en charge directe d'une activité de service public par une personne publique, et donc imposer l'externalisation de ces services ? Cela n'est pas certain, mais mériterait une prise de position de principe de la part du juge de l'Union.

Le droit de la concurrence conduit ainsi à rénover les modes de gestion des services d'intérêt économique général. Il implique en outre un encadrement du financement de ces services.

II.   La rénovation du financement des services d'intérêt économique général

De la même manière que les États membres sont libres de déterminer les missions d'intérêt économique général, ils disposent d'une grande autonomie pour choisir le mode de financement de ces services. En règle générale, et en l'absence d'harmonisation au niveau de l'Union européenne, les États membres peuvent utiliser le mécanisme de financement de leur choix. Ils disposent à ce titre de plusieurs options. L'hypothèse la plus classique, parce que la plus traditionnelle, est celle d'un financement externe par une aide financière directe de l'État ou d'une collectivité publique. Les États membres peuvent aussi mettre en place un financement externe assuré par les opérateurs, comme un fonds de compensation de service public. Un financement interne est aussi envisageable. Ce peut être en premier lieu l'octroi de droits exclusifs ou spéciaux. Ce peut être en second lieu des subventions croisées entre les différentes activités de l'opérateur économique.

---

15   BRGM, Cass. Civ. 1, 21 décembre 1987.
16   Art. L. 620–2. Com.
17   COMMISSION, « Décision du 16 décembre 2003 relative aux aides d'État accordées par la France à EDF et au secteur des industries électriques et gazières », in *Journal officiel de l'Union européenne*, 2005/145/CE, 22 février 2005.
18   CJUE, *Commission c. France*, 3 avril 2014, aff. C-559/12 P.

Mais cette marge d'appréciation des États membres dans la méthode de financement trouve sa limite principale dans la règle selon laquelle ce mécanisme ne peut
fausser la concurrence au sein du marché intérieur. Or, chaque mode de financement peut être restrictif de concurrence. Le droit de la concurrence de l'Union
européenne a profondément modifié ces méthodes de financement. Le droit de
l'Union européenne n'est pas favorable au financement interne des services d'intérêt
économique général. Il encadre fortement le financement externe de ces services.

1.   La remise en cause du financement interne
des services d'intérêt économique général

Le droit de la concurrence de l'Union européenne limite fortement les modes de
financement interne du service public. Le financement interne s'effectue par l'octroi
de droits exclusifs ou spéciaux, dont les profits permettent de financer les surcoûts
du service public. Or « le recours à l'exclusion de la concurrence par l'attribution ou
l'extension de droits exclusifs ne peut être que l'ultima ratio ».[19] Les droits exclusifs
garantissent à leurs bénéficiaires une rente de situation en limitant la concurrence.
De tels droits exclusifs ne peuvent être conférés que s'ils sont strictement nécessaires
à l'accomplissement de la mission d'intérêt général.

Des subventions croisées ne sont pas prohibées pour financer le service public.
La pratique de subventions croisées est historiquement à la base de la péréquation
tarifaire du service public. Elle consiste en un transfert de ressources des activités
concurrentielles rentables en vue de compenser le coût du service public. Le droit
de l'Union européenne admet un tel mode de financement. Il admet même le
maintien d'un secteur réservé pour permettre le financement du service public.
La Cour de justice a ainsi reconnu que l'obligation pour le titulaire d'une mission
d'intérêt général « d'assurer des services dans des conditions d'équilibre économique
présuppose la possibilité d'une compensation entre les secteurs d'activité rentables
et les secteurs moins rentables et justifie, dès lors, une limitation de la concurrence
de la part des entrepreneurs particuliers, au niveau des secteurs économiquement
rentables ».[20] Les seules subventions croisées prohibées sont celles consistant à
financer des activités concurrentielles par des ressources du monopole, si une telle
subvention conduit à des pratiques anticoncurrentielles. C'est hélas souvent le cas.

---

19 KOVAR R., « La Cour de justice et les entreprises chargées de la gestion d'un service d'intérêt
économique général. Un pas dans le bon sens vers une dérégulation réglée », in *Europe*, août-
septembre 1995, chron. no. 6, p. 1.

20 CJCE, *Paul Corbeau*, 19 mai 1993, aff. C-320/91.

2.   L'encadrement du financement externe du service public

Le financement du service public par le biais de ressources externes n'est pas remis en cause dans son principe par le droit de l'Union. Mais les règles de concurrence conduisent à encadrer fortement un tel mode de financement.

Il en va ainsi, tout d'abord, des fonds de compensation de service public, qui permettent un financement externe en partageant équitablement les charges du service entre l'ensemble des concurrents. Le service est financé par des prélèvements sur les opérateurs du secteur, qui alimentent le fonds destiné au prestataire de service public. De tels fonds de péréquation ont été institués dans certains secteurs comme les communications électroniques ou postales, ou encore les transports aériens. Mais les fonds de péréquation sont aujourd'hui contestés. La Commission considère qu'il n'est pas certain qu'un tel modèle soit acceptable pour un marché libéralisé et ouvert à la concurrence. Elle préconise en effet que les coûts sociaux relevant du service universel soient pris en charge par le biais de la fiscalité et non par les acteurs du marché. Le fonds du service public de la production d'électricité a ainsi disparu au profit d'un mode de financement faisant appel aux contributions des usagers.

Le service d'intérêt économique général peut aussi être financé par une compensation de service public versée par la collectivité publique. Les compensations de service public ont la faveur du droit de l'Union européenne, qui en prévoit un encadrement particulier. Un tel financement est longtemps apparu comme suspect au regard du droit de la concurrence de l'Union européenne, en raison de la question de leur validité au regard de la prohibition des aides d'État. La question s'est alors posée de savoir si une contribution qui vise à compenser des obligations de service public mises à la charge du bénéficiaire pouvait s'analyser comme une aide d'État prohibée. La Cour de justice considère aujourd'hui qu'une compensation de service public ne constitue pas une aide. En effet, dans ce cas, la mesure financière ne vient pas alléger les charges normales de l'entreprise, mais compense des charges anormales. La CJUE subordonne toutefois la qualification de compensation de service public à la réunion de quatre conditions cumulatives.[21] L'entreprise bénéficiaire doit en premier lieu avoir effectivement été chargée au préalable de l'exécution d'obligations de service public clairement définies. La compensation doit en deuxième lieu avoir été calculée de façon objective et transparente. En troisième lieu, la compensation ne doit pas dépasser ce qui est nécessaire pour

---

21   CJCE, *Altmark*, 24 juillet 2003, aff. C-280/00.

couvrir le coût de l'exécution du service public. Enfin, si l'entreprise bénéficiaire n'a pas été choisie dans le cadre d'une procédure de marché public, le niveau de la compensation doit être déterminé sur la base d'une analyse des coûts qu'une entreprise « moyenne » aurait encourus. La notion d'entreprise « moyenne » étant pour le moins obscure, cette dernière condition devrait inciter les États membres à choisir les opérateurs de service public dans le cadre d'une procédure de marché public. Si ces quatre conditions sont remplies, la mesure n'est pas constitutive d'une aide et ne doit pas être notifiée. Enfin, même si elle était qualifiable d'aide d'État au sens du Traité, la mesure de financement pourrait être déclarée compatible avec le Traité sur le fondement de l'article 106§ 2 TFUE, qui admet des dérogations aux règles de concurrence pour les services d'intérêt économique général, dans des conditions très strictes.

Au final, si le droit de l'Union européenne n'a pas remis en cause l'existence même du service public français, il a largement contribué à la rénovation de son organisation, conciliant ainsi mission d'intérêt général et règles du marché. Mais le droit de l'Union européenne des services d'intérêt général reste encore à construire.

Auswirkungen des Wettbewerbsrechts der Europäischen Union auf den öffentlichen Dienst in Frankreich

Das Recht der Europäischen Union erfordert ein Umdenken des nationalen öffentlichen Dienstes im Wettbewerbsbereich. Zwar stellt es dessen Existenz nicht in Frage, ändert aber grundlegend dessen Verwaltungs- und Finanzierungsstrukturen.

La influencia del derecho de la Unión Europea de la competencia sobre el servicio público francés

El derecho de la Unión Europea impone repensar al servicio público nacional en un contexto de competencia. Si no se desafía su existencia, entonces se deberían modificar en profundidad sus modos de gestión y su financiamiento.

¿Cómo fortalecer el sistema de defensa de la competencia de la Comunidad Andina?

Pierino Stucchi López Raygada

I. Introducción

Esta ponencia tiene el propósito de presentar reflexiones preliminares[1] sobre el fortalecimiento del sistema de defensa de la competencia de la Comunidad Andina, concentrándonos fundamentalmente en sus aspectos sustantivos.

Esta ponencia asume como premisa que la aplicación de normas de defensa de la competencia en los espacios regionales de integración resultan de la mayor utilidad para evitar que se afecte la competencia efectiva y, en consecuencia, el interés y bienestar de los ciudadanos en su dimensión de consumidores. Asimismo, la aplicación de dichas normas tiene por efecto evitar la afectación de los objetivos propios de los procesos de integración regionales, tal como muestra la experiencia europea.

II. La Comunidad Andina y su espacio económico integrado

La Comunidad Andina administra un sistema regional de integración conformado por Bolivia, Colombia, Ecuador y Perú como Estados miembros plenos; y, tiene la condición de sujeto de derecho internacional en su calidad de organización internacional. Cada uno de sus Estados miembros participa también en el sistema multilateral del comercio como Miembro de la OMC.

---

[1] Se trata de reflexiones preliminares pues esta materia es objeto de investigación en el marco de la preparación de la tesis de doctorado del ponente, actualmente en curso, en la Universidad de la Coruña, España.

En la actualidad, la Comunidad Andina administra un área de libre comercio que abarca mercancías[2] y servicios;[3] y, que, con ciertas exclusiones, configura un espacio económico integrado donde concurren agentes económicos que realizan actividad empresarial de dimensión comunitaria.

En materia de circulación de capitales aún se requiere fortalecer las disciplinas comunitarias para lograr un irrestricto trato nacional y una liberación de mayor profundidad en este ámbito. En relación con la circulación de personas, en la Comunidad Andina existen valiosos avances vinculados a los fines turísticos y también al ámbito laboral. Existen instrumentos normativos comunitarios que, entre otros, afianzan la libre movilidad de los trabajadores andinos con sus familias, quedando pendientes aún caminos por recorrer dirigidos a asegurar con amplitud el derecho a la libre circulación y al establecimiento de personas.

Desde su establecimiento en 1969, este proceso de integración ha superado diferentes dificultades, encontrándose actualmente en una fase de reingeniería que debiera actualizar sus objetivos y su esquema institucional, ante un contexto mundial que muestra mayor dinámica en el comercio y las inversiones.[4] En el momento actual, la Comunidad Andina tiene la oportunidad de consolidar un espacio económico integrado, con políticas y regulación comunes no solamente en el ámbito del comercio de mercancías y la materia aduanera, sino también en lo concerniente a la libre circulación de servicios, capitales y personas, así como en materia de defensa de la competencia y protección de la propiedad intelectual, entre otras capaces de fortalecer este espacio como un escenario de concurrencia empresarial donde prevalezca la competencia efectiva.

---

2   La Decisión N° 414 emitida por la Comisión fue el instrumento jurídico comunitario que estableció un programa de liberación especial para Perú, que logró su plena convergencia en el área de libre comercio andina en diciembre de 2005, sumándose al programa de liberación arancelaria cumplido en 1993 entre Bolivia, Colombia, Ecuador y Venezuela, esta última hoy retirada de la Comunidad Andina. Cf. SALMÓN E., *Evolución institucional de la Comunidad Andina: perspectivas y problemas,* Derecho Comunitario Andino, Lima, Pontificia Universidad Católica del Perú, 2003, p. 27.

3   Las medidas restrictivas en el ámbito de la circulación de servicios fueron desactivadas a finales del año 2006, estableciéndose en la Comunidad Andina, en lo esencial, un área de libre comercio de servicios de alcance parcial pues solamente se encuentra conformada por los territorios de Colombia, Ecuador y Perú, debido a que en el caso de Bolivia esta apertura aún no se ha producido. Cf. Decisiones No. 659 y 772.

4   La Decisión No. 792 emitida el 19 de septiembre de 2013 por el Consejo Andino de Ministros de Relaciones Exteriores en forma ampliada con la Comisión dispuso la conformación de un Grupo de Alto Nivel con el mandato de revisar el marco institucional, el acervo jurídico comunitario y el sistema de solución de controversias de la Comunidad Andina, ello con el propósito de implementar su reingeniería, adecuando el proceso de integración a las nuevas realidades y retos del contexto internacional (artículos 1 y 2).

III. El Derecho comunitario andino y la defensa de la competencia

El nivel primario o constitucional del Derecho comunitario andino se encuentra conformado por los tratados que han celebrado los Estados miembros de la Comunidad Andina, mediante los cuales han establecido los objetivos de su proceso de integración y su finalidad. El principal tratado que conforma este nivel es el Acuerdo de Cartagena. Desde su artículo 93° se indica que corresponde a la Comisión de la Comunidad Andina adoptar «las normas indispensables para prevenir o corregir las prácticas que puedan distorsionar la competencia dentro de la Subregión [...]» y que «[c]orresponderá a la Secretaría General velar por la aplicación de dichas normas en los casos particulares que se denuncien». Ello implica, con claridad, una habilitación comunitaria primaria para establecer y aplicar normas secundarias (o derivadas), en materia de defensa de la competencia, en el espacio económico integrado administrado por la Comunidad Andina.

En uso de esta habilitación conferida, en el año 2005, la Comisión de la Comunidad Andina emite la Decisión N° 608, que establece las Normas para la Protección y Promoción de la Libre Competencia en la Comunidad Andina, gozando estas de *preeminencia, aplicación directa* y *efecto directo*[5] en los territorios bajo jurisdicción de los Estados miembros, salvo en lo que su propio contenido indique lo contrario, lo cual fue inspirado evidentemente en el recorrido del acervo comunitario europeo.

Esta Decisión determina como su objetivo «[l]a protección y promoción de la libre competencia en el ámbito de la Comunidad Andina, buscando la eficiencia en los mercados y el bienestar de los consumidores»[6]. Desde su ámbito de aplicación objetivo y territorial, esta Decisión se dirige sobre conductas que implican colusiones anticompetitivas; o, abusos de una posición de dominio desarrollados en: i) «[e]l territorio de uno o más Países Miembros y cuyos efectos reales se produzcan

---

5   Con razón se ha dicho que la *aplicabilidad directa* se encuentra « situada en el plano de recepción de la normas » para su aplicación en el territorio de los Estados miembros; mientras que la *eficacia directa* se encuentra « situada en el plano de producción de sus efectos ». Cita textual tomada de: QUINDIMIL J., *Instituciones y Derecho de la Comunidad Andina,* Barcelona, Tirant lo Blanch, 2006, p. 291.

6   Cita textual del artículo 2° de la Decisión N° 608 de la Comunidad Andina. Se ha dicho sobre esta disposición en sede comunitaria andina que « se observa que el artículo 2 de la Decisión 608 tiene un contenido preceptivo en cuanto a la determinación del objetivo de esta Decisión, indicando que ésta protege y promueve la libre competencia con la finalidad de procurar la eficiencia en los mercados y el bienestar de los consumidores » (Dictamen SGCA No. 03-2009 Ponce Villacís).

en uno o más Países Miembros, excepto cuando el origen y el efecto se produzcan en un único país»; y, ii) «[e]l territorio de un país no miembro de la Comunidad Andina y cuyos efectos reales se produzcan en dos o más Países Miembros»[7] (lo que implica una concreción de la *teoría de los efectos*). En los demás casos, fuera de este ámbito de aplicación, conforme al mandato de la propia Decisión N° 608, corresponde la aplicación de las legislaciones de los respectivos Estados miembros bajo la competencia de sus autoridades nacionales[8].

En este sentido, las normas para la defensa de la competencia de la Comunidad Andina expresan básicamente un mecanismo de intervención de *control de conductas* de los agentes económicos, conforme se detalla en el siguiente cuadro:

Cuadro: Conductas prohibidas y sancionables por las normas de defensa de la competencia de la Comunidad Andina

LISTADO DE CONDUCTAS QUE SE PRESUMEN RESTRICTIVAS DE LA COMPETENCIA
Decisión N° 608

Conductas colusorias (*) (artículo 7°)	**Abuso de posición de dominio (**) (artículo 8°)**
a) Acuerdos que tengan el propósito o efecto de fijar directa o indirectamente precios u otras condiciones de comercialización.	a) Fijación de precios predatorios.
b) Acuerdos que tengan el propósito o efecto de restringir la oferta o demanda de bienes o servicios.	b) Fijación, imposición o establecimiento injustificado de la distribución exclusiva de bienes o servicios.

---

7   Cita textual tomada del artículo 5° de la Decisión No. 608. Esta distribución de competencia responde a la lógica del *principio de subsidiariedad* desarrollado en el sistema comunitario europeo y decantado también para el sistema comunitario andino, que deja en nivel nacional el tratamiento de casos en los que implementar una solución en este nivel es más eficiente. El *principio de subsidiariedad* postula que solamente se otorgará competencia a los órganos de nivel comunitario si su acción es una acción más eficiente que la acción a nivel nacional, a cargo de cada Estado miembro. Se reconoce para el caso de la integración europea que « la Comunidad no debe actuar más que cuando un objetivo pueda conseguirse en mejores condiciones en el plano comunitario que en el de los Estados miembros […] [ello] está doblemente condicionado por una insuficiencia de la acción estatal y por una mayor eficacia a nivel de la Comunidad » (contenido de corchetes añadido). Cita textual tomada de: ISAAC G., *Manual de Derecho Comunitario General,* 3. ed., Barcelona, Ariel, 1995, p. 57.

8   En este punto, a manera de referencia, cabe señalar que el sistema federal de Estados Unidos (de Norteamérica) prevé, como ámbito de aplicación de las normas de fuente federal, en los casos en que se pueda restringir el comercio entre los estados que conforman el sistema federal, una determinación similar a la que se ha descrito para el sistema comunitario andino. Cf. AREEDA P./KAPLOW L., *Antitrust Analysis,* New York, Aspen Law & Business, 1997, p. 136–137.

c) Acuerdos que tengan el propósito o efecto de repartir el mercado de bienes o servicios.

d) Acuerdos que tengan el propósito o efecto de impedir o dificultar el acceso o permanencia de competidores actuales o potenciales en el mercado.

e) Acuerdos que tengan el propósito o efecto de establecer, concertar o coordinar posturas, abstenciones o resultados en licitaciones, concursos o subastas públicas.

c) Subordinación de la celebración de contratos a la aceptación de prestaciones suplementarias que, por su naturaleza o arreglo al uso comercial, no guarden relación con el objeto de tales contratos.

d) Adopción de condiciones desiguales con relación a terceros contratantes de situación análoga, en el caso de prestaciones u operaciones equivalentes, colocándolos en desventaja competitiva.

e) Negativa injustificada a satisfacer demandas de compra o adquisición, o a aceptar ofertas de venta o prestación de productos o servicios.

f) Incitación a terceros a no aceptar la entrega de bienes o la prestación de servicios; a impedir su prestación o adquisición; o, a no vender materias primas o insumos, o prestar servicios, a otros.

g) Conductas que impidan o dificulten el acceso o permanencia de competidores actuales o potenciales en el mercado por razones diferentes a la eficiencia económica.

(*) La Decisión N° 608, en su artículo 1°, señala textualmente que Acuerdo es «todo contrato, convenio, arreglo, combinación, decisión, recomendación, coordinación, concertación u otros de efectos equivalentes realizados entre agentes económicos o entidades que los agrupen». Esta consideración incluiría, materialmente, el mismo alcance objetivo del artículo 101° del Tratado de Funcionamiento de la Unión Europea que se refiere a «acuerdos entre empresas, las decisiones de asociaciones de empresas y las prácticas concertadas».
Asimismo, en su artículo 7°, señala que se excluyen de las conductas prohibidas los acuerdos intergubernamentales de carácter multilateral.

(**) La Decisión N° 608, en su artículo 9°, señala textualmente que: «[s]e entenderá que uno o más agentes económicos tienen posición de dominio en el mercado relevante, cuando tengan la posibilidad de restringir, afectar o distorsionar, en forma sustancial, las condiciones de la oferta o demanda en dicho mercado, sin que los demás agentes económicos competidores o no, potenciales o reales, o los consumidores puedan, en ese momento o en un futuro inmediato, contrarrestar dicha posibilidad.

Fuente: Decisión N° 608 de la Comunidad Andina

Elaboración propia, presentada en: STUCCHI P., «La integración económica en la Comunidad Andina y su Sistema de Protección y Promoción de la Libre Competencia: Aspectos institucionales y procesales», in *Revista de la Competencia y la Propiedad Intelectual*, n° 2, Instituto Nacional de Defensa de la Competencia y de la Protección de la Propiedad Intelectual (INDECOPI), Lima, 2006, p. 71–101.

Cabe anotar que la Secretaría General de la Comunidad Andina, que es el órgano ejecutivo de la organización internacional, tiene a su cargo la sustanciación del proceso correctivo y sancionador que activa el mecanismo de *control de conductas*; y, la emisión del acto administrativo que decide sobre el caso concreto. Por su parte, el Comité Andino de Defensa de la Libre Competencia (en adelante, el Comité), que es el órgano conformado por un representante de cada autoridad nacional en materia de defensa de la competencia de cada uno de los Estados miembros de la Comunidad Andina, antes de la decisión sobre el caso, emite un informe técnico no vinculante en el que determina su apreciación sobre el mismo, presentando conclusiones y recomendaciones a la Secretaría General antes de la emisión de su acto decisorio.

Además del mecanismo de *control de conductas* antes detallado, la Decisión N° 608 tiene un capítulo específicamente dedicado a la promoción de la competencia que, entre otros, establece:

«CAPÍTULO V

PROMOCIÓN DE LA COMPETENCIA

Artículo 36.- En la adopción y aplicación de las políticas y medidas regulatorias de mercado, los Países Miembros no impedirán, entorpecerán ni distorsionarán la competencia en el mercado subregional. El Comité podrá elevar recomendaciones tendientes a eliminar, cuando corresponda, estos trámites y requisitos para promover el ejercicio de la libertad económica y la competencia.

(…).»

Esta disposición establece que el Comité se encuentra habilitado a emitir recomendaciones tendientes a eliminar lo que se entiende como *barreras burocráticas* que, por ser contrarias a principios de razonabilidad, de proporcionalidad o de simplificación administrativa; o, contrarias a normas imperativas, sean capaces de afectar la libertad económica en el espacio económico integrado y, en consecuencia, la competencia efectiva. Esta función encomendada al Comité desarrolla propiamente lo que se entiende por *abogacía* o *promoción de la competencia*.

IV.   El déficit de aplicación

Lo esperable con la vigencia de la Decisión N° 608, expedida en el año 2005, era que su contenido se fuera enriqueciendo conforme se fuera interpretando y aplicando por los órganos comunitarios. Ello considerando que la riqueza de los casos concretos y su resolución particular desarrolla y nutre la interpretación de los temas sustantivos y procesales en la defensa de la competencia, tal como lo muestra la experiencia europea con su nutrida y orientadora jurisprudencia.

Sin embargo, la Decisión N° 608 no ha tenido aplicación sobre conductas de empresas, lo cual revela que las normas de defensa de la competencia en la Comunidad Andina tienen un notorio déficit de aplicación. Los únicos casos en los que se ha evaluado la aplicación la Decisión N° 608 han resultado declarados improcedentes -en el ámbito de la vía de la acción de *incumplimiento*- y se referían a cuestionamientos sobre conductas de Estados miembros y no de empresas[9].

---

9   Al respecto, consultar:
   i) Reclamo formulado en junio de 2006 por empresas dedicadas a la producción y exportación de flores contra Colombia, entre otros, por posible incumplimiento del artículo 36° de la Decisión N° 608, que establece que « [e]n la adopción y aplicación de las políticas y medidas regulatorias de mercado, los Países Miembros no impedirán, entorpecerán ni distorsionarán la competencia en el mercado subregional. » Las empresas reclamantes alegaron que el incumplimiento de Colombia se manifestaba en la aplicación, discriminatoria e injustificada, del *Programa de Incentivo a la Cobertura Cambiaria* y del *Programa de Incentivo Sanitario para Flores*, establecidos por normas de fuente nacional y que beneficiaban a unos productores de flores colombianos y a otros no. La Secretaría General dictaminó que no consideraba correspondiente emitir pronunciamiento sobre el fondo del caso, en atención a que no quedó acreditado que la aplicación de tales programas de incentivos fueran capaces de impedir, entorpecer o distorsionar la competencia en el mercado Subregional andino. Así, este órgano comunitario señaló que las empresas reclamantes no presentaron prueba alguna sobre cómo dichos programas de incentivos tenían efecto en otro Estado miembro de la Comunidad Andina, conforme lo exige el ámbito de aplicación de la Decisión N° 608, en su artículo 5°, literal a) (Dictamen SGCA N° 01-2007 Tucán Flowers y otros).
   ii) Reclamo formulado en septiembre de 2008 por el señor Ponce Villacís contra Ecuador, entre otros, por posible incumplimiento de la Decisión N° 616 y de la Decisión 608, alegando que Ecuador había omitido la obligación de designar a la autoridad nacional encargada de dar cumplimiento a la Decisión N° 608; y, en consecuencia, había imposibilitado la ejecución de las normas de defensa de la competencia que esta contiene. La Secretaría General dictaminó, en cuestión previa, que no consideraba correspondiente emitir pronunciamiento sobre el fondo del caso, en atención a que no quedaba acreditado que el reclamante fuera titular de un derecho subjetivo que se encontrara afectado por causa del supuesto incumplimiento de las señaladas Decisiones, lo que constituye un requisito de procedencia establecido por el artículo 25° del Tratado de Creación del Tribunal de Justicia de la Comunidad Andina en la vía de la acción de *incumplimiento* (Dictamen SGCA N° 03-2009 Ponce Villacís).

En consecuencia, aun cuando ha sido ampliamente entendido que la dación de la Decisión N° 608 constituyó, en sí misma, un progreso en la defensa de la competencia en el espacio económico integrado andino[10], su falta de aplicación a conductas de empresas y su inaplicación al fondo de las conductas desarrolladas por Estados miembros podrían resultar poco alentadoras.

V. Reflexiones sobre el fortalecimiento del sistema de defensa de la competencia de la Comunidad Andina

Considerando lo antes señalado, desde el ámbito académico, como contribución con los esfuerzos dirigidos a fortalecer el proceso de integración andino, en lo concerniente a las normas de defensa de la competencia, es propicio formular las siguientes reflexiones:

1. Resulta conveniente evaluar si es necesario complementar el actual sistema de defensa de la competencia de la Comunidad Andina, que básicamente cuenta con un mecanismo de *control de conductas*; o, si es necesario aligerarlo, en sintonía con los objetivos del proceso de integración andino que resulten de la reingeniería actualmente en curso. A manera de referencia, es de observar que en la experiencia europea, dados sus profundos objetivos de integración, además del mecanismo mencionado existen un mecanismo del *control de estructuras* y un *régimen comunitario de ayudas públicas* otorgadas por los Estados miembros, con el fin de asegurar la competencia efectiva en su espacio económico integrado.

2. Resulta conveniente promover la institucionalización efectiva de una *Red Andina de Autoridades de Competencia* estrechamente vinculada al Comité Andino de Defensa de la Libre Competencia, que genere sinergias y esfuerzos complementarios para fortalecer la difusión y la aplicación de las normas de defensa de la competencia en la Comunidad Andina.

3. Resulta necesario afianzar una cultura de competencia y de atención sobre los intereses del consumidor en todo el espacio económico integrado

---

En esta referencia no se incluye el caso tramitado para la aplicación de las prohibiciones establecidas por la Decisión N° 285 (predecesora de la Decisión N° 608), iniciado por denuncia de Confederación Nacional de Palmicultores y Empresas de Palma Aceitera del Perú.

10 Cf. ORGANIZACIÓN DE COOPERACIÓN Y DESARROLLO ECONÓMICOS (OECD), *Derecho y Política de Competencia en Colombia – Examen inter-pares*, París, 2009, p. 68.

andino, de modo que se consolide el entendimiento de los ciudadanos andinos y de la sociedad en su conjunto acerca de la estrecha vinculación de estas normas con su bienestar. Ello podría estimular que, desde la sociedad civil, se formulen solicitudes de investigación que activen el motor de la jurisprudencia comunitaria en materia de defensa de la competencia.

4. Resulta conveniente evaluar la necesidad de construir una política de competencia integral que active la eliminación de *barreras burocráticas* capaces de afectar la libertad económica en el espacio económico integrado; y, que pueda evaluar la eliminación progresiva de determinadas medidas de defensa comercial al interior de la Comunidad Andina, en particular de determinadas medidas de salvaguardia que pudieran ser capaces de afectar la competencia efectiva en el mercado comunitario.

Wie kann die Wettbewerbspolitik der Andengemeinschaft gestärkt werden?

Die Andengemeinschaft verwaltet eine Freihandelszone, die Waren und Dienstleistungen umfasst, und integriert auf diese Weise den wirtschaftlichen Bereich des Kapital- und Personenverkehrs. In diesem Integrationsprozess existiert ein System zum Schutz des Wettbewerbs, das durch die Entscheidung N°608 bestimmt wird. Diese etabliert Normen zum Schutz und zur Förderung des freien Wettbewerbes. Der vorliegende Beitrag analysiert ihren Kontext und ihre grundlegenden Elemente, um auf dieser Grundlage Thesen zu formulieren, die zur Stärkung des Systems beitragen sollen. Dabei geht es insbesondere um die Evaluierung der Reichweite der Mechanismen zum Schutz des Wettbewerbes, die Förderung effektiver Gemeinschaftsinstitutionen, die Stärkung einer Wettbewerbskultur, die Beachtung des Verbraucherschutzes sowie die Notwendigkeit der Schaffung einer integrierten Wettbewerbspolitik.

Comment renforcer le système de défense de la concurrence de la Communauté andine ?

La Communauté andine administre une aire de commerce libre qui comprend les marchandises et les services, en configurant un espace économique intégré qui inclut des règles sur la circulation des capitaux et des personnes. Dans ce processus d'intégration existe un système de défense de la concurrence déterminé par la Décision n° 608, qui établit les normes pour la protection et la promotion de la libre concurrence. Cette communication analyse le contexte et les éléments essentiels de ces normes. Ainsi, elle formule des réflexions académiques destinées à renforcer ledit système autour de l'opportunité d'évaluer la portée de ses mécanismes, à promouvoir une institutionnalisation commune effective, à garantir une culture de concurrence et d'attention aux intérêts du consommateur, et à évaluer la nécessité de construire une politique de concurrence intégrée.

Nachhaltige Beschaffung als Herausforderung für das öffentliche Beschaffungswesen in Deutschland

Luise Seifert

I. Nachhaltige Beschaffung als Sekundärzweck der öffentlichen Beschaffung

Der schonende Umgang mit natürlichen Ressourcen wird in der öffentlichen Debatte typischerweise als neue Herausforderung der globalen Gesellschaft begriffen. Doch bereits im Jahre 1713 wurde vom sächsischen Oberberghauptmann Johann Carl von Carlowitz der Begriff der Nachhaltigkeit geprägt. Der aus dem Forstwesen stammende Terminus beabsichtigte eine dauerhafte Ertragssicherung von Holz durch entsprechende Erzeugung und Nutzung.[1] Etwa 250 Jahre später wurde in der Rio-Erklärung der Vereinten Nationen über Umwelt und Entwicklung Nachhaltigkeit zu einem der Leitbilder des 21. Jahrhunderts erklärt.[2] Die Agenda 21 der Rio-Konferenz sieht in nicht-nachhaltigen Konsumgewohnheiten eine wesentliche Ursache für Armut und Umweltzerstörung.[3] Dabei versteht sie insbesondere Regierungen als wesentliche Konsumenten mit Vorbildfunktion.[4]

Will die öffentliche Hand Güter oder Dienstleistungen zur ordnungsgemäßen Erfüllung ihrer Aufgaben beschaffen, dem Primärzweck der öffentlichen Beschaffung, sind heute Erwägungen zur Nachhaltigkeit nicht mehr wegzudenken. Dies führt soweit, dass jene Aspekte bewusst in die einzelnen Stufen des Bes-

---

1   Von Carlowitz H., *Sylvicultura*, Remagen, Kessel Verlag, 2013, S. 105 f.

2   Siehe Art. 1 Rio-Erklärung über Umwelt und Entwicklung, 12. August 1992, Bericht der Konferenz der Vereinten Nationen für Umwelt und Entwicklung, A/Conf.151/26/Rev.1, Vol. I, Annex I, S. 3.

3   UN, Agenda 21, Konferenz der Vereinten Nationen für Umwelt und Entwicklung, Kapitel 4.3., http://www.un.org/Depts/german/conf/agenda21/agenda_21.pdf, zuletzt aufgerufen am 09. November 2014.

4   Id., Kapitel 4.23.

chaffungsprozesses integriert werden und somit die politische Steuerungsfunktion, die nicht zuletzt auf die hohen Auftragssummen zurückzuführen ist, für eine nachhaltige Wirtschaft zunutze gemacht wird. Man spricht in diesem Zusammenhang von der Verfolgung von Sekundärzwecken.

Nachhaltigkeit, einer der prominentesten Sekundärzwecke, weist dabei neben der wirtschaftlichen und umweltschonenden auch eine soziale Dimension auf. So können auch arbeitspolitische Maßnahmen oder etwa Menschenrechtsschutz Berücksichtigung finden. Demzufolge beinhaltet nachhaltige weit mehr als nur grüne Beschaffung. Die drei Säulen Ökonomie, Ökologie und Soziales stehen in der Konzeption der Nachhaltigkeit gleichberechtigt nebeneinander.[5]

Die Aufnahme offenbar sachfremder Anforderungen zieht Kritik nach sich. Nachhaltiger Beschaffung wird vorgeworfen, versteckten Protektionismus zu betreiben und diskriminierendes Handeln zu fördern.[6] Dies kann geschehen, indem die beschaffende Einrichtung von vorne herein bestimmte Bieter ausschließt und derartige Kriterien aufstellt, die nur ein bestimmter Bieter erfüllen kann.[7] Infolge dieser Komplexität und dem hohen Grad an Bürokratisierung schrecken öffentliche Auftraggeber oftmals davor zurück, umwelt- oder sozialbezogene Bedingungen aufzustellen.[8] Die Einforderung nachhaltiger Produkt- und Produktionsbedingungen im Betrieb des Bieters kann ungeachtet dessen einen positiven Effekt ausüben und für Private Anreize setzen, zugunsten von Gemeinwohlzielen ihr Angebot anzupassen. Der aus den Ausschreibungen resultierende Wettbewerb führt dazu, dass nachhaltige Produkte wirtschaftlicher werden.[9] Nachhaltige Beschaffung muss demzufolge für die Verfolgung des Hauptzweckes der Beschaffung nicht schädlich sein, sondern steht in enger Verbindung mit der Erfüllung öffentlicher Aufgaben. Der früher in der Rechtswissenschaft anzutreffende Begriff der vergabefremden Zwecke scheint vor diesem Hintergrund auf den ersten Blick überholt.[10] Die Übergänge sind fließend. Wenn die Auftragsvergabe dazu instrumentalisiert wird, politische Ziele zu verfolgen, muss dies längst nicht

---

5   Siehe etwa: MENZEL H.-J., « Das Konzept der « nachhaltigen Entwicklung – Herausforderung an Rechtsetzung und Rechtsanwendung », in ZRP, Heft 5, 2001, S. 223.

6   BURGI M., « Secondary Considerations in Public Procurement in Germany », in: CARANTA R./TRYBUS M., The Law of Green and Social Procurement in Europe, Kopenhagen, Djøf Verlag, 2010, S. 111.

7   ZIEKOW J., Die Berücksichtigung sozialer Aspekte bei der Vergabe öffentlicher Aufträge, Köln, Carl Heymanns Verlag, 2007, S. 2.

8   HEYNE K., « Die Verfolgung von Umweltschutzzielen im öffentlichen Beschaffungswesen », in ZUR, Heft 12, 2011, S. 585.

9   BURGI M., Fn. 6, S. 110.

10 PIETZCKER J., Der Staatsauftrag als Instrument des Verwaltungshandelns, Tübingen, Mohr Siebeck, 1978, S. 121.

unvernünftig, sachfremd oder gar aus verfassungsrechtlicher Sicht rechtswidrig sein.[11]

II. Nachhaltige Beschaffung und Grundgesetz

1. Grundrechtsbindung des öffentlichen Auftragsgebers

Bevor man sich der Frage zuwenden kann, ob und in welchem Umfang das deutsche Grundgesetz Nachhaltigkeitserwägungen im Beschaffungsprozess gestattet, muss der öffentliche Auftraggeber überhaupt an das Verfassungsrecht gebunden sein. Der Staat nimmt im Rahmen der öffentlichen Beschaffung eine Doppelrolle ein. Er tritt zunächst vorrangig als Käufer auf. Dabei schließt er in den meisten Fällen privatrechtliche Verträge. Gleichzeitig nimmt der Staat die Rolle des Regulierers mit beachtlicher Nachfragemacht ein, die ihm ein politisch effektives und einflussreiches Kontrollinstrument in die Hand gibt.[12] Während die öffentlich-rechtlichen Bindungen früher nur für das Verwaltungsprivatrecht, das heißt der Erledigung von Verwaltungsaufgaben in privatrechtlicher Form, bejaht wurden, steht spätestens seit dem Fraport-Urteil des Bundesverfassungsgerichtes aus dem Jahr 2011 fest, dass der Staat selbst bei fiskalischem Handeln an Grundrechte gebunden ist.[13] Auch wenn der Staat bei der Auftragsvergabe dem Einzelnen nicht mit Befehl und Zwang gegenüber tritt, darf dies nicht mit einer materiellen Gleichordnung verwechselt werden, die ihm einer Grundrechtsbindung entziehen könnte.[14]

---

11 KÜHLING J., « Rechtliche Grenzen der « Ökologisierung » des öffentlichen Beschaffungswesens », in *VerwArch*, Band 95, 2004, S. 339.

12 BURGI M., Fn. 6, S. 110.

13 BVERFG, Urteil v. 22. Februar 2011, 1 BvR 699/06; BVERFGE 128, S. 244.

14 KNAUFF M., « Das System des Vergaberechts zwischen Verfassungs-, Wirtschafts- und Haushaltsrecht », in *Vergaberecht*, 2008, S. 316.

2.   Verfassungsrechtliche Grundlagen der öffentlichen Beschaffung

Der Einkauf von Waren und Dienstleistungen wird mit Haushaltsmitteln finanziert. Dementsprechend unterliegt die Beschaffung den Regeln des Haushaltsrechts, welches wiederum von den Grundsätzen der Wirtschaftlichkeit und Sparsamkeit bestimmt wird.[15] Sie finden ihren verfassungsrechtlichen Rückhalt in der Verpflichtung zur Haushaltsdisziplin und der Beachtung des gesamtwirtschaftlichen Gleichgewichtes.[16] Der Staat als Träger öffentlicher Aufgaben darf als Inhaber dieser staatlichen Kompetenz die ihm anvertrauten Mittel nicht nach Belieben ausgeben. Solche Gemeinwohlüberlegungen schließen aber nicht aus, dass der Staat in diesen Grenzen auch andere Ziele verfolgen darf bzw. eventuell sogar muss. Anknüpfend an den Keynesianismus wurde schon bei der Grundgesetzreform 1969 die öffentliche Auftragsvergabe als Instrument für Konjunkturpolitik gebilligt. Die Vorstellung, der beschaffende Staat müsse aus verfassungsrechtlicher Sicht wegen Wirtschaftlichkeitserwägungen die Beschaffung grundsätzlich von Politikzielen freihalten, lässt sich dem Grundgesetz nicht entnehmen.[17]

Daher können sich Beschränkungen eher aus den Grundrechten ergeben. Die Teilnahme am Wettbewerb fällt zumindest im Oberschwellenbereich in den Schutzbereich der Berufsfreiheit.[18] Ein Grundrechtseingriff ist jedoch bei der Ablehnung eines Angebotes als ungezielten Reflex der Auswahlentscheidung regelmäßig zu vereinen. Anders gestaltet sich die Lage nur, wenn eine staatliche Wettbewerbsverzerrung vorliegt, z. B. in Form einer Vergabesperre aktueller oder potenzieller Bieter.[19] Daneben ist der öffentliche Auftraggeber bei der Ausgestaltung des Vergabeverfahrens sowie bei der Auswahl der Bieter an den allgemeinen Gleichheitssatz des Grundgesetztes gebunden, da von ihm Verteilungsentscheidungen getroffen werden.[20] Dieser enthält ein Recht auf Chancengleichheit im Wettbewerb.[21] Doch selbst wenn ein Eingriff in Grundrechte vorliegt, kann die-

---

15   POLLMANN T., *Der verfassungsrechtliche Gleichbehandlungsgrundsatz im öffentlichen Vergaberecht*, Berlin, Duncker & Humbolt, 2009, S. 43.

16   Art. 109 Abs. 2, 4 GG; Art. 114 Abs. 2 S. 1 GG; näher hierzu SCHMIDT J., « Verfassungsrechtliche Bezüge », in: MÜLLER-WREDE M., *Kompendium des Vergaberechts*, 2. Auflage, Köln, Bundesanzeiger Verlag, 2013, S. 128.

17   PIETZCKER J., *Die Zweiteilung des Vergaberechts*, Baden-Baden, Nomos Verlagsgesellschaft, 2001, S. 38.

18   Art. 12 Abs. 1 GG.

19   SCHMIDT J., Fn. 16, S. 133.

20   Art. 3 Abs. 1 GG; ANTWEILER C., in: DREHER M./MOTZKE G., *Beck'scher Vergaberechtskommentar*, 2. Auflage, München, C. H. Beck, 2013, VOB/A § 6 Rn. 15.

21   HERMES G., « Gleichheit durch Verfahren bei der staatlichen Auftragsvergabe », in *JZ*, Heft 19, 1997, S. 909 ff.

ser gerechtfertigt sein. Findet man also Ansatzpunkte in der Verfassung, die eine nachhaltige Beschaffung ermöglichen, könnten im Wege einer Abwägung etwaige Bedenken ausgeräumt werden.

3.   Ansatzpunkte für nachhaltige Beschaffung

a)   Umweltschutz als Staatszielbestimmung

Die deutsche Verfassung erhebt seit 1994 in Art. 20a GG Umweltschutz zur Staatszielbestimmung. Somit ist auch die Verwaltung als vollziehende Gewalt bei der öffentlichen Auftragsvergabe dem Umweltschutzprinzip verpflichtet. Den Vergabestellen kommt jedoch kein Mandat zur „verfassungsunmittelbaren Umweltschutzpolitik" zu.[22] Sie sind an Vorrang (und Vorbehalt) des Gesetzes gebunden, die der umweltfreundlichen Beschaffung im Rahmen der „verfassungsgemäßen Ordnung" Grenzen setzen. In diesem Sinne ist die Staatszielbestimmung als Optimierungsgebot zu verstehen, das die Herausforderung einer Ausbalancierung des ökologischen Staatsziels mit anderen verfassungsrechtlich geschützten, gleichrangigen Positionen in sich birgt.[23] Auch wenn sich somit zwar verfassungsrechtlich keine generelle Pflicht zur ökologischen Beschaffung herleiten lässt, ist diese dennoch erwünscht. Umweltfreundliche Produkte zu bevorzugen, scheint im Kontext potentieller Grundrechtsverletzungen auch nicht unverhältnismäßig zu sein, jedenfalls dann nicht, wenn die ökologischen Kriterien wirtschaftlich sinnvoll sind, das heißt bei der Auftragsvergabe der gesamte Lebenszyklus einen Produktes berücksichtigt wird und das Gut somit zwar höhere Anschaffungskosten, jedoch langfristig geringere Energiekosten verursacht. Die dadurch entstehende Ungleichbehandlung ist somit im Hinblick auf ökonomische Erwägungen auch nicht willkürlich. Vor diesem Hintergrund sind Umweltschutzaspekte nicht per se vergabefremd, sondern müssen in allen Phasen der öffentlichen Auftragsvergabe zumindest in Erwägung gezogen werden.

---

22 SCHOLZ R., in: MAUNZ T./DÜRIG G., *Grundgesetzkommentar*, 70. Ergänzungslieferung, München, C. H. Beck, 2013, Art. 20a GG, Rn. 46.

23 SCHULTZE-FIELITZ H., in: DREIER H., *Grundgesetz-Kommentar*, 2. Auflage, Tübingen, Mohr Siebeck, 2006, Art. 20a GG, Rn. 23, 52.

b)   Sozialpolitische Maßnahmen zur
      Verwirklichung des Sozialstaatsprinzips

Ansatzpunkte für die Einbeziehung von sozialpolitisch relevanten Kriterien in
der öffentlichen Auftragsvergabe ergeben sich aus dem Sozialstaatsprinzip, welches in Art. 20 Abs. 1 und Art. 28 Abs. 1 S. 1 GG verankert ist, dem Einzelnen
aber keine subjektiven Rechte einräumt.[24] Mit der inhaltlichen Auslegung wird
von der Rechtsprechung besonders restriktiv umgegangen,[25] was für die praktischen Möglichkeiten zur nachhaltigen Beschaffung nicht ohne Folgen bleibt. In
Bezug auf die Beschaffung löst sich der Widerspruch zwischen wirtschaftlichen
Überlegungen und Nachhaltigkeit im Bereich der Sozialpolitik nämlich nicht
vergleichsweise einfach wie beim Umweltschutz auf, weil soziale Überlegungen
oftmals keinen unmittelbaren positiven Einfluss auf den ökonomischen Nutzen
der öffentlichen Beschaffung nach sich ziehen. Dem Wirtschaftlichkeitsmotiv
kann daher weniger stark entsprochen werden.

4.   Konsequenzen für die Vergabepraxis

Aus verfassungsrechtlicher Perspektive erscheint die Integration nachhaltiger
Sekundärzwecke in den Beschaffungsprozess in verschiedener Intensität möglich.
Der deutsche Gesetzgeber trägt diesem Umstand im Kartellvergaberecht Rechnung, in dem an den Auftragnehmer zusätzliche Anforderungen gestellt werden
können, die „insbesondere soziale, umweltbezogene oder innovative Aspekte betreffen, die im sachlichen Zusammenhang mit dem Auftragsgegenstand stehen und
sich aus der Leistungsbeschreibung ergeben".[26] Nachhaltigkeit und somit das der
Instrumentalisierung innewohnende Eingriffspotenzial in Grundrechtspositionen
wurde durch den parlamentarischen Gesetzgeber demokratisch und rechtstaatlich
fundiert.[27] So ist sie heute zum festen Bestandteil des deutschen Vergaberechts
geworden. Insbesondere dürfte es in Bezug auf Umweltaspekte immer weniger

---

24   JARASS H., in: JARASS H./PIEROTH B., *Grundgesetz-Kommentar*, 12. Auflage, München, C. H.
     Beck, Art. 20 GG, Rn. 111.
25   Näher hierzu: HERZOG R./GRZESZICK B., in: MAUNZ T./DÜRIG G., *Grundgesetzkommentar*,
     70. Ergänzungslieferung, München, C. H. Beck, 2013, Art. 20 GG, Rn. 18 ff.
26   § 97 Abs. 4 S. 2 GWB.
27   DÖRR O., « Verfassungsrechtliche Grundlagen des Vergaberechtsschutzes », in *WiVerw*, Heft 4,
     2007, S. 213.

Sachverhalte geben, in denen ein sachlicher Zusammenhang, dessen Erforder-
nis als praktischer Ausdruck der Abwägung zwischen dem Umweltschutz als
Staatszielbestimmung und den ökonomischen Grundüberlegungen der Verfassung
verstanden werden kann, nicht herzustellen ist.

Soziale Kriterien haben im Gegensatz zu ökologischen keinen direkten Bezug
zum Gut oder der Dienstleistung. Aufgrund dieser fehlenden Verbindung ist
ihre Integration in die Leistungsbeschreibung weitaus schwieriger.[28] Will die
öffentliche Hand jedoch darauf hinwirken, dass etwa die Kernarbeitsnormen
der Internationalen Arbeiterorganisation (ILO) zum Verbot der Kinder- oder
Zwangsarbeit[29] eingehalten werden, kann auf eine Bestimmung abgestellt werden,
welche die Vergabe von Aufträgen nur an gesetzestreue Unternehmen erlaubt.[30]
Denn völkerrechtliche Verträge, zu denen die ILO-Konventionen zählen, nehmen den Status von Bundesgesetzen ein, an die sich alle in der Bundesrepublik
Deutschland agierenden Unternehmen zu halten haben.[31] Somit muss, auch
wenn die autonome Ausgestaltung der Vertragsbeziehungen zu Arbeitnehmern
oder zu Subunternehmern begrenzt wird, ein Grundrechtseingriff, der sich auf
die im Rahmen der Berufsfreiheit gewährleistete Vertragsfreiheit stützt, vor dem
Hintergrund des Gesetzesvorbehaltes verneint werden.[32] Daneben ist es aber auch
möglich zu verlangen, dass beispielsweise bei der Pflasterung öffentlicher Plätze
mit importierten Steinen im Herkunftsland von Zulieferern die ILO-Kernarbeits-
normen eingehalten wurden. Dann zeigt sich nämlich der geforderte sachliche
Nexus zum Auftragsgegenstand. Sieht die Verwaltung also von pauschalisierenden
Vorgaben ab, wird selbst die Durchsetzung von Menschenrechten im Rahmen der
öffentlichen Auftragsvergabe möglich.

Die Zurückhaltung in der Verfassung in Bezug auf soziale Aspekte findet folglich nur auf den ersten Blick ihre Fortsetzung in den einfachgesetzlichen Regelungen. Transparente Vergabeverfahren spielen bei der nachhaltigen Beschaffung
eine besonders wichtige Rolle. Davon abgesehen bleibt dem Auftraggeber, sei es
im Rahmen der Eignung, technischer Spezifikationen, dem Zuschlag oder zusätz-

---

28 Fn. 6, S. 124.
29 Näher hierzu: http://www.ilo.org/berlin/arbeits-und-standards/kernarbeitsnormen/lang--de/
index.htm, zuletzt aufgerufen am 09. November 2014.
30 § 97 Abs. 4 S. 1 GWB.
31 Art. 59 Abs. 2 GG; BT, « Entwurf eines Gesetzes zur Modernisierung des Vergaberechts », in
BT-Drucks. 16/10117, 13.08.2008, S. 16.
32 ZIEKOW J., « Faires Beschaffungswesen in Kommunen und Kernarbeitsnormen », Material
Nr. 24, ENGAGEMENT GLOBAL gGmbH, http://www.service-eine-welt.de/images/text_mate-
rial-3531.img, zuletzt aufgerufen am 09. November 2014, S. 27.

lichen Ausführungsbedingungen, in den genannten Grenzen viel Raum für die
Verfolgung nachhaltiger Sekundärzwecke.[33]

5. Rolle der wirtschaftliche Integration in Europa für nachhaltige Beschaffung

Die Förderung nachhaltiger Beschaffung in der Bundesrepublik Deutschland
findet ihren Ursprung in der Europäischen Integration. Die Verwirklichung eines
Binnenmarktes hat nicht nur eine privatwirtschaftliche Dimension, sondern tan-
giert auch das Verhalten der nationalen Verwaltungen bei der Auftragsvergabe.
Im Gegensatz zur deutschen Verfassung schreibt das Europarecht nicht direkt ein
weises Haushalten mit öffentlichen Geldern vor, da dies selbst nicht zur Schaffung
des Binnenmarktes beiträgt. In den Zielen der EU wird vielmehr explizit eine
nachhaltige Entwicklung Europas angestrebt, u. a. ein hohes Maß an Umweltschutz. Diese Ausrichtung findet ihre Fortsetzung in der Querschnittsklausel des
Art. 11 AEUV, wonach umweltpolitische Prinzipien in sämtlichen Politikbereichen
der Union beachtet werden sollen, und hat mit Art. 37 selbst Eingang in die Europäische Grundrechtecharta gefunden. Bei den wirtschafts- und umweltbezogenen
Unionszielen und Rechtsgrundsätzen handelt es sich um gleichrangige Bestand-
teile des Primärrechts, so dass der wirtschaftsverfassungsrechtlichen Festlegung
auf eine offene Marktwirtschaft mit freiem Wettbewerb und dem Umweltschutz
in gleicher Weise Rechnung zu tragen ist.[34]

Die Beachtungspflicht statuiert jedoch wiederum keine Verpflichtung zur
umweltfreundlichen Auftragsvergabe.[35] Die Möglichkeit zur Verfolgung von
nachhaltigen – auch sozialpolitischen – Sekundärzwecken, wurde dennoch wesentlich durch die Rechtsprechung des EuGH vorangetrieben und sekundärrechtlich
zuletzt erst durch die Reform des europäischen Vergaberechts im Februar 2014 weiter präzisiert.[36] Während die neue Vergabe-Richtlinie viele fakultative Vorgaben
enthält, setzt sich jedoch der Trend auf europäischer Ebene fort, einige verbindliche
Vorgaben aufzustellen. So müssen Bieter, die rechtskräftig wegen Kinderarbeit

---

33 BRACKMANN R., « Nachhaltige Beschaffung in der Vergabepraxis », in *Vergaberecht*, 2014, S. 312 f.

34 BUNGENBERG M., *Vergaberecht im Wettbewerb der Systeme*, Tübingen, Mohr Siebeck, 2007, S. 276.

35 HEYNE K., « Die Verfolgung von Umweltschutzzielen im öffentlichen Beschaffungswesen », in *ZUR*, Heft 12, 2011, S. 584.

36 Richtlinie 2014/24/EU des EUROPÄISCHEN PARLAMENTES und des RATES vom 26. Februar 2014, L 94/65.

oder Menschenhandel verurteilt wurden, vom Vergabeverfahren ausgeschlossen werden.[37] Künftig dürfen auch bestimmte Umweltgütezeichen ausdrücklich verlangt werden, was zu einer erheblichen Vereinfachung und Aufwandsreduzierung führt.[38] Vor allem im Umweltbereich bestehen schon seit längerem zwingende Vorgaben. Beispielhaft sei hier eine Richtlinie genannt, welche die Anschaffung von sauberen und energieeffizienten Straßenfahrzeugen vorschreibt.[39] Die reformierte Vergabe-Richtlinie führt vor allem zu einer höheren Rechtssicherheit und Klarheit, in dem sie Lücken schließt, die auf nationaler Ebene schon lange ausgefüllt sind. Konkreter rechtlicher Handlungsbedarf für den deutschen Gesetzgeber zur Umsetzung der Richtlinien, vor allem in Bezug auf umweltpolitische Ziele ist nicht ersichtlich. Hieran zeigt sich, dass die europäische Initiative zur Ökologisierung der Beschaffung derart das Bewusstsein in den Mitgliedstaaten schärfen kann, dass diese sogar zum Vorreiter werden und über die zwingend umzusetzenden Vorgaben des Unionsrechtes hinausgehen. Abgesehen vom Bieterausschluss halten aber weder das nationale noch das europäische Recht, verbindliche Instrumente für soziale Beschaffung bereit. Auch die neueren Entscheidungen des EuGH zeigen die Grenzen der Mitgliedstaaten vor dem Hintergrund der Grundfreiheiten für soziale Aspekte auf.[40] Hingegen ist die Jurisprudenz für den Unterschwellenbereich weitaus progressiver.[41] Die Herausforderung auf europäischer Ebene liegt derzeit vor allem darin, beide Bereiche einander anzunähern.

6.   Fazit

Eine ähnliche Kampagne, wie sie die EU für den Umweltschutz initiierte, könnte gleichsam als Motor für die Stärkung der sozialen Säule in den Mitgliedstaaten dienen. Dennoch sind die Mitgliedstaaten in der supranationalen Organisation keine „norm taker", sondern können selbst im Rahmen der Kompetenzen in rechtlicher und tatsächlicher Hinsicht Fortschritte initiieren. Damit der private

---

37 Art. 57 Abs. 1 lit. f. der Richtlinie.

38 UMWELTBUNDESAMT, *Neue EU-Richtlinien für das Vergaberecht beschlossen*, April 2014, S. 3, http://www.umweltbundesamt.de/sites/default/files/medien/376/publikationen/sonstiges_vergaberecht_komplett_25_4_2014_neu.pdf, zuletzt aufgerufen am 09. November 2014.

39 Richtlinie 2009/33/EG des EUROPÄISCHEN PARLAMENTES und des RATES vom 15. Mai 2009, L120/5.

40 EUGH, Rüffert, Urt. v. 03. April 2008, Rs. C-346/06.

41 Näher hierzu HERMANN A., *Rechtsgutachten Umweltfreundliche öffentliche Beschaffung im Auftrag des Umweltbundesamtes*, 35/2012, S. 71 ff., http://www.umweltbundesamt.de/sites/default/files/medien/461/publikationen/4314.pdf, zuletzt aufgerufen am 09. November 2014.

Bieter zudem nicht vermeintlich willkürlichen Interessen des Staates ausgesetzt wird, erscheint eine weitere Konturierung des Vergaberechts durch den parlamentarischen Gesetzgeber, besonders für sozialpolitische Zwecke, wünschenswert. Das deutsche Grundgesetz bietet hierfür mehr als eine „lockere Rahmenordnung".[42] Die drei Säulen der Nachhaltigkeit – Ökonomie, Ökologie und Soziales –finden sich in ihr wieder und erlauben so unter bestimmten Voraussetzungen eine nachhaltige Gestaltung der öffentlichen Beschaffung. Im Kern bleibt die Betrachtung nichtsdestotrotz eine wirtschaftliche. Daran ändert auch das Unionsrecht nichts, welches für das Vergaberecht keine klare Präferenz für Wirtschaftlichkeit ausspricht. So bleibt es bis dato zu großen Teilen eine Frage des politischen Willens der Verwaltung, inwieweit die Beschaffung nachhaltig gestaltet wird. Nachhaltige Beschaffung erweist sich in diesem vielschichtigen Spannungsfeld nicht nur als Herausforderung, sondern vor allem als noch nicht völlig ausgeschöpfte Chance, um Gemeinwohlinteressen zu verfolgen.

L'approvisionnement durable, un défi pour les marchés publics en Allemagne

La passation des marchés publics se fonde traditionnellement sur des considérations économiques. C'est seulement récemment que l'Administration s'est vue reconnaître dans ce cadre la possibilité de poursuivre aussi des objectifs écologiques et sociopolitiques. Dans ce contexte apparait un conflit. D'un côté des considérations économiques, et de l'autre côté l'utilisation de motivations n'ayant pas de rapports directs avec les buts classiques de la passation des marchés publics. Ces contradictions se retrouvent dans le droit constitutionnel allemand et ne restent pas sans conséquences pour la passation de ces marchés. En poursuivant l'objectif central d'assurer un approvisionnement durable, essentiel dans l'intégration économique au sein de l'Union Européenne, le législateur et l'exécutif sont appelés à mettre en cohérence ces deux aspects.

El abastecimiento sostenible, un desafío para los mercados públicos en Alemania

La contratación de los mercados públicos se basa tradicionalmente en consideraciones económicas. Sin embargo, en estos últimos tiempos, se ha admitido que la Administración tenga la posibilidad de perseguir también objetivos ecológicos y sociopolíticos

---

42   SCHMIDT J., Fn. 16, S. 128.

dentro de este marco, y es en este contexto donde aparece el conflicto. Por un lado, se encuentran las consideraciones económicas, y por el otro, el uso de una motivación que carece de relación directa con los fines de la contratación de los mercados públicos. Estas contradicciones se hayan en el derecho constitucional alemán y provocan consecuencias en la contratación de estos mercados. Con el objetivo central de asegurar un abastecimiento sostenible, esencial en la integración económica en el seno de la Unión Europea, el legislador y el ejecutivo están llamados a coordinar de manera coherente estos dos aspectos.

„Mega-Regionals"
Risiken und Chancen transregionaler
Freihandelsabkommen

Thilo Rensmann*

I.   Einleitung

Deutschland, Frankreich und Peru befinden sich gegenwärtig im Zentrum einer Entwicklung, die möglicherweise zu einem tiefgreifenden Wandel im internationalen Wirtschaftsrecht führen wird. Die Europäische Union verhandelt seit 2013 mit den Vereinigten Staaten von Amerika über den Abschluss einer Transatlantischen Handels- und Investitionspartnerschaft (Transatlantic Trade and Investment Partnership, TTIP). Peru ist einer von insgesamt zwölf Staaten der Pazifikregion, die eine Transpazifische Partnerschaft (Transpacific Partnership, TPP) aushandeln, ein Prozess, an dem neben Peru auch globale wirtschaftliche Schwergewichte, wie die USA, Kanada und Japan beteiligt sind.

Beide Abkommen entsprechen auf den ersten Blick dem Typus traditioneller Freihandelsabkommen. Ihnen kommt aber im Hinblick auf das erfasste Handels- und Investitionsvolumen, die Bandbreite der normierten Handels- und Investitionsthemen sowie die Tiefe der wirtschaftlichen Integration eine völlig neue Qualität zu. Aufgrund dieser Besonderheiten ist es gerechtfertigt, die TTIP und die TPP auch terminologisch von anderen Freihandelsabkommen abzuheben. Der neue wirtschaftlich, thematisch und im Hinblick auf die Integrationstiefe weit ausgreifende Regelungsgehalt dieser Abkommen wird treffend mit dem Begriff der „Mega-Regional Trade Agreements" oder kurz: „Mega-Regionals" eingefangen.[1]

---

*   Vortrag, den der Verfasser am 3.9.2014 an der ESAN in Lima gehalten hat. Die Vortragsform wurde beibehalten und nur um wenige Fußnoten ergänzt. Ich danke Herrn Christopher Frey für wertvolle Unterstützung.

1   Siehe etwa WORLD ECONOMIC FORUM/GLOBAL AGENDA COUNCIL ON TRADE & FOREIGN DIRECT INVESTMENT, *Mega-Regional Trade Agreements – Game-Changers or Costly Distractions for the World Trading System* (2014), abrufbar unter http://www.weforum.org/reports.

Der vorliegende Beitrag möchte der Frage nachgehen, welche Auswirkungen die TTIP und die TPP – den erfolgreichen Abschluss der Vertragsverhandlungen und das Inkrafttreten beider Abkommen unterstellt – auf das globale Wirtschaftssystem haben werden. Dabei lassen sich im gegenwärtigen wissenschaftlichen und politischen Diskurs zwei Ebenen unterscheiden:

–   Auf struktureller Ebene geht es um die Wechselwirkungen von Mega-Regionals mit dem multilateralen Handelssystem, insbesondere mit der Welthandelsorganisation (WTO).[2]
–   Die materielle Ebene betrifft hingegen primär die Legitimität und Fairness des Verhandlungsprozesses und der in den Abkommen vorgesehenen Regelungen.[3]

II.   Sinn und Zweck von Mega-Regionals

Bevor diese beiden Aspekte im Folgenden näher beleuchtet werden, soll – gleichsam als Vorüberlegung – ein kurzer Blick auf die Frage geworfen werden, welche politische Motivation hinter dem gegenwärtigen Bemühen steht, große transregionale Handelsbündnisse zu schmieden.[4]

Es liegt auf der Hand, dass es zunächst wirtschaftliche Erwägungen sind, die den Impetus für die Aushandlung transatlantischer und transpazifischer Handels- und Investitionspartnerschaften bildet. Der mit den Abkommen erstrebte weitere Abbau von tarifären und nicht-tarifären Handelshemmnissen zwischen wirtschaftsstarken Handelspartnern verheißt die Freisetzung von größeren Handels- und Investitionsströmen. Mega-Regionals werden in diesem Sinne als Wachstumspakete angepriesen, die zudem den Charme haben, dass sie den Steuerzahler praktisch nichts kosten.

Dies wirft sogleich die Frage auf, warum man für solche Verhandlungen nicht das eigens zu diesem Zweck geschaffene multilaterale Forum, die WTO nutzt. Der Grund ist zunächst einfach: Die multilateralen Verhandlungen über die Rückführung von Zöllen und den Abbau von nicht-tarifären Handelshemm-

---

2   Siehe unten III.
3   Siehe unten IV.
4   Vgl. hierzu Schwab S./Bhatia K., « Why Mega-Regionals? », in: World Economic Council (Fn. 1), S. 18–20.

nissen sind seit Jahren blockiert. Die sogenannte Doha-Entwicklungsrunde[5] ist lange nicht vorangekommen, obwohl die Verhandlungsagenda nicht so ambitioniert ist, wie diejenige der Mega-Regionals. Das 2013 ausgehandelte „Bali-Paket"[6] markiert zwar einen ersten Hoffnungsschimmer, dass die Blockade der Doha-Entwicklungsrunde durchbrochen ist.[7] Es bedarf aber noch enormer Anstrengungen, um die Handelsliberalisierung im Rahmen der WTO nachhaltig voranzutreiben.[8]

Mega-Regionals bilden vor diesem Hintergrund also einerseits den Versuch eines Kreises von „gleichgesinnten" Staaten, sich vom multilateralen Verhandlungsprozess zu emanzipieren, um bereits früher in den Genuss der wirtschaftlichen Vorteile einer weiteren Handelsliberalisierung zu kommen. Andererseits bleiben die TTIP und die TPP aber zugleich in dem Sinne auf die WTO bezogen, als sich die beteiligten Staaten als die "Avant-garde" der Handelsliberalisierung verstehen und auf diese Weise versuchen, die künftigen multilateralen Liberalisierungsrunden zu beeinflussen und zu steuern.

III.   Auswirkungen der Mega-Regionals auf das multilaterale Handelssystem

Die Auswirkungen, die das Inkrafttreten der TTIP und der TPP auf die WTO und das multilaterale Handelssystem haben würde, werden im gegenwärtigen Diskurs unterschiedlich eingeschätzt.[9] Eine Denkschule ist der Auffassung, dass die WTO eine kleinere „Avant-garde" – eine „Coalition of the Willing" – benötigt, die bei der Handelsliberalisierung voranschreitet und damit die festgefahrene Doha-Entwicklungsrunde loseist. Aus dieser Perspektive stellen sich Mega-Regionals also schließlich auch in den Dienst des multilateralen Handelssystems.

---

5   Siehe zum gegenwärtigen Stand etwa BELLMANN C., « The Bali Agreement: Implications for Development and the WTO », *International Development Policy, Graduate Institute Geneva, 2014*, abrufbar unter http://poldev.revues.org/1744#toc01n5:

6   Bali Ministerial Declaration, WT/MIN(13)/DEC, 7. Dezember 2013.

7   BELLMANN C. (Fn. 5).

8   Azevêdo R., *Rede vor der Konferenz Afrikanischer Handelsminister aus Anlass des 20. Jahrestages der Gründung der WTO*, 8. 4. 2015, abrufbar unter https://www.wto.org/english/news_e/spra_e/spra53_e.htm.

9   Siehe zu den unterschiedlichen Positionen etwa die Beiträge in WORLD ECONOMIC COUNCIL (Fn. 19) sowie MORIN C./NOVOTNA T./PONJAERT F./TELO M., *The Politics of Transatlantic Trade Negotiations: Globalisation, Europe, Multilateralism* (2015).

Andere Beobachter befürchten hingegen, dass die WTO durch die „exklusiven Freihandelsclubs" der Mega-Regionals marginalisiert wird. Sie bezweifeln, dass die TTIP und die TPP positive katalytische Wirkungen auf das multilaterale Handelssystem ausüben werden und beklagen daher, dass die Mehrheit der Staatengemeinschaft (ca. 160 Staaten und 80 Prozent der Weltbevölkerung)[10] nicht an den Vorteilen des durch die Mega-Regionals ausgelösten Liberalisierungsschubs teilhaben wird.

Aus rechtlicher Perspektive kann man zunächst feststellen, dass das WTO-Recht selbst das positive Potential von regionalen Freihandelsabkommen für die weltweite Handelsliberalisierung ausdrücklich anerkennt. So heißt es in Art. XXIV:4 GATT: „Die Vertragsparteien erkennen an, dass es wünschenswert ist, durch freiwillige Vereinbarungen zur Förderung der wirtschaftlichen Integration der teilnehmenden Länder eine größere Freiheit des Handels herbeizuführen." Eine ähnliche Vorschrift findet sich in Art. V GATS. Die WTO hat ihren Mitgliedern also von Beginn an eine „Carte Blanche" für die regionale Handelsliberalisierung erteilt. Von dieser Ermächtigung haben die WTO-Staaten großzügig Gebrauch gemacht: Bis dato sind der WTO gut 450 Regionale Handelsabkommen notifiziert worden, von denen mehr als 260 heute noch in Kraft sind.[11] Der Regionalismus ist somit längst zu einem festen Bestandteil des Welthandelssystems geworden. Der im GATT und im GATS als Ausnahme konzipierte Regionalismus ist faktisch längst zur Regel erstarkt.[12]

Auch aus historischer Perspektive sind Liberalisierungsfortschritte auf multilateraler Ebene stets durch Integrationsschritte kleinerer Staatengruppen vorbereitet worden.[13] So kann man die seit dem 19. Jahrhundert abgeschlossenen bilateralen Freihandelsverträge als Vorboten des GATT 47 begreifen. Im gleichen Sinne folgte dem „GATT à la carte" der Tokyo-Runde das „Single Undertaking" des WTO-Übereinkommens von 1994. Extrapoliert man dieses Muster, so könnte es durchaus sein, dass die gegenwärtige Welle des „Trans-" oder „Mega-Regionalismus" schließlich wiederum zum Wegbereiter einer entsprechenden Fortentwicklung des multilateralen Handelssystems wird. In diese Richtung weist die These, dass der mit dem „Bali-Übereinkommen" 2013 erzielte Durchbruch auf WTO-Ebene,

10   Vgl. GONZÁLEZ A., « Introduction », in: WORLD ECONOMIC COUNCIL (Fn. 1), S. 11.
11   Vgl. WORLD TRADE ORGANIZATION, Regional Trade Agreements Gateway (Stand: 7.4.2015), abrufbar unter https://www.wto.org/english/tratop_e/region_e/region_e.htm.
12   VAN DEN BOSSCHE P./ZDOUC W., The Law and Policy of the World Trade Organization (3. Aufl. 2013), S. 317 f., 648 ff.
13   Vgl. zum Folgenden LEAL-ARCAS R., « The Fragmentation of International Trade Law: Is Now the Time for Variable Geometry? », in Journal of World Investment and Trade, 2011, S. 145.

nicht zuletzt auf den Konkurrenzdruck zurückzuführen ist, den die TTIP- und TPP-Verhandlungen auf das multilaterale Handelssystem ausüben.[14]

Die Befürchtung, dass das Welthandelssystem in Zukunft durch die Mega-Regionals marginalisiert werden könnte, ist auch deshalb nicht überzeugend, weil die WTO nach wie vor das einzige Forum bildet, in dem alle großen wirtschaftlichen und politischen Mächte repräsentiert sind. Allerdings darf diese Feststellung die WTO nicht dazu veranlassen, selbstgefällig zu werden. Die WTO wird ihre eigene Rolle angesichts des Entstehens großer transregionaler Freihandelsblöcke überdenken müssen. Die Herausforderung für die WTO besteht darin, die multilaterale Kontrolle über den Prozess der Regionalisierung zurückzugewinnen.[15]

Ein denkbarer Ansatz würde in der Aufgabe des „Single-Undertaking"-Grundsatzes liegen.[16] WTO-Mitglieder könnten dann innerhalb des multilateralen Rahmens der WTO „plurinationale" Abkommen schließen. Damit würde wieder mehr „Regionalismus" innerhalb der WTO möglich. Als einen ersten Schritt in diese Richtung, wenn auch auf informeller Ebene, kann man die „Green Goods Initiative" der EU und 13 weiterer WTO-Mitglieder begreifen, die diese Anfang 2014 auf dem Weltwirtschaftsgipfel in Davos ins Leben gerufen haben.[17] Als Reaktion auf die ins Stocken geratenen Verhandlungen über Umweltgüter und -dienstleistungen (Environmental Goods and Services, EGS) im Rahmen der Doha-Runde haben sich zunächst die APEC Staaten im Jahre 2012 darauf verständigt, bis 2015 den Zolltarif für 54 „grüne" Produkte zu senken.[18] Nunmehr wollen die EU und 13 weitere WTO-Mitglieder diese Initiative aufgreifen und untereinander ein entsprechendes Abkommen aushandeln. In ihrer Davos-Erklärung betonen die Teilnehmer der „Green Goods Initiative", dass ihr Vorstoß fest in den multilateralen Rahmen der WTO eingebunden ist. Eingedenk der Tatsache, dass der Verhandlungsprozess für alle WTO-Mitglieder offen sei und der Meistbegünstigungsgrundsatz uneingeschränkt Anwendung finde, leiste die „Green Goods Initiative" einen wichtigen Beitrag zur Stärkung des multilateralen Handelssystems.[19]

---

14   McGee B., *TTIP and TPP: The Catalyst for the WTO's Deal in Bali?*, Atlantic Council, 11.12.2013, abrufbar unter http://www.atlanticcouncil.org/blogs/ttipaction/ttip-and-tpp-the-catalyst-for-the-wto-s-deal-in-bali.

15   Lawrence R., « Faciliatiing the Relationship between Mega-regionals and the Multilateral Trading System », in: World Economic Council (Fn. 1), S. 42 ff.

16   Lawrence (Fn. 19), S. 43 f.; Leal-Arcas (Fn. 13), S. 194.

17   Joint Statement Regarding Trade in Environmental Goods, Davos, 20.1.2014, abrufbar unter http://trade.ec.europa.eu/doclib/docs/2014/january/tradoc_152095.pdf.

18   APEC Leaders' Declaration, Annex C, Wladiwostok, 8./9.9.2012, abrufbar unter http://www.apec.org/Meeting-Papers/Leaders-Declarations/2012/2012_aelm/2012_aelm_annexC.aspx.

19   Joint Statement Regarding the Launch of the Environmental Goods Agreement Negotiations, Geneva, 8.7.2014, abrufbar unter http://eeas.europa.eu/delegations/wto/documents/press_corner/final_joint_statement_green_goods_8_july_2014.pdf.

Der Generaldirektor der WTO hat in diesem Sinne die Initiative ausdrücklich begrüßt.[20]

Neben die Integration des Regionalismus in das multilaterale System muss die verstärkte Koordination regionaler Handelsabkommen durch die WTO treten. Als Art. XXIV GATT – die „Grundnorm" für das Verhältnis des multilateralen Handelssystems zum „Regionalismus" – ausgearbeitet worden ist, war das gegenwärtige Problem der Überlagerung der Welthandelsordnung durch ein komplexes Netzwerk von regionalen Freihandelsabkommen noch nicht absehbar.[21] Die Mitglieder der WTO haben daher die Ergänzung und Verbesserung der bestehenden Regeln über regionale Handelsabkommen auf die Tagesordnung der Doha Entwicklungsrunde gesetzt. Einen ersten Erfolg dieses Bemühens bildet der „Transparency Mechanism for Regional Trade Agreements", der einen Beitrag zur Entwirrung der „Spaghetti Bowl" – des komplexen Knäuels regionaler Handelsregelungen – leisten soll.[22] Über die Schaffung von Transparenz hinaus bedarf es aber auch echter Koordinationsmaßnahmen auf multilateraler Ebene. Dies gilt nicht nur für die materiellen Regelungen, sondern auch für den Bereich der Streitschlichtung, in dem ansonsten komplexe Jurisdiktionskonflikte zwischen multilateralen und regionalen Systemen zu befürchten sind.[23]

IV. Legitimität und Fairness von Mega-Regionals

Die zweite Ebene, auf der gegenwärtig die Diskussion über die TTIP und die TPP geführt wird, betrifft die Legitimität und Fairness von Mega-Regionals. Dabei handelt es sich nicht nur inhaltlich um eine andere Debatte, sie spielt sich auch in anderen Foren ab als die Diskussion über das Verhältnis von Multilateralismus und Regionalismus im Welthandelssystem. Die TTIP und die TPP sind Gegenstand eines breiten öffentlichen Diskurses in Deutschland, Frankreich und in zunehmendem Maße auch in Peru geworden. Freihandelsabkommen, die früher nur von

---

20 WTO Press Release, *Azevêdo welcomes launch of plurilateral negotiations*, 8. 7. 2014, abrufbar unter www.wto.org.

21 Hierzu Crawford J.-A./Lim C. L., « Cast Light and Evil Will go Away: The Transparency Mechanism for Regional Trade Agreements After Three Years », in *Journal of World Trade* 45 (2) 2011, S. 375 ff.

22 WTO General Council, Enscheidung v. 14. 12. 2006, WT/L671.

23 Hillman J., « Conflicts between Dispute Settlement Mechanisms in Regional Trade Agreements and the WTO – What Should WTO Do » in *Cornell International Law Journal* 2 (2009), 193 ff.

wenigen Spezialisten wahrgenommen wurden, sind plötzlich in die Schlagzeilen und Kommentarspalten der Tageszeitungen katapultiert worden und treiben die Zivilgesellschaft auf die Straße.

Bei der öffentlichen Kritik an der TTIP und der TPP müssen zwei Aspekte unterschieden werden: Die Kritik richtet sich einerseits gegen die materiellen Regelungen in den Vertragsentwürfen. Andererseits wird das Verfahren bei den Vertragsverhandlungen, insbesondere der Mangel an Transparenz, beklagt.

I.   Die wesentlichen Kritikpunkte

Besonderes Misstrauen erregen die Bestimmungen über den Investitionsschutz.[24] Die in der TTIP und der TPP vorgesehene Investor-Staat-Schiedsgerichtsbarkeit räume ausländischen Unternehmen privilegierte Klagerechte ein, die ihnen die Umgehung des nationalen Rechtsweges gestatten würde. Ausländischen Unternehmen werde damit ein Instrument an die Hand gegeben, mit dem sie ihnen unliebsame Umwelt-, Sozial- und Menschenrechtsstandards im „Gaststaat" angreifen könnten. Die dadurch drohenden hohen Entschädigungs- und Schadensersatzforderungen führten zu einem „regulatory chilling effect", der die Vertragsstaaten aus Furcht vor der Intervention ausländischer Investoren von ambitionierten Regulierungsvorhaben abhalte. Dieser empfindliche Eingriff in die staatliche Regulierungshoheit werde dadurch verschärft, dass über die Klagen ausländischer Investoren demokratisch nicht legitimierte Schiedsgerichte auf der Grundlage von vage formulierten Investitionsschutzstandards in intransparenten Verfahren entschieden.

Der zweite Kritikpunkt betrifft den Abbau von nichttarifären Handelshemmnissen durch die Harmonisierung und wechselseitige Anerkennung von Produktstandards.[25] Die TTIP und die TPP führten damit unweigerlich zu einer Senkung von Umwelt-, Verbraucher- und Sozialstandards. Vor allem die Lebensmittelsicherheit bewegt die Gemüter in der öffentlichen Diskussion: Für die Europäer sind „Chlorhühnchen" und „Hormonfleisch", auf der anderen Seite des Atlantiks die Gesundheitsgefahren von nicht-pasteurisiertem Rohmilchkäse jeweils zum Menetekel für die (vermeintlichen) negativen Auswirkungen von Mega-Regionals auf unser tägliches Leben geworden.

---

24   Siehe etwa FRITZ T., *TTIP, CETA, TiSA : Die Kapitulation vor den Konzernen* (2014), S. 7 ff.
25   FRITZ (Fn. 25), S. 23 ff.

Weitere Sorgen, die den öffentlichen Diskurs über Mega-Regionals beherrschen, betreffen etwa den Datenschutz[26] und die Behinderung des Zugangs zu erschwinglichen Medikamenten (Generika) durch eine Ausdehnung des Patentschutzes.[27]

Hinzu kommt schließlich die Kritik an der mangelnden Transparenz der Vertragsverhandlungen.[28] Es sei mit Demokratie und Rechtsstaatlichkeit nicht vereinbar, wenn Mega-Regionals, die zentrale Gemeinwohlbelange berühren, hinter verschlossenen Türen hermetisch abgeschirmt von der Öffentlichkeit ausgehandelt würden. Obwohl insbesondere die Europäische Union als Reaktion auf diese Kritik in jüngerer Zeit große Anstrengungen unternommen hat, um durch die Veröffentlichung der eigenen Positionspapiere zur TTIP[29] mehr Transparenz in den Verhandlungsprozess zu bringen, unterliegen sowohl die Verhandlungen als auch die bereits ausgehandelten Entwürfe einzelner Vertragsteile nach wie vor der Vertraulichkeit. Die TPP-Verhandlungstexte bleiben ebenfalls konsequent hinter dem Schleier der Geheimhaltung verborgen, der nur gelegentlich durch Wikileaks-Veröffentlichungen durchstoßen wird.

2. Die grundlegenden Probleme

Im Rahmen des vorliegenden Beitrages kann die Berechtigung der einzelnen Kritikpunkte nicht im Einzelnen erörtert werden. Stattdessen soll der Versuch unternommen werden, die großen strukturellen Probleme zu identifizieren, die zu der großen Skepsis gegenüber Mega-Regionals in der Zivilgesellschaft geführt haben.

a) Handel und Investitionen in einer fragmentierten Völkerrechtsordnung

Auch wenn der Topos der „Fragmentierung der Völkerrechtsordnung"[30] in den vergangenen Jahren vielleicht ein wenig überstrapaziert worden ist, beschreibt er im Kontext der transregionalen Freihandelsabkommen eine ganz zentrale Schwäche des internationalen Wirtschaftsrechts. Das Welthandelsrecht und das interna-

---

26 FRITZ (Fn. 25), S. 37.
27 FRITZ (Fn. 25), S. 28.
28 FRITZ (Fn. 25), S. 5 ff.
29 Siehe http://trade.ec.europa.eu/doclib/press/index.cfm?id=1230.
30 Vgl. INTERNATIONAL LAW COMMISSION, *Fragmentation of International Law: Difficulties Arising from the Diversification and Expansion of International Law* (2006), UN Dok. A/CN.4/L. 682.

tionale Investitionsschutzrecht wurden in der praktischen Anwendung lange als weitgehend autarke Regelungssysteme behandelt, ohne ihre jeweilige Einbettung in den „Verfassungsrahmen" der Völkerrechtsordnung hinreichend zu reflektieren. Der dadurch erzeugte „institutional bias" zugunsten von Freihandel und Investitionsschutz führte dazu, dass andere Gemeinwohlinteressen – wie der Schutz der Umwelt, von Sozialstandards und Menschenrechten – im internationalen Wirtschaftsrecht vielfach marginalisiert worden sind.

Begreifen wir aber das Welthandelsrecht und das internationale Investitionsschutzrecht als integralen Bestandteil der modernen Völkerrechtsordnung, so wird deutlich, dass die von Mega-Regionals berührten Gemeinwohlinteressen ebenfalls durch das Völkerrecht geschützt sind. Rechtlich können diese Abkommen Freihandel und Investitionsschutz also gar nicht verabsolutieren. Stets müssen die widerstreitenden Garantien des internationalen Umweltrechts, der internationalen Menschenrechte, der internationalen Arbeits- und Sozialstandards sowie der Schutzinstrumente für indigene Völker beachtet und gegebenenfalls zu einem angemessenen Ausgleich mit den Forderungen des Freihandels und des Investitionsschutzes gebracht werden. Nimmt man die „Einheit der Völkerrechtsordnung" in diesem Sinne ernst, so ist das, was heute in der Zivilgesellschaft politisch gefordert wird, rechtlich bereits weitgehend vorgezeichnet.

Dennoch wird es wichtig sein, dass die neuen Mega-Regionals die Grenzen sichtbar machen, die Freihandel und Investitionsschutz durch Umweltschutz, Sozialstandards und Menschenrechte gezogen sind. Zugleich muss aber auch deutlich gemacht werden, dass Freihandel und Investitionen nicht nur Widerpart, sondern auch Mittel zum Schutz der Umwelt, der Gewährleistung der Menschenrechte und zur Verbesserung von Sozial- und Arbeitsstandards sind. Die Einsicht in diese komplexen Interdependenzen kommt in der holzschnittartigen Kritik der Zivilgesellschaft an den Mega-Regionals häufig zu kurz. So gehört etwa der durch internationalen Handel und private ausländische Direktinvestitionen bewirkte Kapital- und Technologietransfer zu den maßgeblichen Bedingungen für den Erfolg eines weltweiten Übergangs zu einer „grünen", dekarbonisierten Energiewirtschaft.[31]

---

31 RENSMANN T., « Die Bedeutung des Wirtschaftsvölkerrechts für die Energiewende », in: RENSMANN T./STORR S., *Die Energiewende im rechtlichen Mehrebenensystem*, S. 3 (7).

b)   Transregionaler Kampf der
      Regulierungskulturen

Insbesondere im Rahmen der ambitionierten regulatorischen Kooperation, die im
TTIP und der TPP jeweils vorgesehen ist, offenbart sich, dass es dabei nicht nur
um die Harmonisierung und Koordinierung von technischen Standards geht, sondern auch um die Überbrückung von fundamentalen kulturellen Unterschieden.
So gibt es im Hinblick auf die Lebensmittelsicherheit zwischen der Europäischen
Union und den Vereinigten Staaten einen wahren „Clash of Civilizations".[32] Beide
Seiten des Atlantiks lassen sich durch völlig unterschiedliche Risikophilosophien
leiten.[33] Während US-Bürger Hormonfleisch und gentechnisch veränderten Mais
oder Tomaten solange genüsslich essen, wie sich wissenschaftlich keine Gesundheitsgefahren nachweisen lassen, rühren wir in Europa diese Lebensmittel nicht
an, weil uns das „Restrisiko" schlaflose Nächte bereitet.
     Regulatorische Kooperation in den Mega-Regionals muss ausreichende
Freiräume für solche kulturellen Unterschiede belassen. Wie die gegenwärtige
Diskussion um die TTIP und die TPP illustrieren, sind es nämlich gerade kulturell tief verwurzelte – und damit nicht immer rational fassbare – Ängste, die die
Bürger gegen die Mega-Regionals mobilisieren. Betrachtet man kulturelle Vielfalt
ausschließlich als zu überwindendes Handelshemmnis, so gefährdet man das
gesamte Projekt transregionaler Handelsliberalisierung.

V.   Zusammenfassung und Schlussfolgerungen

Die TTIP und die TPP bieten die Chance, den im Rahmen der WTO festgefahrenen multilateralen Verhandlungen über weitere Handelsliberalisierung neuen
Impetus zu verleihen. Die Einwände der Zivilgesellschaft gegen diese neuen transregionalen Freihandelsabkommen (Mega-Regionals) müssen ernst genommen
werden, lassen sich aber durch entsprechende Klarstellungen in den Abkommens-
texten weitgehend ausräumen. Wenn die in der öffentlichen Debatte artikulierten
Sorgen und Ängste nicht von den Verhandlungspartnern aufgegriffen werden,
besteht die Gefahr, dass die TTIP und die TPP, in den Staaten, in denen die Zus-

---

32   Vgl. HUNTINGTON S., *The Clash of Civilizations and the Remaking of World Order* (1997).
33   HERDEGEN M., « Biotechnology and Regulatory Risk Assessment », in: BERMAN G./HERDEGEN
     M./LINDSETH P., *Transatlantic Regulatory Cooperation* (2001), S. 301 ff.

timmung des Parlaments erforderlich ist, nicht ratifiziert werden. Damit könnte das ganze Projekt der Mega-Regionals scheitern.

Wendet man es positiv, so zeigt sich, dass auch das Weltwirtschaftssystem und seine Fortentwicklung auf demokratischen Fundamenten ruhen. Trotz aller Vertraulichkeit und Intransparenz des Verhandlungsprozesses, sind wir es nämlich, „We the People", die schließlich über die Zukunft des globalen Handelssystems entscheiden werden.

« Mega-Regionals »
Chances et risques des accords de libre-échange transrégionaux

Le Traité de libre-échange transatlantique (TAFTA en anglais) et l'Accord de partenariat transpacifique (TPP) offrent une chance de donner une force nouvelle aux négociations multilatérales bloquées sur la libéralisation du commerce dans le cadre de l'OMC. Les objections de la société civile à l'encontre de ces nouveaux accords de libre-échange transrégionaux (Mega-Regionals) doivent être prises aux sérieux, mais peuvent êtres corrigées par des mises au point. Si les inquiétudes et les craintes formulées dans le débat public ne sont pas reprises par les partenaires des négociations, il existe un risque que le TAFTA et le TPP ne soient pas ratifiés dans les États où un accord des Parlements nationaux est nécessaire. Dans ce cas, tout le projet des « Mega-Regionals » pourrait échouer.
Si on le voit d'une manière positive, il est manifeste que notre système d'économie mondiale et son évolution se basent aussi sur des fondements démocratiques. Malgré la confidentialité et la non-transparence du processus de négociations, c'est finalement nous, « We the people », qui décidons du futur de notre système de commerce global.

«Mega-Regionals»
Oportunidades y riesgo de acuerdos transregionales de libre comercio

La Asociación Transatlántica para el Comercio y la Inversión (TAFTA) y el Acuerdo Estratégico Trans-Pacífico de Asociación Económica (TPP en inglés) ofrecen la oportunidad de dar una nueva fuerza a las negociaciones multilaterales bloqueadas sobre más liberación del comercio en el contexto de la OMC. Las objeciones de la sociedad civil en contra de estos nuevos acuerdos de libre comercio transregionales (Mega-Regionals) deben ser tomadas en serio, pero pueden ser revisadas a través de aclaraciones en las clausulas de los contratos. Si las preocupaciones y los miedos articulados en el debate público no son retomados por los contratantes, existe el riesgo que el TAFTA y el TPP no sean firmados en los Estados donde una aprobación de los Parlamentos nacionales es necesaria. En este caso, todo el proyecto de los Mega-Regionals podría fallar.

Si uno lo ve de una manera positiva, se demuestra que el sistema mundial de la economía y su desarrollo se basa en un fundamento democrático. A pesar de toda la confidencialidad y no-transparencia del proceso de las negociaciones, somos finalmente nosotros, «We the people», quienes deciden sobre el futuro del sistema global del comercio.

Nuevas Tendencias de los Tratados de Libre Comercio (TLCs) en materia de Regulación y Protección de la Inversión Extranjera

Christian Carbajal Valenzuela

El incremento en los países latinoamericanos del uso del arbitraje internacional en materia de inversiones se encuentra directamente relacionado con las reformas producidas en la región a partir de la década de los años noventa, cuyo objetivo fue la liberalización y desregulación de los mercados, la apertura al libre comercio, la atracción de capitales y la consolidación de marcos normativos nacionales e internacionales claramente promotores y protectores de la inversión extranjera.

Como parte de este proceso de reformas y como expresión del nuevo Derecho Internacional de las Inversiones, hoy aún en formación y en constante evolución, se han suscrito en los últimos años a nivel mundial diversos tratados de contenido económico. Actualmente existen más de 2500 Convenios Bilaterales de Promoción y Protección Recíproca de Inversiones (BITs) y un número creciente de Tratados de Libre Comercio (TLCs) y de integración económica regional que incorporan capítulos sobre inversiones.

Estos marcos normativos internacionales contemplan una serie de estándares de protección a la inversión (trato justo & equitativo, protección y seguridad plena a la inversión, trato nacional, trato de la nación más favorecida, prohibición de expropiación sin compensación) así como el arbitraje internacional como mecanismo natural para la solución de controversias entre particulares y entre particulares y Estados.

No obstante esta apertura frente al arbitraje internacional desde la década de los noventa, con BITs claramente liberales y protectores de las inversiones en materia de derechos sustantivos, en los últimos años se ha comenzado a vivir a nivel mundial una reformulación del régimen de promoción y protección de las inversiones, como consecuencia de la insatisfacción y la vulnerabilidad generada por las últimas crisis financieras internacionales y el creciente número de demandas arbitrales internacionales contra Estados receptores, que han puesto en cuestionamiento en forma directa las facultades regulatorias soberanas inclusive de países desarrollados, hoy convertidos también en destinos de inversión.

Esta nueva tendencia más conservadora en materia de inversiones se ha expresado en el contenido de los últimos TLCs, los cuales buscan proteger de manera más equilibrada los legítimos intereses de inversionistas extranjeros, sin desconocer la necesidad de proteger igualmente el interés público y las facultades regulatorias de los Estados receptores.

Es indudable y es aceptado de manera general que la promoción de la inversión extranjera es un componente esencial en los procesos de desarrollo económico, especialmente en países con déficit de capital, ya que contribuye al crecimiento de la economía y del empleo, al desarrollo tecnológico y a la integración de la economía local a los mercados internacionales. Fue precisamente sobre la base de esta premisa que los gobiernos de diversas regiones liberalizaron en la década de los años noventa sus economías y establecieron marcos legales promotores de la inversión extranjera. El Perú no fue una excepción en esta tendencia.[1]

En esta tendencia de protección de la inversión y visto el arbitraje internacional de inversión como uno de sus pilares, debe tenerse en consideración que este sistema de solución de controversias es de naturaleza mixta, no es puramente privado ni puramente público, ya que existen legítimos intereses de los inversionistas extranjeros que deben ser protegidos, pero existen también legítimos intereses públicos que deben ser tutelados por los Estados, tales como la protección del medio ambiente, la salud pública, el patrimonio cultural, facultades tributarias, entre otros.

En este contexto, es necesario mencionar que determinados laudos arbitrales de inversión han sido objeto de determinadas críticas, debido a inconsistencias, inadecuada motivación, falta de claridad en la aplicación del Derecho interno o del Derecho Internacional, falta de un adecuado balance por los tribunales arbitrales entre la protección de los legítimos derechos de los inversionistas y las facultades regulatorias de los Estados receptores, esto último producto de la inexistencia de un marco normativo multilateral que refleje con claridad el equilibrio de intereses antes mencionado.

Por ello, como respuesta a las crecientes demandas para el logro de un Derecho Internacional de las Inversiones que sea más equitativo y a fin de garantizar mayor

---

1   BERNAL R., « El Arbitraje del Estado: La Regulación en Latinoamérica », in *Revista Internacional de Arbitraje*, Junio – Diciembre 2004, p. 123: « [...] En la última década, la normativa sobre arbitraje ha sido motivo de un cambio profundo en Latinoamérica. Durante este lapso de tiempo, la mayoría de las regulaciones legales se han reformado, quedando tan solo muy pocos sistemas sin adecuar sus reglas a los modernos principios que la rigen ... Por tradición, nuestro continente apegado muy profundamente al concepto de la soberanía del Estado, ha visto grandes inconvenientes en que este, o los entes que formen parte de él, se sometan al arbitraje ».

transparencia en los arbitrajes de inversión, en los últimos TLCs se han venido incorporando una serie de modificaciones, dirigidas en algunos casos a la preservación de determinadas facultades estatales cuyo ejercicio no necesariamente implique la transgresión de los derechos de los inversionistas, a garantizar la participación terceros en los procesos como *«amicus curiae»*, a la apertura relativa del mismo a audiencias públicas, entre otras. Son todas modificaciones cuyo objetivo es tomar en cuenta en forma equitativa los legítimos intereses públicos y privados involucrados.

Esto es lo que viene ocurriendo en los recientes TLCs, como es el caso del TLC Perú – Estados Unidos, que a modo de ejemplo analizaremos más adelante.

Es por ello posible afirmar que en materia de Tratados Internacionales de Inversión e inclusive a nivel de las legislaciones internas de inversión, existen actualmente tres claras tendencias: (i) Tendencia a la armonización y uniformización; (ii) Tendencia a la búsqueda de equilibrio en la protección de los intereses públicos y privados, abandonando el antiguo debate entre los intereses de países desarrollados vs. intereses de los países en desarrollo, concentrándose hoy en el debate interés público – interés privado y (iii) Tendencia a la incorporación de aspectos sociales en la regulación de la inversión.

En cuanto a la tendencia a la armonización y uniformización, esto es consecuencia natural de la liberalización y proliferación de BITs con estándares de protección a la inversión y lenguajes similares, generando un marco normativo internacional que otorga niveles mínimos de seguridad y predictibilidad a la inversión. Sin embargo es aún un proceso en marcha, ya que a pesar del aparente consenso existente a nivel bilateral, aún no se ha logrado un Acuerdo Multilateral en Materia de Inversiones (AMI).

En forma paralela a la armonización, existe una tendencia en los recientes TLCs a la búsqueda de un equilibrio en la protección de los derechos y obligaciones de los inversionistas y de los Estados receptores de inversión. Tanto es así que los nuevos modelos de BITs de Estados Unidos y Canadá incorporan en forma más decisiva disposiciones que aseguran determinadas facultades regulatorias de los Estados mediante la incorporación de excepciones generales y de seguridad, la consideración de cláusulas ambientales y de responsabilidad social, entre otros cambios. Inclusive esta aproximación más equilibrada, se ha visto reflejada en recientes laudos arbitrales de inversión[2] así como en la incorporación de listas detalladas de actividades regulatorias no compensables.[3]

Desde un punto de vista estadístico, los Estados continúan adoptando cambios normativos internos más liberales y protectores de la inversión extranjera, sin embargo el porcentaje de modificaciones legislativas a nivel nacional más protectoras de las facultades regulatorias ha ido también en aumento. Así por ejemplo, en 1996 se produjeron 90 modificaciones a nivel mundial favorables a la inversión, siendo únicamente 10 modificaciones más protectoras de las facultades regulatorias de los Estados. En el año 2005, se produjeron 80 modificaciones más liberales y 20 más restrictivas. En 2009, 70 modificaciones más protectoras de la inversión y 30 más protectoras de las facultades regulatorias. Todo ello expresado también en el contenido de los nuevos TLCs. Esta tendencia ha llevado a autores a considerar que la consecuencia natural será tener en el mediano plazo un régimen normativo internacional más equilibrado, que sea un justo intermedio entre las posturas nacionalistas y hostiles a la inversión de los años 60 y 70 y las posturas protectoras principalmente de la inversión de los años 80 y 90.[4]

Finalmente, una tendencia que se observa en los recientes TLCs, así como en los modelos de BITs de Estados Unidos y Canadá, sin duda vinculada con la anterior, es la incorporación de aspectos sociales en la regulación de la inversión, relativos a salud, seguridad y protección ambiental, como excepciones a las reglas generales de expropiación, así como obligaciones de los inversionistas en materia de responsabilidad social corporativa, buscando atender los intereses no solo de los actores tradicionales (inversionista, Estado receptor y Estado del país del

---

2   WENHUA S., « Towards a Balanced Liberal Investment Regime: General Report on the Protection of Foreign Investment », in *ICSID Review – Foreign Investment Law Journal*, vol. 25, no. 2, 2010, p. 471: « The balancing trend is thus highly visible in investment treaty practice, which seems to have also had an impact on investment arbitration practice, as more and more tribunals have opted for a ‹ balanced › approach to treaty interpretation ».

3   KUNDMULLER F., « El Arbitraje en los AIIs 2005 – 2006. Balance General e Innovaciones », in *Revista Peruana de Arbitraje*, no. 3, 2006, p. 236 : « […] debería existir un balance entre el derecho de un país a regular soberanamente su economía y el razonable interés comercial del inversionista […] en los dos modelos (de TBI de Estados Unidos y Canadá) se utiliza anexos con listas detalladas que clarifican las actividades regulatorias de los Estados, incluyendo diversos factores de evaluación como el impacto económico de la medida regulatoria […] ».

4   WENHUA S., « Towards a Balanced Liberal Investment Regime: General Report on the Protection of Foreign Investment », op. cit., p. 472, 473: « If this trend continues, within 8 years time the world will see more restrictive measures adopted than favorable ones. By then there should be a better chance to strike a balanced investment regime in states around the world […] as a legal system, both the nationalist and liberalist regimes were biased towards one side and failed to strike a balance between the rights and obligations of the host states and foreign investors. A balanced investment regime will certainly be a more sustainable regime ».

inversionista), sino también los intereses de otras partes vinculadas, tales como las poblaciones locales.

Comentaré a continuación, a modo de ejemplo, las modificaciones introducidas en el TLC Perú – Estados Unidos que buscan atender el interés público y lograr un equilibrio adecuado entre las partes.

El capítulo de inversiones del TLC Perú – Estados Unidos se aplica únicamente a las medidas (leyes, regulaciones o prácticas en general) que un Estado receptor ejecute en relación con inversionistas extranjeros y sus inversiones en el territorio del Estado receptor. Debe por lo tanto tratarse de un acto estatal en ejercicio de autoridad regulatoria, administrativa u otra autoridad gubernamental propia del *Ius Imperium* del Estado. No debe tratarse de un acto de gobierno de naturaleza estrictamente comercial.

Las medidas de expropiación están permitidas sólo cumpliendo determinados requisitos (que se realicen por un propósito público, que no sean discriminatorias, que se ejecuten mediante el pago pronto, adecuado y efectivo de una indemnización, siguiendo el debido proceso legal).

El TLC establece expresamente que salvo circunstancias excepcionales, no constituyen expropiaciones indirectas los actos regulatorios no discriminatorios que son diseñados y aplicados para proteger objetivos legítimos de bienestar público, tales como la salud pública, la seguridad y el medio ambiente, en cuyo caso el Estado no estaría obligado a indemnizar al inversionista. La determinación de si estamos frente a un acto regulatorio permitido o no, dependerá de un análisis caso por caso.

Asimismo se señala que las protecciones contenidas en el Capítulo de Inversiones no impiden que el Estado adopte medidas que resulten necesarias para que las inversiones se efectúen tomando en cuenta inquietudes en materia ambiental, siempre y cuando tales medidas sean compatibles con el capítulo de inversiones.

Una novedad respecto a la regulación general es que un Tribunal Arbitral puede permitir la presentación de *amicus curiae* por una persona o entidad que no sea parte en la controversia, pudiendo aportar elementos de juicio importantes para la resolución del conflicto, buscando preservar el interés público. Asimismo, se abre la posibilidad que el tribunal arbitral solicite la opinión de expertos para informar sobre cuestiones de hecho relativas a asuntos ambientales, de salud, seguridad u otros asuntos de carácter científico, igualmente en consideración del interés público.

Por otro lado, se menciona que las audiencias del tribunal arbitral serán abiertas al público, salvo la protección de información confidencial que pueda poner en riesgo la seguridad del Estado, entre otros supuestos. Se busca con esto garantizar la transparencia en los procesos arbitrales.

Otra novedad respecto al sistema del CIADI se relaciona con el Derecho aplicable a la controversia. El TLC hace una interesante distinción, buscando superar las inconsistencias de determinados laudos CIADI: (i) Si se trata de una violación de una disposición del TLC, la ley aplicable será el propio TLC y las normas aplicables del Derecho Internacional; (ii) Si se trata de una violación a una autorización estatal de inversión o de un Contrato de Inversión entre el inversionista y el Estado, el derecho aplicable serán las normas especificadas en la respectiva autorización o en el convenio de inversión. Si no hay normas especificadas, la ley aplicable será la legislación del Estado receptor y las normas del Derecho Internacional, según sean aplicables. Esta disposición es positiva, pues respeta la aplicación de la ley del Estado receptor si así lo han acordado las partes, respetando las facultades regulatorias estatales, a diferencia de lo que venía ocurriendo en la jurisprudencia arbitral CIADI, en donde no existía necesariamente claridad en cuanto al derecho aplicable al fondo de la controversia.

Conclusiones

Podemos afirmar que el Derecho Internacional de las Inversiones y en particular el arbitraje internacional en materia de inversiones, se encuentra aun en proceso de formación, lo que hace que el rol de los laudos arbitrales CIADI sea aun más importante, pues son éstos laudos, a través de ejercicios interpretativos, los que otorgan sentido y contenido a diversos principios, derechos y obligaciones mencionados con carácter general en los tratados internacionales que regulan las relaciones económicas internacionales.

En el tema de solución de controversias inversionista extranjero v.s. Estado receptor de inversión, el TLC Perú – Estados Unidos contiene una serie de disposiciones novedosas que buscan superar de manera creativa diversas inconsistencias detectadas a lo largo de los últimos años en la jurisprudencia arbitral y que buscan tomar en consideración tanto los intereses de los inversionistas extranjeros como del Estado.

No obstante lo anterior, a fin de consolidar el arbitraje internacional en materia de inversiones y evitar su eventual erosión, resulta necesario que los tribunales arbitrales reflejen un mayor equilibro en sus decisiones, protegiendo los legítimos derechos de los inversionistas cuando el marco normativo aplicable así lo señale pero al mismo tiempo salvaguardando adecuadamente los derechos regulatorios de los Estados receptores.

Es por ello que los tribunales arbitrales CIADI, al resolver de manera equitativa y equilibrada una controversia de inversión, deben evitar que las palabras de Brunet y Lentini se hagan realidad o se profundicen.[5] Indudablemente, esta labor más equilibrada de los tribunales Arbitrales se verá facilitada cuando tengan que aplicar Tratados Internacionales de Inversión (BITs o TLCs) que incorporen en su regulación un régimen normativo más equitativo, siendo aparentemente esta la tendencia actual a nivel mundial.

Neue Tendenzen in Freihandelsabkommen bei der Regulierung und beim Schutz ausländischer Investitionen

Das internationale Investitionsschutzrecht und insbesondere der Inhalt internationaler Investitionsschutzverträge befinden sich in einem Evolutions- und Reformprozess. Die liberalen BITs der 80er und 90er Jahre haben Auslandsinvestitionen gefördert und den Weg für neue Formen von Freihandelsabkommen geebnet. Diese haben zum Ziel, die legitimen privaten Interessen mit dem öffentlichen Interesse, das seinen Ausdruck in den Regulierungsbefugnissen der Staaten findet, in Einklang zu bringen. Dies ist zum Beispiel die Tendenz in den Musterverträgen internationaler Investitionsschutzabkommen der USA und Kanada, die nun auch Zielländer für Investitionen geworden sind. Aus dieser Perspektive wird im vorliegenden Beitrag das Freihandelsabkommen zwischen Peru und den USA analysiert. Eine Reihe von Investitionsschiedsgerichten sind dieser Tendenz gefolgt.

Les nouvelles tendances des Traités de libre commerce (TLCs) en matière de régulation et de protection de l'investissement étranger

Le droit international des investissements, et plus spécifiquement le contenu des traités internationaux d'investissement, se trouvent dans un processus d'évolution et de reformulation. Les Bilateral Investment Treaties (BITs) des années 1980 et 1990, ouvertement libéraux et promoteurs de l'investissement, ont laissé place ces dernières années à la signature des TLCs, qui cherchent à équilibrer l'intérêt privé légitime et l'intérêt public

---

5   Brunet A./Lentini, J., « Arbitration of International Oil, Gas and Energy Disputes in Latin America », in *Northwestern Journal of International Law & Business*, Chicago, primavera 2007, p. 625: « [...] many governments feel that the rights and guarantees accorded to foreign investors outnumber the benefits received from their investments. The proliferation of resource nationalism... impedes and does not further efforts to promote international arbitration ».

tiré des facultés régulatrices des États. Il s'agit là de la tendance dans les modèles de conventions internationales d'investissement, par exemple aux États-Unis et au Canada, qui se sont aujourd'hui convertis aussi en pays de destination des investissements. De la même façon le TLC Pérou – États-Unis est analysé sous cette perspective. Certains tribunaux arbitraux ont suivi cette tendance.

STREITKULTUR UND ALTERNATIVE
STREITBEILEGUNG

CULTURE JURIDIQUE ET
RÈGLEMENT ALTERNATIF DES
CONFLITS EN MATIÈRE CIVILE

LA RESOLUCIÓN ALTERNATIVA DE
CONFLICTOS EN MATERIA CIVIL

Aspect historique, anthropologique et comparatif des Modes Alternatifs de Règlement des Conflits (MARC)

Soazick Kerneis

Chacun connaît le succès des MARC/ADR, *Alternative Dispute Resolution*. L'idée est simple : le conflit n'ouvre pas nécessairement sur un procès, la communauté peut elle-même gérer le litige, le dénouer sans le trancher ; il s'agit donc de promouvoir une justice horizontale, une justice que l'on dit aussi réparatrice du tissu social, par opposition au modèle dominant d'une justice verticale. Cette justice alternative, bien connue des pays de *common law*, est un des thèmes forts du droit processuel contemporain. Les Principes Unidroit l'ont consacrée et de nombreux pays la mettent en œuvre, en Amérique, en Afrique ou en Asie. Elle est même appliquée à l'échelle des États dans le cadre des commissions Vérité et Réconciliation.

Mais l'application est parfois difficile et des critiques s'élèvent, notamment dans les pays de tradition romaine. N'est-ce pas reconnaître une forme de justice privée qui consacrerait la loi du plus fort ? Certains excipent aussi du fait qu'il s'agirait d'une contamination de nos systèmes de droit civil, d'une influence néfaste des systèmes de *common law*. En bref, les MARC se développent mais suscitent beaucoup de questions, d'inquiétudes.

Je propose de reprendre le fil de l'histoire des MARC, de faire un point sur cette technique de résolution des conflits en partant d'abord de la sémantique, car la terminologie utilisée recèle l'ambiguïté même des MARC. Ensuite de revenir sur le contexte dans lequel se sont développés les MARC. Je rappellerai que le concept de justice réparatrice a d'abord été découvert par les anthropologues ; il s'agit donc d'un mode de justice inhérent à de petites communautés, transposé ensuite par les juristes à l'échelle des nations. Ce contexte initial permet de comprendre la réception inégale des justices alternatives, leur succès, les réticences aussi qu'elles suscitent et les différentes façons d'adapter ces techniques en fonction de l'esprit des peuples.

I. La terminologie des MARC

Les « justices alternatives », « modes alternatifs de résolution des litiges », « modes alternatifs de résolution des conflits » ou *Alternative Dispute Résolution* – parfois résumées en MARL, MARC, ou ADR – sont des expressions sinon parfaitement synonymes, du moins largement utilisées les unes pour les autres. Arrêtons-nous d'abord sur ces termes qui semblent avoir été choisis essentiellement à cause du message positif dont ils sont porteurs.

Sans doute, le mot « alternatif » est celui qui s'impose de prime abord. En latin, *alternare* désigne le fait de faire tantôt une chose, tantôt une autre. Nonobstant cette facture très classique, l'adjectif connut une nouvelle fortune lorsqu'il servit d'étendard aux courants anticonformistes. Autour des années 70, « l'attitude alternative », féconde dans les milieux artistiques ou littéraires, irrigua également la matière juridique, défendant cette idée qu'il fallait privilégier « l'informalisme », parvenir à de nouvelles formes de régulation sociale qui donnent voix aux citoyens ; en bref, il fallait dépasser l'idée d'un droit consigné dans les livres ou les prétoires pour parvenir à la réalité d'un droit en action.

Pris au pied de la lettre, les modes alternatifs sont donc dans leur essence même des modes extra-judiciaires, caractérisés par cette volonté d'éviter la justice institutionnelle et de privilégier le recours au contrat comme instrument de règlement amiable du litige. Et pour mieux convaincre de leurs vertus, les MARC affichent volontiers divers adjectifs comme cocardes de leur altérité. Au tranchant du jugement, ils opposent une voie informelle, réparatrice, restauratrice du tissu social. Le message est clair. La voie alternative offre non pas de juger mais de résoudre le litige, de démêler le conflit. Dans le sillage des mots, se profile une représentation manichéenne de la justice. D'un côté, le couperet du jugement, de l'autre une justice douce – *soft justice* – qui favorise le retour à la paix par la résolution du conflit. Là encore, le choix du terme « résolution » n'est pas neutre. Qu'il se rapporte au droit ou à la médecine, il évoque le même anéantissement d'une situation perçue comme pathologique. Le conflit est un mal qu'il s'agit d'éradiquer. L'état réputé normal est celui de la paix, comme si la vie en société se devait d'être paisible.

D'autres adjectifs sont encore sollicités, tel celui de « participatif ». L'expression « justice participative » peut évidemment renvoyer à celle de démocratie participative. Mieux vaut y voir pourtant, comme le remarque Florence G'sell-Macrez, une référence à la « justice participative » qui, telle que la pratiquent les juristes canadiens, laisse la première place aux parties dans le dénouement du litige. Au pénal, cette justice participative est dite réparatrice, là où, au civil, elle est qualifiée de consensuelle à cause des « ententes consensuelles » qui la constituent.

L'expression a récemment été consacrée en droit français. Une loi du 30 juin 2010, relative à l'exécution des décisions de justice, a introduit dans le Code civil (art. 2062 à 2067), un titre intitulé « De la convention de procédure participative » dont les dispositions permettent aux parties d'organiser la résolution négociée de leur litige. Le texte prend acte du développement en France du droit collaboratif d'inspiration canadienne. L'objectif du processus collaboratif est d'aboutir par une négociation encadrée à une solution amiable, donc d'éviter le contentieux, en permettant aux parties de trouver elles-mêmes la solution de leur litige. La filiation entre la procédure participative et le droit collaboratif est évidente mais il y a une différence essentielle, à savoir que la procédure participative est encadrée par le Code civil, alors qu'en droit collaboratif, le processus est laissé à la discrétion des parties et de leurs avocats.

Il ressort de cet excursus terminologique que la matière prête à difficultés. *Alternare*, nous l'avons vu, désigne le fait de faire tantôt une chose, tantôt une autre. Cette alternance existe sans doute au Canada ou aux USA, comme en témoigne notamment la pratique du droit collaboratif. Mais, dans des systèmes où la figure de l'État a façonné l'idée d'une justice publique, de source étatique, quelle peut être la place d'une justice « alternative »? La propension n'est-elle pas à façonner la justice alternative sur le modèle de la justice publique ? Il n'y a pas là un simple problème méthodologique : le danger est d'organiser une justice de seconde zone, inspirée de la justice publique mais dépourvue de ses garanties. N'est-ce pas un des syndromes de notre époque que de favoriser l'épanouissement de telles formes hybrides, intermédiaires entre les anciennes catégories du public et du privé ? A l'aube du XXIe siècle, ce sont donc de grands changements qui peuvent bouleverser la configuration de nos systèmes judiciaires. La question est importante qui concerne finalement la place respective de la société civile et de l'État, l'étendue de la compétence de l'État en matière de justice, et finalement l'idée même de justice.

II.   L'ailleurs des anthropologues

Le concept de règlement alternatif des litiges doit beaucoup au renouvellement du questionnement juridique opéré par le réalisme dans les premières années du XXe siècle. Plutôt que les principes abstraits, il faut considérer les phénomènes juridiques, privilégier la description empirique des faits et l'observation de ce qui se passe dans les tribunaux. En bref, l'étude des comportements renseigne davantage que celle des règles et il faut centrer la recherche sur l'étude des cas, des décisions qui s'y rapportent et du contexte dans lequel elles sont prises. L'idée qu'il faut partir du conflit pour comprendre la production du droit est dans la logique des systèmes de *Common law* et c'est sans doute ce qui explique leur propension à intégrer les leçons de l'anthropologie et de la sociologie au patrimoine juridique. Nous verrons d'abord le processus d'intégration des MARC dans l'ordre juridique, ensuite comment ils ont participé au renouvellement du panel judiciaire, pour finir sur un bilan critique de cette mode alternative en matière judiciaire.

1.   Les MARC, de l'intégration au renouvellement

Les premières applications des *soft justices* remontent à la fin du XIXe siècle en Amérique du Nord, essentiellement pour les affaires commerciales. Dans le courant du XXe siècle, leur champ d'application s'étend. Ce sont désormais toutes sortes de petits litiges qui sont susceptibles d'être résolus de la sorte, conflits de voisinage, affaires mettant en cause des mineurs. De nouveaux niveaux juridictionnels voient le jour, *Domestic Relations Courts, Small Claims Courts, Neighbourhood Justice Centers*, en relation avec la volonté d'évitement de la justice publique.

Par la suite, le contexte politique de la décolonisation, les revendications des peuples autochtones participent sans doute au succès des justices alternatives. États-Unis, Amérique du Sud, Canada, Australie, Nouvelle Zélande sont confrontés aux difficultés judiciaires que leur posent les communautés tribales. Aborigènes, Inuits sont surreprésentés dans les prisons, leur taux de suicide est plus fréquent et leur réinsertion problématique. Justice étatique et valeurs des communautés indigènes sont en net décalage. Les parties restent perplexes face à un jugement qu'elles ne comprennent pas, et les coupables sombrent dans l'égarement à l'ombre des prisons. D'autres solutions doivent être trouvées.

L'anthropologie avait alors bonne presse et le choix est fait, souvent à l'instigation des peuples autochtones, de renouer avec les formes traditionnelles de résolution des conflits. Les enquêtes sur le terrain ont montré que c'est par la conciliation que se règlent l'essentiel des litiges. Le conflit ne concerne pas seulement les parties, il intéresse la communauté dans son ensemble et c'est la société toute entière qui va s'efforcer de rétablir la paix entre les parties. Il faut les inciter à se rencontrer avec leurs familles, leurs amis, susciter l'intervention de tiers qui aideront à favoriser un consensus acceptable par tous. L'important est de renouer avec la paix, de raccommoder les solidarités. C'est finalement une justice restauratrice du tissu social que pratiquaient les communautés autochtones, une justice qui privilégiait le dialogue, le compromis, bien davantage que la proclamation d'une quelconque vérité.

Après vingt années d'efforts, le 13 septembre 2007, l'Assemblée générale des Nations-Unies adoptait la Déclaration sur les droits des peuples autochtones qui pose le droit de ceux-ci à jouir pleinement, collectivement ou individuellement, des libertés fondamentales consacrées par la Charte des Nations-Unies, la Déclaration Universelle des droits de l'Homme et la législation internationale relative aux droits de l'Homme. Corrélativement à ce droit, c'est celui de recourir à leurs propres traditions juridiques qui leur est reconnu. L'article 34 dispose ainsi que « les peuples autochtones ont le droit de promouvoir, de développer et de conserver leurs structures institutionnelles et leurs coutumes, spiritualité, traditions, procédures ou pratiques particulières et, lorsqu'ils existent, leurs systèmes ou coutumes juridiques, en conformité avec les normes internationales relatives aux droits de l'homme ». Les déclarations de l'ONU n'ont pas force contraignante et le bilan actuel est encore contrasté ; néanmoins les droits des minorités entrent progressivement dans le paysage juridique contemporain, incitant au principe d'une justice plurielle. L'article 9 de la Convention N° 169 de l'Organisation Internationale du Travail relative aux peuples indigènes et tribaux, entrée en vigueur en septembre 1991, affirme que « dans la mesure où cela est compatible avec le système juridique national et avec les droits de l'homme reconnus au niveau international, les méthodes auxquelles les peuples intéressés ont recours à titre coutumier pour réprimer les délits commis par leurs membres doivent être respectées. Les autorités et les tribunaux appelés à statuer en matière pénale doivent tenir compte des coutumes de ces peuples dans ce domaine » (annexe). La référence aux droits de l'homme intervient donc doublement dans l'accès des autochtones à la justice traditionnelle, tout à la fois au niveau du principe, en posant le droit à cette justice, et à celui de la limite, en imposant la réserve du respect de leurs valeurs.

Mais cette reconnaissance des MARC ne constitue qu'une première étape. Intégrés dans l'ordre judiciaire, ils vont bientôt contribuer à le déformer en suggérant de nouvelles solutions au règlement des litiges. Dans le contexte politique des années 1970, l'idée alternative séduit aux États-Unis et au Canada, à cause du pluralisme confessionnel et de la volonté de certaines communautés de favoriser les solidarités locales. Surtout, la tendance à l'informalisme trouve un terreau propice dans le contexte institutionnel de l'époque.

La terre d'élection des MARC se situe sans doute outre-Atlantique, mais aujourd'hui, les pays de tradition romaine y sont nettement gagnés. Les premières occurrences du terme „alternatif" dans le discours des juristes apparaissent dans les années 1970–1984 dans le domaine du droit pénal ou de la sociologie du droit. En 1996, les justices alternatives s'introduisent dans les manuels et semblent à ce point intégrées à la pratique juridique continentale que l'on oublie de plus en plus de mentionner leur origine « étrangère ».

Les MARC ont été consacrés par les Principes Ali/Unidroit de procédure civile transnationale. Le Principe 24 dispose : « Le Tribunal, en respectant le droit des parties de poursuivre le procès, encourage la transaction et la conciliation lorsqu'elles apparaissent raisonnablement possibles. Le tribunal favorise à tout stade de la procédure la participation des parties à des modes alternatifs de résolution du litige. Les parties, avant et après le début du procès, coopèrent à toute tentative raisonnable de conciliation ou transaction. Dans sa décision sur les frais de procédure, le tribunal peut tenir compte du refus déraisonnable d'une partie de coopérer ou de son comportement de mauvaise foi lors des tentatives de conciliation ou transaction » (annexe). Au pénal, une recommandation du Conseil de l'Europe du 17 septembre 1987 préconise l'adoption du *plea guilty*. De fait, en Belgique, une loi du 22 juin 2005 organise la médiation entre auteurs et victimes à tous les stades de la procédure et, en France, la loi du 9 mars 2004 – la loi Perben II – prévoit une procédure de comparution sur reconnaissance préalable de culpabilité, une sorte de « plaider coupable » comme on a coutume de l'appeler.

De façon très significative, les différents programmes qui mettent en œuvre cette justice alternative s'inspirent directement des pratiques autochtones ou de celles de droit coutumier. Ceci apparaît nettement en matière pénale lorsque la justice se veut réparatrice. C'est ainsi que les conférences en famille ou en communauté, adaptées des pratiques traditionnelles maories de Nouvelle-Zélande, sont mises en œuvre en Amérique du Nord, en Europe ou dans le Sud de l'Afrique, et que les États-Unis s'essaient aux cercles de réconciliation ou de sentence, qui renvoient à ceux que pratiquaient les Indiens d'Amérique du Nord, ou bien encore qu'en Afrique les programmes de service communautaire prolongent d'anciennes procédures de droit coutumier de compensation des torts. Dans tous les cas, l'idée maîtresse est de favoriser la rencontre entre la victime, le délinquant, leurs parents et amis afin de délier la parole, de comprendre les causes du mauvais comportement et de parvenir à une solution qui satisfasse chacune des parties.

Quels que soient les niveaux examinés, la tendance est donc bien établie. Mais le succès indubitable des MARC soulève aussi nombre d'inquiétudes.

2.   Bilan critique

Les défenseurs des justices alternatives font valoir les avantages d'une justice plus rapide, moins onéreuse, surtout plus proche des parties. Le droit ne peut se comprendre au singulier. Ce n'est que par l'adjonction d'une conjonction de coordi-nation qu'il prend son sens. Contre l'hermétisme juridique, le mouvement Droit et Société/*Law and Society* plaide pour l'ouverture à la réalité sociale. L'idée se propage de l'inanité d'un jugement qui résulterait de la seule application de la loi. Il faut tenir compte des aspirations des parties et la solution juste est celle qui les satisfait. La justice doit s'adapter aux besoins des justiciables, prendre en consi-dération la situation concrète du cas, plutôt que d'appliquer une règle abstraite à une situation donnée.

La même recommandation du Conseil de l'Europe qui préconisait la médiation en matière pénale, incitait à la prudence : « Les „assemblées villageoises ou tribales traditionnelles » se rattachent à des coutumes très anciennes en vertu desquelles l'ensemble de la communauté se réunit pour régler des conflits ou juger des crimes impliquant certains de ses membres. Les assemblées de ce type se rencontrent encore souvent dans les pays les moins avancés et dans les zones rurales. Elles ne peuvent exister qu'au sein de communautés très soudées et ne correspondent guère à la réalité des sociétés modernes. Elles cherchent en général à préserver l'intérêt de l'ensemble de la communauté. Antérieures au droit occidental, elles ont inspiré maints programmes modernes de médiation, qui essayent d'ailleurs souvent de transposer les avantages de l'assemblée tribale dans une forme compatible avec les structures sociales modernes et les droits individuels consacrés par la loi » (annexe). La référence à l'anthropologie est explicite, la mise en garde ne l'est pas moins : la justice alternative prend sens dans des sociétés communautaires relativement égalitaires. Parce qu'elle consacre la médiation, le consensus, elle suppose une solidarité des groupes et un équilibre entre eux qui seul peut garantir la résolution juste du litige. De ce point de vue, les critiques se développent tant à l'encontre des justices traditionnelles que de leurs modernes répliques.

En Europe, contre les partisans de la marchandisation de la justice, nombreux sont ceux qui dénoncent les risques d'une justice privée, ouverte à la loi du plus fort. A trop se focaliser sur la scène particulière d'un conflit, à trop s'intéresser au rétablissement de la paix plutôt qu'à celui du droit, le danger est de privilégier le maintien du contrôle, plutôt que le triomphe de la justice. Le risque est d'autant plus grand que le public concerné touche les couches les plus défavorisées. Et même, la justice peut-elle être dépouillée de ses formes ? Que peut valoir la déci-sion sans la mise en scène du procès ? En matière pénale, les mineurs, en l'absence de rituel, ne pourraient-ils se laisser convaincre que finalement tout peut se négo-cier, même leur délinquance ?

L'atomisation de la justice représenterait un risque pour la démocratie. L'acte de jugement ne se réduit pas à la solution de tel ou tel litige. Juger, c'est aussi énoncer des principes communs, rappeler des valeurs qui sont celles de la société toute entière. A faire prévaloir le particulier sur le général, à centrer le regard sur le théâtre de petites affaires, ne risque-t-on pas d'oublier que le droit n'est pas seulement une technique, qu'il est aussi l'outil d'une identité collective, le récit qui solidarise une communauté lorsque celle-ci a perdu ses mythes ?

Les MARC sont aujourd'hui sous les feux de la rampe. La lumière éclaire à son plein et le regard s'égare. Se pourrait-il que l'alternatif ne soit qu'illusion ? Comme le rappelle encore Louis Assier-Andrieu, « ce n'est pas parce qu'on règle un différend hors du tribunal qu'on le règle hors de l'État et hors de son droit … Le caractère alternatif des solutions autres que le jugement tient donc plus de l'affirmation idéologique que du constat sociologique ». Et l'auteur souligne que le caractère « englobant de l'État » marque de son emprise les modes de traitement des conflits réputés être autres que proprement étatiques.

Historische, anthropologische und vergleichende Aspekte der Methoden alternativer Streitbeilegung

Der Erfolg der alternativen Streitbeilegung ist nicht zu leugnen, aber die Ängste, die sie hervorruft, wachsen mit ihrem Siegeszug. Die Literatur zu diesem Thema ist beträchtlich, auch wenn der größte Teil der Arbeiten an einem deskriptiven Ansatz festhält, der auf nationaler Ebene verharrt. Um die Herausforderungen der außergerichtlichen Streitbeilegung verstehen zu können, muss der Versuch unternommen werden, den Ansatz um eine vergleichende, historische und anthropologische Analyse zu erweitern. Eine Bedingung hierfür ist, dass genau auf die Worte geachtet wird, vor allem wenn sie eine Praxis fördern wollen, die als andere, neue und bessere dargestellt wird. Aber was ist letztlich jenseits der Worte? Die hier vorgestellte Studie unternimmt es, Grenzen zu überschreiten – geografische Grenzen, die Länder in der Tradition des römischen Rechts von „Common Law"-Ländern trennen, oder auch komplexe Gesellschaften von traditionellen Gemeinschaften, ebenso wie zeitliche Grenzen, die das Vorher vom Nachher scheiden – um schließlich besser zu verstehen, dass das, was die öffentliche Justiz von der privaten Justiz trennt, letztendlich eine Illusion sein könnte. Genauso wie sich alternative Streitbeilegungsmethoden über einen längeren Zeitraum artikuliert haben, nähren sie sich auch aus den Verbindungen, die sie mit der öffentlichen Justiz vereinen.

Aspecto histórico, antropológico y comparado de los Modos Alternativos de Resolución de Conflictos

El éxito de las justicias alternativas es innegable, pero los temores que éstas inspiran resultan ubicarse a la altura de su triunfo. La bibliografía que se refiere a esto es considerable, aún cuando lo fundamental de éstas obras siguen un enfoque descriptivo llevado a escala nacional. Sin duda, para tratar de entender los retos que representan los modos amistosos de resolución de conflictos, hay que intentar extender el enfoque, privilegiando un análisis comparado, histórico y antropológico. A condición de prestar attención, las palabras nos dicen mucho, sobre todo cuando desean promover una práctica presentada como differente, nueva, mejor. Pero más allá de las palabras, ¿qué hay al final? El estudio aquí presentado propone sobrepasar las fronteras – límites geográficos al parecer destinados a separar a los países de tradición romana de los de common law o incluso a sociedades complejas de communidades tradicionales, pero también a fronteras de tiempo que oponen el antes y el después – para entender mejor que lo que separa a la justicia pública de la justicia privada podría finalmente asimilarse a pura ilusión. Así como los modos alternativos de resolución de los conflictos se articulan en un largo tiempo, ellos se nutren de los lazos que los unen a la justicia pública.

Streitkultur in Deutschland – Mediation als Alternative zur gerichtlichen Konfliktlösung

Sabrina Wojciechowski

Dem Deutschen wird nachgesagt sich immer an Recht und Gesetz zu halten und besonders prinzipientreu zu sein. Aus diesem Grund wird wahrscheinlich auch vermutet, dass man in Deutschland gerne und intensiv um sein Recht streitet und ohne Einlenken auf seiner Meinung beharrt.

In den letzten Jahren wurden alternative Streitbeilegungsmethoden jedoch besonders gefördert und tatsächlich finden sie auch immer mehr Anklang. Im Juli 2012 trat in Deutschland das Mediationsgesetz in Kraft, mit dem über Vorgaben einer Richtlinie[1] der EU hinaus, beabsichtigt wurde die private Mediation zu fördern. Die Gründe dafür sind vielfältig. Insbesondere sollen die Gerichte entlastet werden. Gerichtliche Verfahren dauern oftmals mehrere Jahre, vor allem wenn sie sich über mehrere Instanzen ziehen. Sie können hohe Kosten verursachen, Konflikte verhärten, zu Folgestreitigkeiten oder gar zu endlosen Fehden führen.

Da klingt es selbstverständlich zunächst sehr vielsprechend, sich außergerichtlich gütlich zu einigen und Alternativen wahrzunehmen.

Wenn für die Mediation geworben wird, liest man überall vom sog. Orangenbeispiel: Zwei Personen streiten sich um eine Orange. Auf den ersten Blick liegt nahe, dass die sinnvollste Lösung darin besteht, jedem eine halbe Orange zuzusprechen, wenn keine Partei hinreichende Gründe darlegen kann, warum gerade sie einen Anspruch darauf hat. So erringt jede Partei wenigstens einen Teilsieg. Die Mediation setzt aber an einem anderen Punkt an. Ein Mediator würde die Parteien fragen, wofür sie die Orange überhaupt benötigen. Er und die beiden Parteien würden feststellen, dass die eine Person nur an dem Saft der Orange interessiert

---

1 Richtlinie 2008/52/EG des Europäischen Parlaments und des Rates vom 21. Mai 2008 über bestimmte Aspekte der Mediation in Zivil- und Handelssachen, Amtsblatt der Europäischen Union, L 136/3, 24. Mai 2008.

ist und die andere lediglich die Schale benötigt, um einen Kuchen zu backen. Mit einer halben Orange wäre daher keiner Partei geholfen.

Bei anderen Alternativen außergerichtlicher Streitbeilegung wird der Fokus nicht so stark auf die Befriedigung der Interessen gelegt. Die Schlichtung zeichnet sich durch eine inhaltliche Verantwortung einer dritten Person aus, die für das Ergebnis hinzugezogen wird. Der Schlichter versucht einen Vergleichsvorschlag auf Grundlage seiner Einschätzung des Sachverhaltes und der Rechtslage vorzulegen, der von beiden Seiten akzeptiert wird. Die Schiedsgerichtsbarkeit ist ein Entscheidungsverfahren und eine „echte" Alternative zur staatlichen Gerichtsbarkeit. Der Vorteil liegt darin, dass die Parteien den Ablauf des vertraulichen Verfahrens freier gestalten können.

Das Orangenbeispiel ist das Idealbild einer interessengerechten Konfliktlösung, mit dem Mediation, nicht zuletzt mithilfe des Mediationsgesetzes, etabliert werden soll. Nach Inkrafttreten des Mediationsgesetzes wurde ein hoher Nachfrageboom erwartet. Zurzeit besteht in Deutschland allerdings mehr Nachfrage an Mediationsausbildung, als an der Streitbeilegung durch diese Methode selbst.

Ob die Mediation tatsächlich – wie es gerade die gesetzlichen Initiativen zeigen – so begrüßenswert ist, möchte ich in meinem Vortrag gerne näher beleuchten.

I.   Was ist Mediation?

Wodurch zeichnet sich Mediation aus? Wie verläuft eine Mediation und welche rechtlichen Aspekte sind maßgeblich?

1.   Begriff der Mediation

Im Wesentlichen handelt es sich bei der Mediation um eine Methode zur Klärung und Erledigung von Streitigkeiten. Der Begriff Mediation wird von lateinischen Adjektiv medius abgeleitet und bedeutet zwischen zwei Ansichten oder Parteien die Mitte haltend, einen Mittelweg einschlagend, sich neutral, unparteiisch verhaltend.[2] Kurzum bedeutet Mediation also Vermittlung. Das deutsche Mediationsgesetz definiert sie als ein vertrauliches und strukturiertes Verfahren, bei dem Parteien

---

2   GEORGES K. E., Ausführliches lateinisch-deutsches Handwörterbuch, Darmstadt, Wissenschaftliche Buchgesellschaft, 1983, Band 2.

mithilfe eines oder mehrerer Mediatoren freiwillig und eigenverantwortlich eine einvernehmliche Beilegung ihres Konflikts anstreben.[3]

Die wesentliche Grundidee der Mediation ist die Eigenverantwortlichkeit der Streitparteien. Denn diese sollen am besten wissen, wie ihr Konflikt zu lösen ist. Sie treffen zunächst die Entscheidung, ob und wie ein solches Verfahren durchgeführt werden soll. Sie schließen in der Regel in einen Mediationsvertrag und einen Mediatorvertrag mit dem/den Mediator/en.

Ein weiteres charakteristisches Merkmal der Mediation ist die Freiwilligkeit der Teilnahme und damit einhergehend die Möglichkeit jederzeit ohne Nachteile aus dem Mediationsverfahren aussteigen zu können.

Der Mediator führt die Parteien dabei lediglich zu dieser Lösung und ist grundsätzlich selbst nicht entscheidungsbefugt, sondern neutral. Häufig handelt es sich bei Mediatoren um Rechtsanwälte mit zusätzlicher Mediatorausbildung.

Das Mediationsverfahren ist darüber hinaus vertraulich. Es sollen keine unerwünschten Informationen nach außen getragen werden, die dann ggf. in einem nachfolgenden Prozess gegen eine beteiligte Partei verwandt werden können.

Wie das Orangenbeispiel zeigen sollte, steht die Orientierung an den Interessen der Konfliktparteien im Vordergrund. Eine wesentliche Phase während der Mediation ist daher die Abklärung der jeweiligen Interessen.

Schließlich soll auf dieser Basis eine tragfähige und zukunftsfähige Regelung entstehen.

2. Rechtlicher Rahmen

In welchem rechtlichen Rahmen bewegt sich die Mediation?

Zu unterscheiden ist zwischen dem Recht der Mediation und dem Recht in der Mediation. Das Recht der Mediation umfasst insbesondere die Mediationsvereinbarung (als Klausel in einem Vertrag oder adhoc in einer späteren Abrede) und den Mediatorvertrag, der die Rechte und Pflichten des Mediators regelt. Dazu zählt der Mediationsvergleich, also das in der Regel vertraglich festgehaltene Ergebnis der Mediation, das einen rechtsgültigen Vergleich im Sinne eines Vertrages darstellt.

Zwar ist die materiell-rechtliche Beurteilung der Streitigkeit vor allem Strategiegrundlage und zur Bewertung des gefundenen Ergebnisses sowie der Vertragsgestaltung erforderlich. Das Recht selbst spielt in der Mediation jedoch nur eine untergeordnete Rolle und führt damit ein Schattendasein.

---

3   § 1 Abs. 1 MediationsG.

3.   Formen der Mediation/Einsatzfelder

Zu differenzieren sind drei verschiedene Möglichkeiten des Einsatzes von Mediation. Es wird unterschieden zwischen der außergerichtlichen und der gerichtsinternen Mediation. Die außergerichtliche (private) Mediation findet unabhängig von einer gerichtlichen Geltendmachung statt. Die Kosten tragen die Parteien selbst.

Steht zunächst die Einschaltung des Gerichts im Vordergrund – die Gründe dafür können unterschiedlich sein (z. B. keine Kenntnis von der Möglichkeit eines Mediationsverfahrens) – sind zwei Varianten der Einbindung der Mediation denkbar. Das Gericht kann die Parteien auf die Möglichkeit der außergerichtlichen Mediation verweisen (gerichtsnahe Mediation) und das Verfahren aussetzen[4]. Dies kommt in der Praxis nahezu nicht vor. Diese Form bietet kaum Vorteile, insbesondere entstehen letztlich nur zusätzliche Kosten für die Mediation neben den Gerichts- und Rechtsanwaltskosten für die Anrufung des Gerichts.

Daneben gibt es das sog. Güterichter-Modell vor. Das Gericht kann die Parteien danach für die Güteverhandlung sowie für weitere Güteversuche vor einen hierfür bestimmten und nicht entscheidungsbefugten Richter verweisen, der alle Methoden der Konfliktbeilegung einschließlich der Mediation einsetzen kann.[5] Das ist der Fall der gerichtsinternen Mediation. Der Güterichter, der gesetzlicher Richter ist, hat eine zusätzliche Ausbildung als Mediator, darf sich hingegen nicht als Mediator im Sinne des Mediationsgesetzes bezeichnen.

Durch die Einführung dieses Modells wurde eine Wettbewerbsverzerrung befürchtet. Da keine weiteren Kosten für die gerichtsinterne Mediation anfallen, läuft dies auf eine staatliche Subventionierung der Mediation zu Lasten von freien Mediatoren hinaus. Zudem wird nicht unbedingt ein Anreiz dafür geschaffen, bereits vorgerichtlich eine Mediation in Anspruch zu nehmen, wenn später der Staat eine solche ohnehin finanziert.

Auf der anderen Seite ist nicht einzusehen, warum nicht auch vor Gericht die Möglichkeit gegeben sein soll eine gütliche Einigung im Wege der Mediation einzuschlagen. Gerade die Richterschaft hat den eigentlichen Grundstein für die Etablierung der Mediation gelegt, weil sie dort schon lange vor Inkrafttreten des Mediationsgesetzes praktiziert worden ist. Darüber hinaus unterscheidet sich diese Form erheblich von der privaten Mediation. Bei letzterer können die Parteien den Mediator selbst aussuchen und mit ihm die besonderen Rahmenbedingungen besprechen, insbesondere den Umfang des Streitstoffes. Der Güterichter, der in

---

4   § 278 a ZPO. Das Gericht ordnet für diesen Fall das Ruhen des Verfahrens an.
5   § 278 Abs. 5 ZPO.

erster Linie Berufsrichter, daher an richterliche Rechte und Pflichten gebunden und letztlich eine deutlich andere Rechtsfigur[6] ist, wird von den Parteien wegen seiner Autorität ggf. anders wahrgenommen. Die gerichtsinterne Mediation ist hingegen nur begrenzt frei gestaltbar. Im Vordergrund steht der Streitgegenstand der Klage und nicht die gesamte persönliche bzw. geschäftliche Beziehung.

Das Güterichter-Modell leistet vielmehr weiterhin einen Beitrag für die Bekanntmachung, so dass es mittelbar die außergerichtliche Mediation, mindestens aber die generelle Möglichkeit alternativer Streitbeilegungsverfahren zu fördern verspricht. Viele Rechtsanwälte kennen diese Alternativen nicht bzw. haben bislang keine Erfahrungen im Bereich der Mediation gesammelt. Durch die gerichtsinterne Mediation erlangen diese Berufsträger Kenntnis von dieser Möglichkeit und können ihre Mandanten schließlich dahingehend beraten und von Erfahrungen berichten. Damit können die beratenden Rechtsanwälte ebenso für die Etablierung der privaten Mediation sorgen.

Grundsätzlich kann die Mediation in nahezu allen denkbaren Feldern eingesetzt werden: etwa bei Konflikten zwischen oder auch innerhalb von Unternehmen, bei politischen Konflikten, bei öffentlich-rechtlichen Planungsvorhaben und bei allen erdenklich privaten Streitigkeiten z. B. im Familien- und Erbrecht. In bestimmten Bereichen ist sogar von Gesetzes wegen ein obligatorischer Versuch der einvernehmlichen Einigung vorgesehen, etwa bei nachbarschaftlichen Konflikten, bei zwischenmenschlichen Beleidigungen und bei niedrigen Zahlungsforderungen.[7] Diesem Umstand ist zu entnehmen, dass der deutsche Gesetzgeber dies offenbar als prädestinierte Einsatzgebiete alternativer Streitbeilegungsmöglichkeiten wertet, was naheliegend erscheint. Dass man ein gestörtes Nachbarverhältnis nicht unbedingt mit einem Urteil hinsichtlich des Streitgegenstandes wieder retten kann, liegt auf der Hand. Bei vorhandener Einigungsbereitschaft und einem fähigen Mediator kann durch das vermittelte Gefühl, keiner habe verloren, dieses Ziel jedoch schon eher erreicht werden. Ob aber die Vorschaltung eines „Zwangsversuches" zu begrüßen ist, steht hingegen auf einem anderen Blatt.

---

6 BT, « Beschlussempfehlung und Bericht des Rechtsausschusses », in *Drucks. 17/8058*, 1. Dezember 2012.

7 § 15 a EGZPO.

4.   Vorteile der Mediation/Kritik an der Mediation

Was bringt die Mediation den Beteiligten? Welche Vorteile bietet die Streitbeilegung im Wege der Mediation?

Die Entscheidung für eine Mediation bietet für die Beteiligten vor allem Flexibilität, Schnelligkeit, Wirschaftlichkeit und eine umfassende, interessen- und beziehungsgerechte Konfliktlösung. In der Regel wird es sich hierbei auch um eine kostengünstige Alternative zu Gerichtsverfahren handeln. Eine Verjährung droht durch die Verhandlung über die Ansprüche nicht.

Ein wesentlicher Vorteil liegt in der Vertraulichkeit. Gerade Unternehmen müssen bei einem etwaigen Austragen ihrer rechtlichen Streitigkeiten mit einer erhöhten Aufmerksamkeit und ggf. auch medialen Thematisierung in der Öffentlichkeit bzw. der Presse rechnen. Es drohen Reputationsschäden, die auch ein obsiegendes Urteil nicht auszugleichen vermag. Geschäftsgeheimnisse dringen ebenfalls nicht nach außen.

Da die Mediation häufig nicht nur die Beilegung eines punktuellen Konflikts verfolgt, sondern zukunftsorientiert gerade auch die zwischenmenschliche bzw. geschäftliche Beziehung zwischen den Parteien wiederzuherstellen beabsichtigt, kann sie mehr bieten als ein gerichtliches Verfahren, in dem das Gericht an die Anträge und den festgelegten Streitgegenstand gebunden ist.

Dass die Mediation ein sehr sinnvolles Instrument der Streitschlichtung ist, kann nicht abgestritten werden. Dies gilt jedenfalls m. E. für den jeweiligen Einzelfall bzw. den individuellen Konflikt. Wesentliche Nachteile birgt diese Form natürlich, wenn die Mediation scheitert und zusätzliche Kosten eines nachfolgenden Gerichtsverfahrens anfallen.

Aber birgt das Institut der Mediation als solches bzw. die generelle Tendenz Streitigkeiten außergerichtlich und gütlich zu klären nicht auch Gefahren?

Wie in jedem anderem Bereich, gibt es auch hier kritische Stimmen, die auf etwaige negative Aspekte hinweisen. Und ihre Argumente lassen sich auch durchaus hören.

Das wachsende Interesse an solchen Konsensverfahren, das sich vor allem aus einer Vielzahl von Neuregelungen in der Zivilprozessordnung und auch den bereits erwähnten obligatorischen vorgerichtlichen Einigungsverfahren ergibt, ist natürlich grundsätzlich begrüßenswert. In der Konsequenz wird jedoch eine gewisse Schlechterstellung desjenigen gesehen, der auf die tatsächliche Durchsetzung seiner geltend gemachten Rechte pocht. Durch einen Harmoniezwang, also die vermittelte Tendenz, möglichst immer eine gütliche Einigung zu erzielen, kann in Zukunft die rechtsstaatlich gewährleistete Möglichkeit der Anrufung der

Gerichte als Ausnahmefall gelten. Der, der hartnäckig und über alle Instanzen hindurch für sein Recht kämpft wird zu einem „schlechteren" Menschen stigmatisiert; eine mangelnde Vergleichsbereitschaft mutiert so zu Unrecht zu einem negativen Charakterzug.[8] Gerade durch die obligatorischen Verfahren, ohne deren vorherige Durchführung in bestimmten Fällen eine eingereichte Klage unzulässig ist, wird ein solcher Druck sich zu vergleichen erzeugt.

Auch ein gewisses Frustrationspotential ist nicht von der Hand zu weisen: Für eine Partei könnte der Eindruck entstehen, dass sich das Beschreiten des Gerichtsweges schon gar nicht lohne, da man sich ohnehin vergleichen werde und nie das bekommen werde, das man einklagt. Damit kommt es womöglich nicht zur Entlastung der Gerichte sondern vielmehr zum Verlust des Vertrauens in die Durchsetzbarkeit seiner Rechte im gerichtlichen Verfahren.

Schließlich besteht die Gefahr, dass die Rechtsfortbildung durch die Rechtsprechung auf der Strecke bleibt und gesellschaftlicher Fortschritt behindert wird, soweit wesentliche Rechtsfragen gar nicht erst zur gerichtlichen Klärung gelangen.

Die aktive Förderung der Mediation und anderer Verfahren ist eine Reaktion auf die Überlastung der Gerichte. Soweit dies jedoch dahingehend verstanden wird, dass aus Angst vor langwierigen Verfahren, der Weg der Mediation einzuschlagen und insofern nachzugeben ist, wäre dies falsch. Der Anspruch auf gerichtliche Durchsetzung und den gesetzlichen Richter würde dadurch unterlaufen werden. Für die Mediation sollten sich die Beteiligten daher nicht nur mittelbar freiwillig entscheiden, sondern insbesondere weil es sich um den in diesem Konfliktfall am besten geeigneten Weg der Beendigung handelt.

II. Fazit

Grundsätzlich ist die Mediation zu befürworten, für bestimmte Bereiche sogar geradezu ideal zur Konfliktlösung. Bei all der Förderung der Möglichkeiten Konflikte gütlich im außergerichtlichen Weg zu schlichten, dürfen die vorgenannten Aspekte aber nicht unberücksichtigt bleiben, um nicht in allzu erheblichen Maße Einfluss auf die Streitkultur als solche zu nehmen. Mediation und andere alternative Verfahren sollten nicht in echter Konkurrenz zum Beschreiten des Gerichtsweges stehen, sondern das generelle Rechtsschutzsystem komplettieren[9].

---

8   Risse J./Bach I., « Wie frei muss Mediation sein? – Von Politik, Ideologie, Gesetzgebern und Gerichten », in *SchiedsVZ*, 2011, S. 14–20.

9   Hirsch G., « Die ‹ alternative Streitbeilegung › hat Konjunktur », in *ZRP*, 2012, S. 189–191.

Es ist wichtig, dass weiterhin gestritten wird, dass für Interessen einseitig auch bis zum Schluss eingestanden wird und Konflikte ausgetragen werden. Streit ist schließlich ein grundlegendes Wesenselement der Demokratie. So heißt es bei Montesquieu: „Vernimmt man in einem Staat keinen Lärm von Streitigkeiten, so kann man sicher sein, dass in ihm keine Freiheit herrscht." Nach Heraklit ist der Streit „der Vater aller Dinge", denn aller Fortschritt sei auf den ständigen Kampf zwischen Gegensätzen und entgegengesetzten Kräften zurückzuführen. Die Förderung alternativer Streitbeilegungsmöglichkeiten darf daher nicht zur Unterdrückung von Streitigkeiten führen.

La culture de la gestion des conflits en Allemagne – La médiation comme alternative à la résolution judiciaire des conflits

L'objet de cette contribution est une courte analyse de la culture de gestion des conflits en Allemagne au regard de la médiation comme alternative à la résolution judiciaire des conflits. D'abord, les caractéristiques de la médiation et ses avantages sont présentés. Il s'agit non seulement de mettre l'accent sur la flexibilité, la rapidité et la rentabilité, mais aussi d'insister sur une qualité essentielle de cette méthode liée à son caractère confidentiel, protégeant ainsi les données sensibles et le secret des affaires. A l'inverse, la promotion renforcée de cette méthode de consensus doit aussi être appréhendée de manière critique. Le manque de comparabilité peut être perçu comme une caractéristique négative, et la confiance dans la mise en exécution des droits peut-être affaiblie.

La cultura de la gestión de los conflictos en Alemania – La mediación como alternativa a la resolución jurídica de conflictos

El objeto de esta comunicación es un corto análisis de la cultura de gestión de los conflictos en Alemania respecto a la mediación como alternativa a la resolución jurídica de conflictos. En primer lugar, se presentarán las características de la mediación y sus ventajas. Tratando de no enfatizar únicamente en la flexibilidad, la rapidez y la rentabilidad, sino también, en la calidad esencial de este método que, regido por su carácter confidencial, protege los datos sensibles y la privacidad de los temas tratados. A la inversa, la masiva publicidad de este método de consenso, debe ser tomada con sumo espíritu crítico. La falta de comparación puede ser percibida como una característica negativa, y la confianza en la ejecución de los derechos puede terminar siendo limitada.

ETHIK, GRUNDWERTE UND RECHTSKULTUR: MENSCHEN MIT BEHINDERUNG

DROIT, ÉTHIQUE ET HANDICAP

DERECHO, ÉTICA Y DISCAPACIDAD

Le droit à la scolarisation des personnes handicapées en France

Manuel Tirard*

- — 3 précisions sur l'étude. Dans l'ordre :

  - — je parlerai de droit à la scolarisation, i. e. de droit à l'éducation ;
  - — c'est un droit qui concerne surtout les enfants, mais pas seulement ;
  - — l'approche sera française, avec toutefois quelques éléments comparatifs.

- — Ce thème implique une présentation autour de 3 interrogations croisées. Il s'agit en effet :

  - — d'une population « particulière », ce qui interroge la possibilité d'individualiser certains groupes dans/par le droit ;
  - — du droit à la scolarisation (à l'éducation) qui est un droit social ; autrement dit un droit positif impliquant une action de l'État. Cela interroge donc son rôle et son degré d'intervention dans la société ;
  - — de la question de la réalisation des droits car, si un droit peut être affirmé dans un pays, il faut par la suite interroger ses effets éventuels (c'est la problématique de la mise en œuvre/de l'effectivité).

Justement, si le droit à la scolarisation des personnes handicapées est clairement consacré dans le système juridique français (I.), sa mise en œuvre doit être interrogée (II.).

---

* La forme orale de la présentation a été conservée (texte à jour au 30 oct. 2014).

I.   Un droit clairement consacré

Quelques données historiques d'abord (1.) ; pour voir ensuite comment s'organise ce droit en France (2.).

1.   Les aspects historiques

Il faut relever les dilemmes/le paradoxe traditionnels français en matière de handicap, liés à sa tradition universaliste (et son rejet du différencialisme) ; par comparaison, cela a toujours été plus facile aux États-Unis d'individualiser juridiquement une population spéciale (le meilleur exemple concerne la minorité noire). A l'inverse, le modèle interventionniste français a favorisé le droit à l'éducation (pour tous les citoyens).

Il y a eu des progrès à partir des années 1970 avec l'évolution de l'universalisme. Cela s'est concrétisé par une première loi en 1975, prévoyant un maintien de la personne handicapée en milieu scolaire ordinaire.

Mais c'est surtout par la suite l'influence croissante des droits international et européen (CESDH) et la volonté politique qui ont été décisives. Ces mutations ont été consacrées dans une loi de 2005 qui concerne l'ensemble des aspects du handicap :

- elle affirme globalement le droit à compensation des conséquences du handicap, ainsi que la participation et l'accessibilité des personnes handicapées dans tous les domaines de la vie sociale (accès aux transports et aux bâtiments, insertion au travail, …) ;
- en particulier, la loi renforce fortement le droit à la scolarisation de ces personnes. Le principe depuis 2005 n'est plus qu'elles sont « soumises » à l'éducation comme en 1975 ; dorénavant, le service public scolaire doit leur « assurer » une formation. En d'autres termes, c'est à l'éducation de s'adapter au handicap et non plus l'inverse. C'est un changement fondamental depuis 2005 en France, qui est appuyé par des garanties concrètes.

2. Les garanties

Elles sont au nombre de 2 :

– D'abord au niveau du fond ; elles sont elles-mêmes doubles :

– (1) le principe est que la scolarisation doit par principe avoir lieu en milieu ordinaire (i.e. avec tous les autres enfants) ;
– et (2) dans l'établissement le plus proche du domicile ;
– cela implique la mise à dispositions de moyens et donc d'argent pour favoriser l'insertion des personnes handicapées dans le milieu ordinaire. Ces moyens sont individuels (matériels) mais aussi collectifs (classes particulières avec des enseignants spécifiques, …). Ces principes n'interdisent pas la scolarisation dans un milieu spécialisé (et souvent loin du domicile), mais celui-ci doit être choisi par exception et parce que l'intérêt de l'enfant l'exige ; non du fait du manque de moyens de l'État.

– Ensuite les garanties de forme :

– le cœur de la procédure consiste à impliquer la personne handicapée et sa famille dans les choix qui seront faits. Le droit à la scolarisation interdit donc toute décision unilatérale de l'administration au profit d'une discussion/négociation avec toutes les parties impliquées (dont des professionnels du handicap) ;
– en pratique, cette procédure passe par l'intervention d'une Commission départementale (CDAPH), à laquelle les parents sont toujours associés, sachant in fine que ces derniers peuvent avoir recours au juge s'ils ne sont pas d'accord avec les décisions adoptées.

Le droit à la scolarisation des personnes handicapées est donc reconnu en France. Ce n'est pas étonnant car c'est aussi le cas dans le droit d'autres pays et de manière très proche (par ex. aux États-Unis ou en Europe). En fait, la vraie problématique concerne l'effectivité de ce droit, ce qui interroge sa mise en œuvre.

II.   Une mise en œuvre à interroger

Si le juge français participe aujourd'hui activement à rendre ce droit à la scolarisation effectif (1.), il ne faut pas nier certaines limites (2.).

1.   Les progrès jurisprudentiels récents

Pendant longtemps, l'obligation de scolarisation qui nous intéresse était pour l'État considérée par les juges français comme une obligation de moyens (donc pas d'obligation de réussite, seulement de mettre en œuvre *certains* moyens pour favoriser la scolarisation).

Cela a changé avec la loi de 2005 car le juge agit plus depuis cette date. C'est vrai par ex. en matière d'accessibilité (transports), mais surtout en matière éducative avec une importante décision du Conseil d'État (8 avril 2009, *Laruelle*) :

- l'affaire était la suivante : la décision de la Commission départementale (CDAPH) n'avait pas été respectée par l'Éducation nationale, et les parents avaient saisi le juge ;
- les juges d'appel n'avaient pas sanctionné l'État, en soulignant qu'il avait « scolarisé partiellement » l'enfant et que ses moyens n'étaient pas suffisants pour une scolarisation complète comme le voulait la CDAPH ;
- le Conseil d'État a cassé en retenant que le droit à l'éducation est « garanti à chacun quelles que soient les différences de situation ». Il en résulte que « la carence de l'État est constitutive d'une faute de nature à engager sa responsabilité, sans que l'administration puisse se prévaloir de l'insuffisance des structures d'accueil (...) » ;
- conséquences : cette décision semble représenter un changement vers une obligation de résultat.

L'évolution est importante, même si en pratique les problèmes se posent en amont : comment garantir ce droit au quotidien (les dommages et intérêts a posteriori ayant peu ... d'intérêts) ? Justement, le juge administratif reconnait de plus en plus la recevabilité de la procédure de référé, i. e. une procédure d'urgence. C'est le référé-liberté qui est utilisé, applicable quand une liberté fondamentale est en danger. Il permet au juge d'obliger l'administration, sous peine d'astreintes, à scolariser les personnes handicapées par « toutes les mesures nécessaires ».

Ces éléments *paraissent* garantir une meilleure effectivité du droit qui nous intéresse (le nombre croissant d'enfants handicapés scolarisés l'atteste) … toutefois, il faut comprendre que la mise en œuvre par le juge est tempérée par d'autres impératifs.

2.   Les questions en suspens

L'obligation de scolarisation s'apprécie-t-elle au regard de celle des valides ? Ce n'est pas clairement dit par le juge dans *Laruelle* (v. également les conclusions du rapporteur public R. Keller) ; n'est-ce pas une limite à une « vraie effectivité » ? Il faut aussi remarquer que l'action judiciaire est subordonnée aux décisions des CDAPH, puisque le juge n'agit qu'a posteriori.

Par ailleurs et dans la même logique, il existe des limites aux pouvoirs du juge des référés, ce qui a tendance dans ces procédures spéciales a tempérer les obligations de l'Éducation nationale (par ex. Conseil d'État, nov. 2013 : « les mesures demandées (par les parents) consistant à créer une place supplémentaire, dotée de personnels suffisants et compétents, pour prendre en charge leur enfant, ne sont pas au nombre de celles qui peuvent être utilement ordonnées par le juge des référés »).

Pourquoi ces limites malgré des avancées notables, tant dans le droit que dans la vie des personnes handicapées ? Principalement pour des raisons financières sous-jacentes, puisqu'il faut de l'argent pour réaliser les droits, a fortiori les droits sociaux. Or le juge ne peut se substituer à la volonté politique et sociale (surtout en France où, contrairement aux États-Unis, le juge n'est pas un réel contre-pouvoir). Et cette volonté politique est peut-être moins forte actuellement, en particulier dans le cadre de la crise des finances publiques. Le « meilleur » exemple des difficultés récentes concerne l'accessibilité des populations handicapées aux transports et aux bâtiments publics, qui a très récemment été repoussée par le législateur en accord avec le gouvernement (et malgré l'action des juges). Cela rappelle que la réalisation des droits a un coût, en particulier financier, d'autant plus quand des droits sociaux impliquant une action publique positive sont concernés.

Das Recht auf Schulbildung von behinderten Menschen in Frankreich

Dieser Beitrag stellt das Recht auf Bildung von behinderten Menschen in Frankreich vor, welches in jüngerer Zeit wesentliche Entwicklungen im positiven Recht erfahren hat. Ein wichtiges Gesetz aus dem Jahr 2005 hat diesbezüglich klare Garantien normiert, wobei die Rechtsprechung diesen Wandel durch die Implementierung dieses Rechts gestärkt hat.
Gegenwärtig ist das untersuchte Recht also sowohl in Gesetzestexten verbürgt als auch von der Rechtsprechung geschützt. Auch wenn es sich daher um ein scheinbar effektives Recht handelt, müssen gewisse Grenzen hervorgehoben werden. Diese Grenzen erinnern daran, dass die Verwirklichung von Rechten einen Preis hat, insbesondere einen finanziellen, vor allem dann, wenn soziale Rechte betroffen sind, die ein positives staatliches Handeln voraussetzen. Mit anderen Worten ist die Anerkennung eines Rechtes in einem Gesetzestext nicht alles.

El derecho a la enseñanza de la personas en situación de discapacidad en Francia

Este artículo se refiere al derecho a la enseñanza (a la educación) destinado a personas en situación de discapacidad, quien ha conocido recientemente evoluciones sustanciales en derecho positivo. En efecto, nos referiremos a una importante ley del año 2005 que ha sentado claramente las garantías en ese sentido ; la acción del juez viniendo a reafirmar dichas evoluciones favoreciendo la puesta en obra de este derecho.
A la fecha, el derecho estudiado está a la vez consagrado por normas y protegido por la jurisprudencia francesa. Si se trata entonces de un derecho que parece efectivo, ciertos límites deben sin embargo destacarse. Estos últimos nos recuerdan que la realización de los derechos tiene un precio, particularmente financiero, aún más cuando los derechos sociales implican una acción pública positiva. En otros términos, el reconocimiento de un derecho en los textos normativos no lo hace todo...

Ausgewählte grund- und menschenrechtliche Fragen der Präimplantationsdiagnostik

Denise Fiedler

I. Einleitung

„Wunsch nach einem Kind" oder *„Kind nach Wunsch"*.[1] „Menschenwürde", „absoluter Lebensschutz – des geborenen und des ungeborenen Lebens" und nicht zuletzt das „Recht auf individuelle Selbstbestimmung einer Person" – das sind im Kern die Themen, die die Debatte um die Zulässigkeit der Präimplantationsdiagnostik (PID) bestimmen. Dabei bietet sich international kein einheitliches Bild. Es gibt Staaten, die die PID für uneingeschränkt zulässig ansehen[2]; Staaten, die die PID für ausnahmsweise zulässig erklären[3] und Staaten, die die PID als absolut unzulässig verwerfen.[4] Die Diskussion um die PID flaut nicht ab und dies, obwohl es diese Form der Diagnostik nun bereits seit gut zwei Jahrzehnten gibt.

---

1   BT, Enquete Kommission, « Recht und Ethik der modernen Medizin », Schlussbericht, in *BT-Drucks. 14/9020*, 14. Mai 2002, S. 210.
2   So z. B. in Finnland, Polen und Malta. Siehe HEYER M./DEDERER H.-G., *Präimplantationsdiagnostik, Embryonenforschung, Klonen – Ein vergleichender Überblick zur Rechtslage in ausgewählten Ländern*, Freiburg/München, Verlag Karl Alber, 2007, S. 22 f., 41, 49 f.
3   So z. B. in der Bundesrepublik Deutschland (seit 2011), Großbritannien, Frankreich, Spanien und Japan. Siehe HEYER M./DEDERER H.-G., Fn. 2, S. 23 ff., 29 ff., 60 ff., 77 ff.
4   So z. B. in einigen Bundesstaaten der Vereinigten Staaten von Amerika. Für einen detaillierten rechtsvergleichenden Überblick über die Zulässigkeit der PID siehe HEYER M./DEDERER H.-G., Fn. 2, S. 89 f. Einen Überblick zur Rechtslage zur künstlichen Befruchtung in Lateinamerika geben HEVIA M./HERRERA VECAFLOR C., « The Legal Status of In Vitro Fertilisation in Latin America and the American Convention on Human Rights », in 36 *Suffolk Transnat'l L. Rev. 51*, 2013, S. 51–88.

II.   Die Präimplantationsdiagnostik

Medizinisch können mit Hilfe der PID, die ausschließlich bei einer künstlichen Befruchtung angewandt wird, noch in der Kulturschale konkrete Aussagen über genetische Schädigungen einer oder mehrerer *in vitro* befruchteter Embryozellen getroffen werden. Die PID dient dazu, das Erbgut eines Embryos durch die Entnahme von ein bis zwei Zellen[5] in den ersten Tagen nach der Befruchtung auf bestimmte krankheitsrelevante Mutationen zu untersuchen.[6] Das Behandlungsverfahren wird durch die künstliche Befruchtung eingeleitet, mit der genetischen Untersuchung fortgesetzt und durch die Implantationsentscheidung abgeschlossen, welche bewirkt, dass der Embryo entweder zur weiteren Entwicklung in die Gebärmutter übertragen oder verworfen wird.[7] Einerseits können so bereits vor Einleitung der Schwangerschaft Fehl- und Totgeburten sowie die Weitergabe von besonders schweren Erkrankungen an das zukünftige Kind vermieden und schwere Belastungen, insbesondere von den betroffenen Frauen und deren Familien, abgewendet werden.[8] Andererseits eröffnet die PID die Möglichkeit zur Selektion der zu implantierenden Embryonen nach beliebigen genetischen Merkmalen – wie dem Geschlecht. Allein die zu untersuchenden krankheitsbedingten Mutationen lassen Spielraum. Mittlerweile sind über tausend medizinische Veranlassungsgründe für genetische Untersuchungen bekannt. In den Vereinigten Staaten von Amerika gibt es Untersuchungen auf erblich bedingte Taubheit.[9] In Großbritannien ließ ein Elternpaar eine PID zur Vererbung des Brustkrebsgens durchführen.[10] Zugleich wird in Belgien und in den Vereinigten Staaten die Anwendung auf erblich bedingte Adipositas diskutiert.[11] Etwa in Großbritan-

---

5   § 8 Abs. 1 Gesetz zum Schutz von Embryonen (Embryonenschutzgesetz – ESchG) v. 13. Dezember 1990, BGBl. I 2746, zuletzt geändert durch Art. 1 des Gesetzes v. 21. November 2011 (BGBl. I S. 2228) bezieht sich auf totipotente Zellen. Zur Unterscheidung von totipotenten und pluripotenten Zellen siehe z. B. BT, Enquete Kommission, Fn. 1, S. 97, 251.

6   BT, « Zweiter Entwurf eines Gesetzes zur Regelung der Präimplantationsdiagnostik » (Präimplantationsdiagnostikgesetz – PräimpG), in *BT-Drucks. 17/5451*, 12. April 2011, S. 7.

7   BT, Fn. 6, S. 8.

8   BT, Fn. 6, S. 2.

9   Baruch S./Kaufman D. J./Hudson K., « Genetic Testing of Embryos: Practices and Perspectives of U.S. IVF Clinics », in *Fertility and Sterility*, September 2006, http://www.dnapolicy.org/resources/PGDSurveyReportFertilityandSterilitySeptember2006withcoverpages.pdf, abgerufen am 4. Dezember 2014, S. 4.

10   UCL, « First baby tested for breast cancer form BRCA1 before conception born in UK », Pressemitteilung v. 9. Januar 2009, http://www.ucl.ac.uk/news/news-articles/0901/09010802, zuletzt aufgerufen am 4. Dezember 2014.

11   BT, « Erster Entwurf eines Gesetzes zur Regelung der Präimplantationsdiagnostik » (Präimplantationsdiagnostikgesetz – PräimpG), in *BT-Drucks. 17/5450*, 11. April 2011, S. 6.

nien und Schweden ist auch die künstliche Zeugung sog. „Rettungsgeschwister" erlaubt.[12] Eine derartig vielgestaltige Anwendungspraxis der PID stößt aufgrund ihres „Dammbruchcharakters"[13] ethisch und juristisch an ihre Grenzen.

III. Die rechtliche Ausgestaltung der Präimplantationsdiagnostik in der Bundesrepublik Deutschland

Über viele Jahre bestand in der politischen und wissenschaftlichen Debatte in der Bundesrepublik Deutschland weitgehende Einigkeit, dass die PID – trotz des Fehlens einer expliziten Regelung durch das Embryonenschutzgesetz von 1990[14] – verboten war.[15] Erst der Freispruch eines Frauenarztes, welcher die PID mehrfach in seiner Praxis durchgeführt hatte, durch das Landgericht Berlin[16] und die nachfolgende Revisionsentscheidung des Bundesgerichtshofs[17], entfachte die Forderung nach einer gesetzlichen Regelung. Der Bundesgerichtshof hatte entschieden, dass die nach künstlicher Befruchtung beabsichtigte PID auf schwere genetische Schäden hin keine Strafbarkeit nach dem damaligen Embryonenschutzgesetz begründe, eine „unbegrenzte Selektion anhand genetischer Merkmale" bei einer künstlichen Befruchtung jedoch nicht zulässig sei und vielmehr eine klare gesetzliche Regelung wünschenswert wäre.[18]

---

12 In diesen Fällen wird mittels PID die Eignung als Spender für Nabelschnurblut oder Gewebe zur Behandlung eines Geschwisterkindes analysiert. Siehe DT. ETHIKRAT, « Stellungnahme zur Präimplantationsdiagnostik », in *BT-Drucks. 17/5210*, 3. März 2011, S. 23 ff.

13 DT. ETHIKRAT, Fn. 12, S. 39 f.

14 Embryonenschutzgesetz, Fn. 5.

15 BT, « Dritter Entwurf eines Gesetzes zur Regelung der Präimplantationsdiagnostik » (Präimplantationsdiagnostikgesetz – PräimpG), in *BT-Drucks. 17/5452*, 12. April 2011, S. 1.

16 LG BERLIN, Zur Zulässigkeit der Präimplantationsdiagnostik, Urt. v. 14. Mai 2009, Az.: 512, 1 Kap Js 1424/06 KLs, 26/08.

17 BGH, Grundsatzurteil des Bundesgerichtshofs zur Präimplantationsdiagnostik, Urt. v. 6. Juli 2010, Az.: 5 StR 386/09, BGHSt 55, S. 206–220.

18 BGH, Fn. 17; mit Bezug auf das Embryonenschutzgesetz, Fn. 5, insbesondere Rn. 29. Das Urteil bezieht sich lediglich auf die PID an pluripotenten Zellen.

1.   Das Präimplantationsdiagnostikgesetz

Ausgehend von der Stellungnahme des Deutschen Ethikrates[19] und drei fraktions-übergreifenden Gesetzentwürfen[20] im Bundestag wurde im Jahr 2011 das sog. Präimplantationsdiagnostikgesetz[21] in das Embryonenschutzgesetz[22] aufgenommen. Danach bleibt die PID in der Bundesrepublik Deutschland im Grundsatz strafbewährt.[23] Die PID ist nur dann nicht rechtswidrig, wenn aufgrund der Vorbelastung der Eltern für die Nachkommen das hohe Risiko einer schwerwiegenden Erbkrankheit besteht oder eine schwerwiegende Schädigung des Embryos vorliegt, die mit hoher Wahrscheinlichkeit zu einer Tot- oder Fehlgeburt führt.[24] Der Gesetzgeber hat weder das „hohe" Risiko noch die „schwerwiegende" Erbkrankheit bzw. Schädigung definiert. Allerdings werden allein die monogen bedingten Erbkrankheiten bislang mit mehreren Tausend beziffert,[25] so dass schon ein Auflisten dieser „schwerwiegenden Erbkrankheiten" den Rahmen einer gesetzlichen Reglung sprengen würde. Zudem verlangt das Präimplantationsdiagnostikgesetz vor dem Hintergrund der medizinischen Entwicklung zumindest in Grenzen nach einer dynamischen Auslegung. Zum einen werden neue medizinische Erkenntnisse gewonnen, die die Palette an einschlägigen Krankheiten erweitern. Zum anderen wird stets an neuen Behandlungsmethoden gearbeitet, die für aus heutiger Sicht noch unheilbare Erkrankungen zukünftig Hoffnung geben und den Grad „schwerwiegend" herabsetzen werden. Die nähere Ausgestaltung der Ausnahmetatbestände bleibt Einzelfallentscheidungen[26] überlassen. Um einem Missbrauch vorzubeugen, stellt der Gesetzgeber verfahrensrechtliche Anforderungen.[27]

Mit dem Präimplantationsdiagnostikgesetz hat in der Bundesrepublik Deutschland eine ethisch und juristisch umstrittene Materie nach fast zwei Jahrzehnten eine gesetzliche Regelung erfahren. Damit hat der Gesetzgeber den

---

19   DT. ETHIKRAT, Fn. 12.
20   BT, Fn. 11; BT, Fn. 6; BT, Fn. 15.
21   Präimplantationsdiagnostikgesetz (PräimpG), BGBl. I 2011, 2228, 22. November 2011.
22   Embryonenschutzgesetz, Fn. 5.
23   § 3a Abs. 1 ESchG.
24   § 3 Abs. 2 ESchG mit Bezug auf pluripotente Zellen.
25   PELCHEN G./HÄBERLE P., in: ERBS G./KOHLHAAS M., *Strafrechtliche Nebengesetze – Embryonenschutzgesetz*, 197. Ergänzungslieferung, München, C.H. Beck, 2014, § 3a, Rn. 7.
26   Siehe dazu im Einzelnen PELCHEN G./HÄBERLE P., Fn. 25, § 3a, Rn. 7 ff.
27   § 3a Abs. 3 ESchG; Einzelheiten regelt die Verordnung zur Regelung der Präimplantationsdiagnostik (Präimplantationsdiagnostikverordnung – PIDV), BGBl I 2013, 323, 21. Februar 2013, in Kraft seit 1. Februar 2014.

Wünschen der Bundesrichter entsprochen. Doch auch dieses Gesetz lässt offene Fragen, die etwa den Umgang mit sog. „Zufallsfunden" betreffen.[28]

2.   Die verfassungsrechtliche Perspektive der Präimplantationsdiagnostik

Ob das Präimplantationsdiagnostikgesetz einer verfassungsgerichtlichen Überprüfung standhalten kann, bleibt abzuwarten. Fest steht, dass die PID verfassungsrechtlich nicht unbedenklich ist, werden auf Grundlage der PID doch Embryonen selektiert und verworfen. Schon Art. 1 Grundgesetz löst Bedenken aus, ist die Menschenwürde doch unantastbar und der Staat zur Achtung und zum Schutz der Menschenwürde verpflichtet. Art. 2 Abs. 2 Grundgesetz garantiert ein Recht auf Leben und körperliche Unversehrtheit.

Der Schutzbereich des Lebens liegt zumindest auf dem ersten Blick auf der Hand. Das Grundrecht schützt das körperliche Dasein, die biologisch-physische Existenz.[29] Im Einklang mit der Allgemeinen Erklärung der Menschenrechte[30] kommt der Menschenwürde im Grundgesetz eine „herausgehobene Wertigkeit"[31] zu. Diese wird durch die systematische Stellung an der Spitze des Grundrechtsteils betont und erteilt eine Absage an das nationalsozialistische Regime.[32] Eine nähere Präzisierung fehlt im Grundgesetz gleichwohl. Theodor Heuss, als einer der Väter des Grundgesetzes, verstand die Menschenwürde als „nicht interpretierbare These, die der Eine theologisch, der Andere philosophisch, der Dritte ethisch auffassen kann."[33] In Anlehnung an die Moralphilosophie von Immanuel Kant[34] nähert sich das Bundesverfassungsgericht der Menschenwürde nicht über den Schutzbereich,

---

28   Zufallsfunde sind Befunde, die einen anderen genetischen Defekt feststellen, als derjenige der im Vorfeld Anlass und Berechtigung zur Durchführung der PID gab. Siehe PELCHEN G./ HÄBERLE P., Fn. 25, § 3a, Rn. 9.

29   JARASS H. D., in: JARASS D./PIEROTH B., *Grundgesetz*, 13. Auflage, München, C.H. Beck, 2014, Art. 2, Rn. 81.

30   UNGA, Allgemeine Erklärung der Menschenrechte (AEMR), Resolution 217 A III, UN-Doc. A/810, 10. Dezember 1948, S. 71; Art. 1 Abs. 1 Satz 1 AEMR.

31   HERDEGEN M., in: MAUNZ T./DÜRIG G., *Grundgesetz Band I*, 70. Ergänzungslieferung, München, C.H. Beck, 2014, Art. 1, Rn. 25.

32   DREIER H., in: DREIER H., *Grundgesetz-Kommentar Band I*, 3. Auflage, Tübingen, Mohr Siebeck, 2013, Art. 1 Abs. 1, Rn. 41.

33   PARLAMENTARISCHER RAT, *Akten und Protokolle, Band 5, Ausschuß für Grundsatzfragen*, Oldenbourg, Wissenschaftsverlag, 1948–1949, S. 72.

34   KANT I., *Die Grundlegung der Metaphysik der Sitten*, Riga, bey Johann Friedrich Harknoch, 1785, S. 7.

sondern über den Verletzungsvorgang. Das Bundesverfassungsgericht begreift die Achtung und den Schutz der Menschenwürde als Konstitutionsprinzipien, durch die der soziale Wert- und Achtungsanspruch des Menschen geschützt wird, „der es verbietet, den Menschen zum bloßen Objekt des Staates zu machen oder ihn einer Behandlung auszusetzen, die seine Subjektqualität prinzipiell in Frage stellt."[35] Im Hinblick auf die PID wirft dies die Frage auf, ob der Embryo *in vitro* Träger der Menschwürde sein kann. Das Meinungsspektrum zum verfassungsrechtlichen Status pränatalen Lebens ist grenzenlos.[36] Die Analyse wird deshalb auf Meinungen beschränkt, die den Beginn der Würde nicht ohne das Grundrecht auf Leben und körperliche Unversehrtheit betrachten. Der Beginn des Lebens ist jedoch nicht in jeder Hinsicht kongruent zum Beginn der menschlichen Würde.

Teilweise wird vertreten, dass Träger der Menschenwürde nur geborene Menschen sein können.[37] Weiter geht die Auffassung, welche bereits dem pränatalen Leben je nach Entwicklungsstufe einen abgestuften Menschenwürdeschutz zugesteht.[38] Dagegen ist die Menschenwürde nach Ansicht des Bundesverfassungsgerichts an den Beginn des Lebens gekoppelt. „Wo menschliches Leben existiert, kommt ihm Menschenwürde zu."[39] Die „von Anfang an im menschlichen Sein angelegten potentiellen Fähigkeiten"[40] können für sich die Menschenwürde begründen, so dass sie jeder besitzt, „ohne Rücksicht auf seine Eigenschaften, seine Leistungen und seinen sozialen Status"[41]. Der Schutz des Lebens beginnt für das Bundesverfassungsgericht „jedenfalls" mit der Nidation[42] des befruchteten Eis in der Gebärmutter.[43] Durch das Wort „jedenfalls" schließt das Bundesverfassungsgericht nicht aus, dass bereits vor der Nidation Leben entstehen kann. Zu denken wäre an den Zeitpunkt der Kernverschmelzung, der auch in

---

35 BVERFG, Lebenslange Sicherungsverwahrung, Urt. v. 5. Februar 2004, Az.: 2 BvR 2029/01, BVerfGE 109, S. 149 f.).

36 Für eine detaillierte Darstellung siehe z. B.: MÜLLER-TERPITZ R., *Der Schutz des pränatalen Lebens*, Tübingen, Mohr Siebeck, 2007, S. 187 ff., 333 ff.; FERDINAND P., *Pränatal- und Präimplantationsdiagnostik aus verfassungsrechtlicher Sicht*, Frankfurt am Main, Peter Lang, 2009, S. 130 ff.

37 So z. B. DREIER H., Fn. 32, Art. 1 Abs. 1, Rn. 82 ff.

38 HERDEGEN M., Fn. 31, Art. 1 Abs. 1, Rn. 69 ff.

39 BVERFG, Schwangerschaftsabbruch I, Urt. v. 25. Februar 1975, Az.: 1 BvF 1/74, 1 BvF 2/74, 1 BvF 3/74, 1 BvF 4/74, 1 BvF 5/74, 1 BvF 6/74, BVerfGE 39, S. 41; BVERFG, Schwangerschaftsabbruch II, Urt. v. 28. Mai 1993, Az.: 2 BvF 2/90, 2 BvF 4/92, 2 BvF 5/92, BVerfGE 88, S. 251 f.

40 BVERFG, BVerfGE 39, Fn. 39, S. 41.

41 BVERFG, Tanz der Teufel, Beschluss vom 20. Oktober 1992, Az.: 1 BvR 698/89, BVerfGE 87, S. 228.

42 Diese Ansicht vertritt z. B. auch JARASS, H. D., Fn. 29, Art. 2, Rn. 81.

43 BVERFG, BVerfGE 88, Fn. 39, S. 251 f. mit Verweis auf BVERFG, BVerfGE 39, Fn. 39, S. 37.

der Literatur[44] als maßgeblich für den Lebensbeginn angesehen und Eingang in das Embryonenschutzgesetz gefunden hat.[45] Zwar verbietet sich mit Blick auf die Normenhierarchie ein Schluss von der einfachgesetzlichen Regelung auf die Verfassung, zumal im Embryonenschutzgesetz der Begriff „Embryo" und weder das Leben noch die Menschenwürde definiert werden. Doch zeigt es die Tendenz des Gesetzgebers, dem Embryo bereits in einem sehr frühen Stadium einen gewissen Schutz einzuräumen. Um diesem Schutzinteresse genügen zu können, soll für die verfassungsrechtliche Betrachtung die Kernverschmelzung als maßgebliches Moment für den Schutz pränatalen Lebens angesehen werden. Es ist der objektiv-institutionelle Gewährleistungsgehalt der Würde des Menschen, dem in diesem frühen Entwicklungsstadium Rechnung getragen wird. Denn die Menschenwürde ist eben nicht nur ein individuelles Grundrecht, sondern auch objektives Prinzip, während das Recht auf Leben als subjektives Schutzrecht nicht absolut ausgestaltet ist. Wenn der Staat zum Schutz menschlichen Lebens verpflichtet ist, ohne dass dieses Leben ein eigenes, subjektives Lebensrecht besitzt, so kann dies nur aus dem „objektiven Gewährleistungsgehalt der Menschenwürde" abgeleitet werden.[46] Dieser Schutz kann dann jedenfalls nicht absoluter Natur sein, sondern ist ein „dem Prinzipiencharakter entsprechender bloßer Abwägungsschutz".[47]

Die PID stellt in erster Linie eine medizinische Untersuchung des Embryos dar. Sinn und Zweck ist nicht das Herabwürdigen des Embryos zu einem bloßen Objekt. Durch die genetische Untersuchung werden medizinische Erkenntnisse über den Entwicklungszustand des Embryos gewonnen. Die PID kann folglich nicht pauschal gegen die Menschenwürde verstoßen. Maßgeblich für die Menschenwürde können nur die Implantationsentscheidung und die Nichtimplantation sein. Diese Implantationsentscheidung wird jedoch nicht vom Staat, sondern auf der Basis der Freiwilligkeit vom behandelnden Arzt gemeinsam mit den potentiellen Eltern getroffen. In der Konsequenz kann Anknüpfungspunkt für die Menschenwürde lediglich die Nichtimplantation sein. Bei einer natürlichen Schwangerschaft wäre in einer vergleichbaren Situation nach deutschem Recht eine Pränataldiagnostik zulässig. Auch diese kann einen Befund ergeben, der eine Abtreibungsentscheidung begünstigt. Mithin können sowohl die PID

---

44 Siehe dazu z. B. Böckenförde E.-W., « Menschenwürde als normatives Prinzip – Die Grundrechte in der bioethischen Debatte », in *58 JZ*, 2003, S. 812.

45 § 8 Abs. 1 ESchG.

46 Di Fabio U., in: Maunz T./Dürig G., *Grundgesetz Band I*, 70. Ergänzungslieferung, München, C.H. Beck, 2014, Art. 2 Abs. 2 Satz 1 Rn. 28. In diesem Sinne ist bereits die Gesetzesbegründung zum Entwurf eines Gesetzes zum Schutz von Embryonen zu verstehen. Siehe hierzu BT, « Entwurf eines Gesetzes zum Schutz von Embryonen », in *BT-Drucks.* 11/5460, 25. Oktober 1989, S. 10.

47 Jarass H. D., Fn. 29, Art. 1, Rn. 9.

als auch die Pränataldiagnostik bei bestimmten Befunden dazu führen, dass eine
Schwangerschaft nicht eingeleitet bzw. abgebrochen wird. Zu berücksichtigen ist,
dass die PID selbst bei einem Verwerfen des Embryos *in vitro* die Frau körperlich
und psychisch weit weniger stark belastet als ein Schwangerschaftsabbruch. Die
Tötung des Fötus ggf. nach der 12. Schwangerschaftswoche ist auch für den Fötus
gravierender einzustufen als das Verwerfen eines Achtzellers.[48] Daraus ergibt sich,
dass der Schutz der Menschenwürde des Embryos *in vitro* nicht weiter gehen kann
als der unmittelbare Schutz des Fötus vor der Abtreibung. Zwar ist der Embryo
in vitro unter dem Gesichtspunkt der Menschwürde nicht völlig schutzlos gestellt,
jedoch verpflichtet diese nicht zur Implantation.[49] Insbesondere kann die poten-
tielle Mutter vor diesem Hintergrund vom Staat nicht zur Implantation gezwun-
gen werden. Vielmehr muss sie in kritischer Selbstanalyse in der Entscheidung frei
sein, ob sie Willens und in der Lage ist, diejenigen Leistungen zu erbringen, die
ein schwer gesundheitlich beeinträchtigtes Kind mit sich bringt. Darüber hinaus
wäre es sinnwidrig einen Embryo *in vitro* zu zeugen, die PID ausnahmslos zu
verbieten um dann nach einer Untersuchung im Mutterleib die Schwangerschaft
aufgrund eines schweren Gendefektes abzubrechen.[50] In der Konsequenz müssten
die Vertreter, welche die PID ausnahmslos verbieten wollen, auch den Schwangerschaftsabbruch versagen.[51]

3.   Die Präimplantationsdiagnostik im Rechtsschutzsystem der Europäischen Menschenrechtskonvention

Die Diskussionen um die PID und die Menschenwürde verlieren sich auf der
Ebene des Rechtsschutzsystems der Europäischen Menschenrechtskonvention
(EMRK)[52]. Den Begriff der Menschenwürde kennt die EMRK nicht. Jedoch

---

48   DREIER H., Fn. 32, Art. 1 Abs. 1, Rn. 97.
49   HERDEGEN M., Fn. 31, Art. 1 Abs. 1, Rn. 113.
50   DI FABIO U., Fn. 46, Art. 2 Abs. 2 Satz 1, Rn. 31; DEDERER H.-D., « Menschenwürde des
     Embryo in vitro? », *Archiv des öffentlichen Rechts*, Vol. 127, Nr. 1, 2002, S. 21 f.; IPSEN, J., « Der
     « verfassungsrechtliche Status ‹ des Embryos in vitro › », in *56 JZ*, 2001, S. 995.
51   Insoweit konsequent in etwa HILLGRUBER, C., in: EPPING V./HILLGRUBER C., *Grundgesetz*,
     2. Auflage, München, C.H. Beck, 2013, Art. 1, Rn. 25.
52   Konvention zum Schutze der Menschenrechte und Grundfreiheiten v. 4. November 1950,
     ursprüngliche Fassung BGBl. 1952 II, S. 685–686, 953. Die Konvention ist nach der Bekannt-
     machung v. 15. Dezember 1953, BGBl. 1954 II, S. 14, für die Bundesrepublik Deutschland am
     3. September 1953 in Kraft getreten.

wird u. a. das Recht auf Achtung des Privat- und Familienlebens[53] als besondere Ausprägung des Menschenwürdesatzes verstanden.[54]

Der Europäische Gerichtshof für Menschenrechte (EGMR) hat sich in dem Fall *Costa und Pavan gegen Italien*[55] mit der konventionsrechtlichen Beurteilung der PID beschäftigen müssen. In diesem Fall hatten die Beschwerdeführer, die beide Träger des Mukoviszidose-Gens sind, die Durchführung einer künstlichen Befruchtung nebst PID in Italien beantragt. Die Beschwerdeführer waren bereits Eltern einer an Mukoviszidose erkrankten Tochter und hatten sich in der Folge nach wiederholt eingetretener Schwangerschaft auf Grundlage einer Pränataldiagnostik bereits einmal für einen Schwangerschaftsabbruch entschieden. Der Antrag wurde von den italienischen Behörden abgelehnt, woraufhin sich die Beschwerdeführer direkt an den EGMR wandten. In Italien war die künstliche Befruchtung zum damaligen Zeitpunkt grundsätzlich allein sterilen und unfruchtbaren Paaren vorbehalten und die PID verboten.[56]

Der EGMR ist in seinem Urteil zu dem Ergebnis gelangt, dass der Schutz des Privatlebens und der Familie sehr weit zu verstehen ist. Dieser beinhaltet nicht nur das Recht auf Respektierung des Wunsches Eltern zu werden, sondern auch das Recht auf Zugang zur assistierenden Reproduktionsmedizin. Dem Schutz des Privatlebens und der Familie unterfällt der Wunsch eines Ehepaares nach einem Kind ohne einen Gendefekt, dessen Träger beide Elternteile sind und die Möglichkeit zur Verwirklichung dieses Wunsches die künstliche Befruchtung sowie die PID zu nutzen. Das damalige absolute Verbot der PID nach italienischen Recht verstieß gegen Art. 8 EMRK.[57] Dies begründete der EGMR mit der Inkonsistenz des italienischen Rechts, nachdem eine Pränataldiagnostik zulässig gewesen wäre, die bei einem gleichartigen Gendefekt einen Schwangerschaftsabbruch erlaubt hätte. Insoweit sei ein absolutes Verbot der PID weder verhältnismäßig noch sei ein vernünftiger Zweck für das absolute Verbot erkennbar.[58]

Die Entscheidung des EGMR zeigt einmal mehr, dass ein absolutes Verbot der PID auch in der Bundesrepublik Deutschland nicht haltbar gewesen wäre. Auch vor Einführung des Präimplantationsdiagnostikgesetzes wäre eine Pränataldiagnostik zulässig gewesen und hätte bei Vorliegen eines positiven Befundes die Möglichkeit eines Schwangerschaftsabbruches eröffnet.[59]

---

53 Art. 8 EMRK.
54 DREIER H., Fn. 32, Art. 1 Abs. 1, Rn. 29.
55 EGMR, Costa and Pavan v. Italy, Urt. v. 28. August 2012, Az.: 54270/10.
56 EGMR, Fn. 55, Rn. 7 ff.
57 EGMR, Fn. 55, Rn. 46 ff.
58 EGMR, Fn. 55, Rn. 57 ff.
59 MAKOSKI K., « Absolutes Verbot der PID unzulässig », in *Gesundheitsrecht 12/2012*, S. 737.

IV. Fazit

Für die weitere Rechtsentwicklung könnte das im Urteil des EGMR entwickelte Interesse der Eltern von Bedeutung sein, ein Kind ohne elterlich veranlagten Gendefekt zu zeugen. Der EGMR bereitet damit in ersten Ansätzen den Weg dafür, das Recht auf das Erlangen eines gesunden Kindes grundlegend anzuerkennen.[60] Dies birgt in sich die Gefahr für eine uferlose Ausweitung der PID, welche allein unter diesem Gesichtspunkt auch bereits für einfache genetische Abweichungen von der idealen Norm zur Anwendung kommen könnte. Bezogen auf die Bundesrepublik Deutschland dürfte dieses Recht nicht nur mit internationalen Verpflichtungen, wie der Behindertenrechtskonvention[61], nicht vereinbar sein. Auch die Absolutheit der Menschenwürde könnte durch ein solches Recht ins Wanken geraten, sie antastbar werden lassen und dies, obwohl es ein übergeordnetes Anliegen der Mütter und Väter des Grundgesetzes war, die Menschenwürde für ewig[62] unantastbar zu machen.

Questions relatives au diagnostic préimplantatoire quant aux aspects liés aux droits fondamentaux et humains.

Sur le plan international, l'admissibilité du PID (diagnostic préimplantatoire) ne présente pas une image homogène. En République Fédérale d'Allemagne, cette question, sujette à des conflits d'ordre éthique et juridique, a fait l'objet d'une réglementation spécifique après deux décennies de discussions. Mais il reste à déterminer si cette loi est conforme ou non à la Constitution. Sur le plan constitutionnel, en ce qui concerne la dignité humaine et le droit à la vie, le PID n'est pas anodin en ce qu'il implique la possibilité de choisir et de rejeter des embryons. La Cour Européenne des Droits de l'Homme va très loin dans l'affaire Costa et Pavan contre Italie, en concluant que la protection de la vie privée et de la famille inclut non seulement le droit au respect du désir de devenir parents, mais aussi le droit d'accès à une médecine de reproduction assistée et au PID.

---

60 Ibid.
61 Übereinkommen der Vereinten Nationen über die Rechte von Menschen mit Behinderungen v. 13. Dezember 2006, BGBl. 2008 II, S. 1419. Das Übereinkommen nebst Zusatzprotokoll wurde durch die Bundesrepublik Deutschland am 30. März 2007 unterzeichnet (in Kraft seit 26. März 2009).
62 Die Menschenwürde unterfällt nach Art. 79 Abs. 3 Grundgesetz der sog. « Ewigkeitsklausel ».

Cuestiones relativas al diagnóstico previo a la implantación, en cuanto a los aspectos ligados a los derechos fundamentales y humanos.

En el ámbito internacional, la admisibilidad del diagnóstico previo a la implantación (PID, por sus siglas en alemán) no presenta una imagen homogénea. En la República Federal Alemana, esta cuestión, unida a conflictos de orden ético y jurídico, tras dos décadas de discusiones, ha sido objeto de una regulación específica. Aun así, queda por determinar si esta ley es conforme o no a la Constitución. En efecto, según el derecho constitucional, en lo relativo a la dignidad humana y al derecho a la vida, el diagnóstico previo a la implantación no es un asunto anodino en la medida que implica la posibilidad de escoger y de rechazar embriones. El Tribunal Europeo de Derechos Humanos profundiza sus consideraciones en este tema en el caso Costa y Pavan contra Italia, concluyendo que la protección de la vida privada y de la familia incluye no sólo el derecho al respeto del deseo de ser padres, sino también al derecho de acceso al tratamiento de reproducción asistida y a un diagnóstico previo a la implantación.

KURZLEBENSLÄUFE

CURRICULUM VITAE

CURRÍCULOS SUCINTOS

BRUNO NOVOA CAMPOS

Anwalt mit Schwerpunkt Verfassungsrecht. Master in Verfassungsrecht an der Päpstlichen Katholischen Universität von Peru. Leiter des Instituts für Verfassungsrecht. Berater für Verfassungsrecht im Ministerium für Justiz und Menschenrechte (MINJUS) und Mitglied des MINJUS Studienzentrums. Autor zu verfassungsrechtlichen Themen in Bezug auf die Meinungsfreiheit, die alternativen Mechanismen zur Konfliktlösung und Rechtspluralismus. Er verwaltet den „Palas Atenea"-Rechtsblog.

Avocat constitutionnaliste. Master en droit constitutionnel de l'Université Pontificale et Catholique du Pérou. Président de l'Institut de Droit Constitutionnel. Conseiller en droit constitutionnel du Ministère de la Justice et des Droits de l'Homme (MINJUS) et membre du Centre d'études du MINJUS. Auteur en thèmes constitutionnels en rapport avec la liberté d'expression, les mécanismes alternatifs de résolution des conflits et le pluralisme juridique. Il administre le blog juridique « Palas Atenea ».

Abogado constitucionalista. Egresado de la Maestría en Derecho Constitucional por la Pontificia Universidad Católica del Perú. Presidente del Instituto de Derecho Constitucional. Asesor en Derecho Constitucional del Ministerio de Justicia y Derechos Humanos y miembro del Centro de Estudios en Justicia y Derechos Humanos del MINJUS. Autor en temas constitucionales sobre libertad de expresión, mecanismos alternativos de resolución de conflictos y pluralismo jurídico, administra el blog jurídico "Palas Atenea".

CHRISTIAN CARBAJAL VALENZUELA

Rechtsanwalt der Päpstlichen Katholischen Universität von Peru mit Berufserfahrung im internationalen Wirtschaftsrecht, Kapitalanlagerecht, Schiedsgericht- und Bergrecht. Er hat als Leitender Rechtsberater für ausländische Investoren an internationalen Schiedsverfahren vor dem Internationalen Zentrum für die Beilegung von Investitionsstreitigkeiten (ICSID) und der Internationalen Handelskammer (ICC) teilgenommen. Master in internationalem Wirtschaftsrecht (LL.M.) an der Universität Warwick in England. Er verfasste eine Doktorarbeit zu internationalen Schiedsverfahren bezüglich ausländischer Investitionen.

Avocat de l'Université Pontificale et Catholique du Pérou, avec expérience professionnelle en droit international des affaires, droit des investissements, arbitrage et droit minier. A participé en qualité de conseiller juridique principal d'investisseurs étrangers aux arbitrages internationaux devant le Centre International pour le Règlement des Différends Relatifs aux Investissements (CIRDI), et la Chambre Internationale du Commerce (CIC). Master en droit international économique (LL.M.) de l'université Warwick, Angleterre. Il a rédigé une thèse en arbitrage international en matière d'investissement étranger.

Abogado graduado en la Pontificia Universidad Católica del Perú, con experiencia profesional en Derecho Comercial Internacional, Derecho de las Inversiones, Arbitraje y Derecho Minero, habiendo participado como asesor legal principal de inversionistas extranjeros en arbitrajes internacionales ante el Centro Internacional de Arreglo de Controversias de Inversión (CIADI) y la Cámara de Comercio Internacional (CCI). Máster en Derecho Internacional Económico (LLM) por la Universidad de Warwick, Inglaterra. Tesis de Magíster relativa a Arbitraje Internacional en materia de Inversión Extranjera.

ALBERTO CORDUAS

Alberto Corduas hat einen Masterabschluss in Wettbewerb und Marktregulierung der Universität Paris Ouest Nanterre La Défense inne und ist dort Mitglied im Zentrum für öffentlich-rechtliche Forschung (CRDP), wo er seine Doktorarbeit im öffentlichen Wirtschaftsrecht unter der Leitung eines Mitglieds des französischen Staatsrats, Betrand du Marais, vorbereitet. Der Masterabsolvent der Universität Neapel Federico II ist gegenwärtig Dozent an der Universität Paris Ouest Nanterre La Défense und Berater in der Kanzlei „McDermott, Will & Emery" in Paris, nachdem er mit den Anwaltsbüros „Allen & Overy" in Rom und „Bredin Prat" in Paris zusammengearbeitet hat.

Né à Naples de parents italiens, fréquente pendant dix ans l'école française de Naples avant d'intégrer un lycée italien. Il complète un cursus de cinq ans en droit italien et obtient la Laurea Magistrale in Giurisprudenza à l'Université Federico II de Naples. Il obtient également un Master 1 en droit international et européen à l'Université Paris Descartes et un Master 2 en concurrence et régulation des marchés à l'Université Paris Ouest-Nanterre-La Défense. Il travaille actuellement à temps partiel au sein du cabinet d'avocats McDermott Will & Emery de Paris et effectue parallèlement un doctorat à l'Université de Nanterre sur le thème de l'énergie. Il est également chargé d'enseignement en droit public de la concurrence et publie des articles juridiques en France et en Italie.

Máster en competencia y regulación de los mercados por la Universidad de Paris Ouest-Nanterre-La Défense (UPOND) y doctorando de la misma casa de estudios, es miembro del Centro de Investigación en Derecho Publico donde prepara una tesis en derecho en droit public des affaires bajo la dirección del Consejero de Estado francés Bertrand du Marais. Laurea Magistrale in Giurisprudenza de la Università degli Studi di Napoli Federico II, Alberto Corduas actualmente brinda cursos en la UPOND y es consejero del bufete « McDermott, Will & Emery » de Paris, luego de haber colaborado en los bufetes « Allen & Overy » de Roma y « Bredin Prat » de Paris.

DENISE FIEDLER

Denise Fiedler hat an der Universität Leipzig, an der Technischen Universität Dresden und an der Universität Hamburg Rechtswissenschaften studiert und anschließend das Rechtsreferendariat in Hamburg u.a. mit Stationen bei der Behörde für Wirtschaft und Arbeit der Freien und Hansestadt Hamburg und dem Sächsischen Staatsministerium für Wirtschaft, Arbeit und Verkehr absolviert. Seit Juli 2009 war sie zunächst als wissenschaftliche Hilfskraft und ist nunmehr seit Oktober 2011 an der Juristischen Fakultät der Technischen Universität Dresden als wissenschaftliche Mitarbeiterin beschäftigt. Sie bietet Lehrveranstaltungen zum Völkerrecht und im Staats-, Verfassungs- und Verwaltungsrecht an. Sie promoviert im Bereich des internationalen Luftverkehrsrechts.

Denise Fiedler a étudié le droit à l'Université de Leipzig, à l'Université technique de Dresde, ainsi qu'à l'Université de Hambourg. Elle a ensuite effectué son stage juridique préparatoire à Hambourg où elle a respectivement été stagiaire au Ministère de l'Économie et du Travail de la ville libre et hanséatique d'Hambourg et au Ministère saxon de l'Économie, du Travail et des Transports. A partir de juillet 2009, elle a tout d'abord travaillé en tant qu'assistante de recherche et, depuis octobre 2011, elle est désormais employée par la faculté de droit de l'Université technique de Dresde comme collaboratrice scientifique. Elle effectue des cours en droit international public ainsi qu'en droit national, constitutionnel et administratif. Sa thèse porte sur le droit du trafic aérien international.

Denise Fiedler ha estudiado Derecho en la Universidad de Leipzig, en la Universidad Técnica de Dresden y en la Universidad de Hamburgo. Absolvió su práctica de Derecho en Hamburgo, con una estancia en la Autoridad para la Economía y Trabajo de la ciudad de Hamburgo y en el Ministerio de Economía, Trabajo y Transportes del Estado de Sajonia. Desde julio 2009 ha sido asistente universitaria y desde octubre 2011 colaboradora universitaria en la Facultad de Derecho de la Universidad Técnica de Dresde. Efectúa cátedra universitaria en Derecho Internacional y el derecho político, constitucional, y administrativo. Actualmente Denise Fiedler se está doctorando en el área de Derecho internacional del tráfico aéreo.

CARLOS GONZÁLEZ-PALACIOS

Carlos González-Palacios, der einen Masterabschluss in Jura der Universität Evry-Val-d'Essonne und einen weiteren in Menschenrechten und Bildung für Frieden der Nationaluniversität Costa Rica inne hat, ist Dozent für öffentliches Recht an der Universität Paris Ouest Nanterre La Défense. Im Rahmen seiner Promotion an derselben Universität am Forschungs- und Studienzentrum für Grundrechte (CREDOF) beschäftigt er sich mit der Entwicklung sozialer Rechte. Als Autor zu den Themen Behinderung, eingeborene Völker und Armut war er Gastdozent bei der UNESCO und an Universitäten in Europa und Lateinamerika. Er ist Gründer und Hauptveranstalter der trinationalen französisch-deutsch-peruanischen Universität.

Master en droit public de l'Université d'Evry-Val-d'Essonne et Master en droits de l'Homme et éducation pour la paix de l'Université Nationale du Costa Rica, il est enseignant en droit public à l'Université Paris-Ouest-Nanterre-La Défense. Doctorant de la même Université, au Centre de Recherche et d'Etudes sur les Droits Fondamentaux (CREDOF), sa thèse porte sur l'évolution des droits sociaux. Auteur sur les thèmes du handicap, des peuples indigènes, et da la pauvreté, il a été enseignant invité par l'Unesco et des Universités en Europe et en Amérique Latine. Il est fondateur et organisateur principal de l'Université franco-germano-péruvienne.

Magister en derecho público por la Universidad de Evry-val-d'Essonne (Francia) y máster Summa cum laude en derechos humanos y educación para la paz por la Universidad Nacional de Costa Rica. Se desempeña como catedrático en derecho público de la Universidad de Paris-Nanterre de donde es doctorando. Miembro del Centro de Investigación y Estudios sobre Derechos Fundamentales y de la Red de constitucionalistas por la democracia. Es conferencista y autor en temas sobre derechos sociales, ha sido profesor invitado por la Unesco y universidades en Europa y Latinoamérica. Es fundador y organizador principal de la Universidad tri-nacional peruano-franco-alemana.

ATHANASIOS GROMITSARIS

Privatdozent Dr. Athanasios Gromitsaris studierte Jura in Athen. Er wurde an der Juristischen Fakultät der Westfälischen Wilhelms Universität in Münster mit einer Arbeit über R. v. Ihering, die Interessen- und Wertungsjurisprudenz und den deutschen Rechtsrealismus promoviert. Er habilitierte sich mit einer Arbeit über Staatshaftung in Deutschland und Europa an der Rechtswissenschaftlichen Fakultät in Jena und erhielt die venia legendi für Öffentliches Recht mit Europarecht, Rechtsvergleichung, Rechtsphilosophie und Rechtssoziologie. Er hat Lehrstuhlvertretungen in München, Jena, Siegen und Dresden übernommen. Er ist Lehrbeauftragter der Juristischen Fakultät an der Technischen Universität Dresden.

Le privat-docent Docteur Athanasios Gromitsaris a étudié le droit à Athènes. Il est titulaire d'un doctorat de l'Université westphalienne Wilhelm de Münster portant sur R. v. Ihering, les intérêts et jurisprudence d'évaluation et le réalisme juridique allemand. Il a été habilité au travers d'un travail sur la responsabilité de l'État en Allemagne et en Europe à la faculté de droit de Iéna et a obtenu le droit d'enseigner (« venia legendi ») en droit public, droit européen, droit comparé, philosophie du droit et sociologie du droit. Il a fait des remplacements de Chaires à Munich, Iéna, Siegen et Dresde. Il est chargé de cours à la faculté de droit de l'Université technique de Dresde.

El privat-docent Doctor Athanasios Gromitsaris estudió el derecho en Atenas. Es titular de un doctorado de la Universidad westfaliana Wilhelm de Münster que trata sobre Rudolf von Ihering, los intereses y la jurisprudencia de evaluación y el realismo jurídico alemán. Obtuvo su habilitación a la cátedra en la facultad de derecho de Iéna gracias a un trabajo sobre la responsabilidad del Estado en Alemania y en Europa, obteniendo el derecho a enseñar ("venia legendi") el derecho público, derecho europeo, derecho comparado, filosofía del derecho y sociología del derecho. Ha sido substituto en las cátedras de Munich, Iéna, Siegen y Dresde. Es hoy docente de la Facultad de derecho de la Universidad Técnica de Dresde.

SVEN HETMANK

Studium der Rechtswissenschaften an der Technischen Universität Dresden, seit 2005 wissenschaftlicher Mitarbeiter am Lehrstuhl für Bürgerliches Recht, Gewerblichen Rechtsschutz und Urheberrecht der Technischen Universität Dresden sowie Mitglied am Institut für Geistiges Eigentum, Wettbewerbs- und Medienrecht, 2012 Promotion, Forschungsschwerpunkte: Recht des Geistigen Eigentums und Wettbewerbsrecht.

Études de droit à l'Université technique de Dresde. Assistant de recherche depuis 2005 à la Chaire de droit civil, droit de la propriété intellectuelle et droit d'auteur de l'Université technique de Dresde et membre de l'Institut de la propriété intellectuelle, du droit de la concurrence et du droit des médias. Il obtient son doctorat en 2012 dans la spécialité du droit de la propriété intellectuelle et droit de la concurrence.

Estudios del Derecho en la Universidad Técnica de Dresden. Desde 2005 ha sido colaborador universitario en el profesorado para el Derecho civil, Derecho de la protección de la propiedad industrial y Derecho de la protección de la propiedad intelectual en la Universidad Técnica de Dresden y miembro del Instituto propiedad intelectual, normas de competencia y legislación de medios de comunicación. En el año 2012 obtiene un doctorado en su rama de especialidad. Sus prioridades de investigación actuales conciernen al Derecho de la propiedad intelectual y normas de competencia.

SOPHIA KARNER

Studium der Rechtswissenschaften an der Universität zu Köln bis 2010, anschließend Rechtsreferendariat in Köln mit Stationen u.a. im Verbraucherschutzministerium NRW, in einer Wirtschaftskanzlei und einer Anwaltskanzlei in Paris. Seit 2013 wissenschaftliche Mitarbeiterin am Institut für Geistiges Eigentum, Wettbewerbs- und Medienrecht der TU Dresden. Promotionsthema aus dem Bereich des Medienrechts, insbesondere zur Problematik der medialen Vermarktung von Straftaten.

Études de droit à l'Université de Cologne jusqu'en 2010, puis stages juridiques préparatoires « Rechtsreferendariat » à Cologne au Ministère responsable de la défense du consommateur en Rhénanie-du-Nord-Westphalie, ainsi que dans un cabinet d'affaires et un cabinet d'avocat à Paris. Assistante de recherche depuis 2013 à l'Institut de la propriété intellectuelle, du droit de la concurrence et du droit des médias de l'Université technique de Dresde. Thèse de promotion traitant du domaine du droit des médias, en particulier concernant la problématique de la commercialisation des infractions par la médiatisation.

Estudió derecho en la Universidad de Colonia hasta el año 2010 para luego ser practicante jurídica preparatoria « Rechtsreferendariat » en el Ministerio de defensa del consumidor de Renania-

Septentrional-Westfalia, así como también en un estudio de negocios y en un pool de abogados en París. Asistenta de investigación desde el 2013 en el Instituto de la propiedad intelectual, derecho de la competencia y derecho de los medios de comunicación de la Universidad Técnica de Dresde, su tesis de doctorado trata sobre el derecho de los medios de comunicación, en lo concerniente a la problemática de la comercialización de los delitos por la mediatización.

SOAZICK KERNEIS

Soazick Kerneis ist Professorin für Rechtsgeschichte an der Universität Paris Ouest Nanterre La Défense und Forscherin am Französischen Haus in Oxford. Sie ist Direktorin am Zentrum für Rechtsgeschichte und -anthropologie (EA 4417). Ihre Forschungen beziehen sich auf die juristischen Identitäten Europas, den juristischen Akkulturationsprozess im römischen Reich sowie alternative Beilegung von Konflikten in vergleichender und anthropologischer Perspektive. Der Schwerpunkt ihrer Forschung liegt in der Frage, wie verschiedene römisch-rechtliche Bräuche zur Entstehung der rechtlichen Landschaft Europas beigetragen haben.

Professeure d'histoire du droit à l'Université Paris Ouest-Nanterre-La Défense et chercheur associée à la Maison Française d'Oxford. Elle est directrice du Centre d'Histoire et d'Anthropologie du Droit (EA 4417). Ses recherches portent sur les identités juridiques de l'Europe, le processus d'acculturation juridique dans l'Empire romain, et les modes alternatifs de résolution des conflits envisagés dans une perspective comparatiste et anthropologique. L'angle de la recherche tourne autour de la question de savoir comment les différents usages du droit romain ont contribué à dessiner la carte juridique de l'Europe.

Profesora de historia del derecho de la Universidad de Paris Ouest-Nanterre-La Défense e investigadora asociada de la Casa francesa de Oxford, es directora del Centro de Historia y Antropología del Derecho. Sus investigaciones se concentran en las identidades jurídicas de Europa, el proceso de aculturación jurídica en el Imperio romano y los modos alternativos de resolución de conflictos desde una perspectiva comparada y antropológica. Su ángulo de investigación busca saber cómo los distintos usos del derecho romano contribuyeron a dibujar el mapa jurídico de Europa.

SYLVIA MAUS

Sylvia Maus hat in Dresden und Toronto (Kanada) Internationale Beziehungen (B.A.) studiert und hat einen LL.M. in Public International Law von der University of Nottingham (Großbritannien). Seit 2007 ist sie an der Juristischen Fakultät der Technischen Universität beschäftigt, aktuell als wissenschaftliche Mitarbeiterin und Koordinatorin des UNESCO-Lehrstuhls für Internationale Beziehungen. Sie gibt regelmäßig Tutorien zu völkerrechtlichen Vorlesungen und promoviert im Bereich Menschenrechte und Friedenssicherung der Vereinten Nationen.

Sylvia Maus a étudié les relations internationales (B.A.) à Dresde (Allemagne) et à Toronto (Canada). Elle est titulaire d'un L.L.M en droit public international de l'Université de Nottingham en Grande-Bretagne. Elle est employée depuis 2007 à la faculté de droit de l'Université technique de Dresde en tant qu'assistante de recherche et est coordinatrice de la chaire UNESCO pour les relations internationales. Elle donne régulièrement des cours en droit international public et sa thèse porte sur le domaine des droits de l'Homme et le maintien de la paix par l'Organisation des Nations-Unies.

Sylvia Maus ha estudiado Relaciones Internacionales (B.A.) en Dresden (Alemania) y Toronto (Canadá), además posee un LL.M. en *Public International Law* de la Universidad de Nottingham (Gran Bretaña). Desde 2007 labora contractualmente con la Facultad de Derecho de la Universidad

Técnica de Dresden, actualmente como colaboradora universitaria y coordinadora del profesorado de la UNESCO para las Relaciones Internacionales. Está dando regularmente tutorías del Derecho internacional y es candidata al doctorado en el área de los Derechos Humanos y mantenimiento de la paz de las Naciones Unidas.

JÖRG MENZEL

Jörg Menzel ist Privatdozent an der Universität Bonn für Öffentliches Recht, Völker- und Europarecht und Rechtsvergleichung. Seine besonderen Interessen liegen unter anderem im Bereich Recht und Entwicklung sowie der Verfassungsentwicklung in Entwicklungsländern, speziell Südostasien. Er ist Autor und Herausgeber zahlreicher Publikationen in den genannten Bereichen. Er hat sechs Jahre als Rechtsberater des Senats in Kambodscha gearbeitet und ist weiterhin häufig in Südostasien im Einsatz.

Jörg Menzel est privat-docent à l'Université de Bonn en droit public, droit international et européen, ainsi qu'en droit comparé. Ses principaux intérêts portent essentiellement sur le domaine du droit et du développement, tout comme sur l'évolution constitutionnelle dans les pays en développement, en particulier en Asie du sud-est. Il est l'auteur et l'éditeur de nombreuses publications dans ces domaines, et a travaillé six ans en tant que conseiller juridique du Sénat au Cambodge. Il reste fréquemment associé aux travaux de sa spécialité en Asie du sud-est.

Jörg Menzel es docente privado de Derecho público, internacional y europeo y Derecho comparado en la universidad de Bonn. Sus intereses especiales conciernen los temas del derecho y desarrollo, además del progreso constitucional de países en desarrollo, especialmente en el Sureste Asiático. Es autor y editor de varias publicaciones en las áreas mencionadas. Ha trabajado seis años como agente jurídico del senado en Camboya y continúa asesorando frecuentemente a los países del Sureste Asiático.

THILO RENSMANN

Thilo Rensmann ist Professor für Völkerrecht, Europarecht und Öffentliches Recht an der Universität Dresden. Er ist geschäftsführender Direktor des Instituts für Völkerrecht und Europarecht und leitet die Forschungsstelle für Internationales Wirtschaftsrecht. Er hat an der University of Virginia (USA) den akademischen Grad des Master of Laws erworben und wurde an der Universität Bonn zum Doctor iuris promoviert. Seine Forschungsschwerpunkte liegen im Bereich des Völker- und Europarechts sowie des vergleichenden Verfassungsrechts. Seit 2014 ist er Berichterstatter des International Human Rights Law Committee der International Law Association. Er ist Gründer und Mitveranstalter der trinationalen französisch-deutsch-peruanischen Universität in Lima.

Thilo Rensmann est professeur de droit international public, droit européen et droit public à l'Université de Dresde. Il est directeur général de l'Institut de droit international public et droit européen et dirige le Centre de recherche sur le droit économique international. Il est titulaire d'un Master de l'Université de Virginie aux États-Unis et a obtenu son doctorat à l'Université de Bonn en Allemagne. Ses domaines particuliers de recherche portent sur le droit international public, le droit européen, ainsi que sur le droit constitutionnel comparé. Il est depuis 2014 rapporteur du Comité international des droits de l'Homme de l'Association de droit international, et est le fondateur et co-organisateur de l'Université tri-nationale franco-germano-péruvienne de Lima.

Thilo Rensmann es profesor en derecho internacional público, derecho europeo y derecho público de la Universidad de Dresde. Es director general del Instituto de derecho internacional público y derecho europeo y dirige el Centro de Investigación sobre derecho internacional económico. Es titular de un Máster en la Universidad de Virginia, Estados Unidos, habiendo obtenido un doctorado en la Universidad de Bonn en Alemania. Sus campos de especialidad son el derecho internacional público, el derecho europeo, así como también el derecho constitucional comparado. Desde 2014 es relator del Comité internacional de Derechos Humanos de la Asociación de derecho internacional. Es fundador y co-organizador de la Universidad tri-nacional peruano-franco-alemana de Lima.

ARNAUD SÉE

Arnaud Sée ist Privatdozent für öffentliches Recht an der Universität Paris Ouest Nanterre La Défense, wo er Verwaltungsrecht, öffentliches Vertragsrecht und Europarecht unterrichtet. Seine Forschungsfelder beziehen sich auf Verwaltungsrecht und -streitigkeiten sowie öffentliches Wirtschaftsrecht und öffentliches Vertragsrecht. An der Universität Straßburg hat er studiert, seine Doktorarbeit (»Die Marktregulierung im Verwaltungsrecht, Kritische Studie«, 2010) verteidigt und ein Diplom für vertiefte Studien in öffentlichem Recht und in Wirtschaftsrecht erhalten. Er war zudem Gastdozent an den Universitäten Kairo (Ägypten), Potsdam und Bologna (Italien).

Maître de conférences en droit public à l'Université Paris Ouest-Nanterre-La Défense, où il enseigne le droit administratif, le droit des contrats publics et le droit de l'Union européenne. Ses domaines de recherche portent sur le droit et le contentieux administratif, ainsi que le droit public des affaires et le droit des contrats publics. Il a étudié à l'Université de Strasbourg, au sein de laquelle il a soutenu sa thèse de doctorat (La régulation du marché en droit administratif, étude critique, 2010) et a obtenu un DEA de droit public et un DEA de droit des affaires. Arnaud See a été en outre professeur invité des Universités du Caire (Egypte), de Potsdam (Allemagne) et de Bologne (Italie).

Máster en derecho de negocios y en derecho público, es doctor en derecho por la Universidad de Estrasburgo, defendiendo una tesis sobre la regulación del Mercado en derecho administrativo. Docente en derecho público de la Universidad de Paris Ouest Nanterre La Défense, dicta cátedra sobre derecho administrativo, derecho de contratos públicos y derecho de la Unión Europea. Profesor invitado de la Universidades del Cairo-Egipto, de Potsdam-Alemania y de Boloña-Italia, sus campos de especialidad son el derecho procesal administrativo, el derecho de contratos públicos y el derecho de negocios públicos.

LUISE SEIFERT

Luise Seifert hat einen juristischen Bachelorabschluss an der Technischen Universität Dresden erworben und steht nun kurz vor dem Ende ihres Masterstudiums in Internationalen Beziehungen am Zentrum für Internationale Studien. Seit Oktober 2011 war sie zunächst als studentische und später wissenschaftliche Hilfskraft am Lehrstuhl für Völkerrecht, Europarecht und Öffentliches Recht beschäftigt, bevor sie im Mai 2013 ihre Tätigkeit im transnationalen Forschungsprojekt „Global TranSAXion" aufgenommen hat. Zu ihren praktischen Erfahrungen zählt ein Praktikum in der Wirtschaftsabteilung der Ständigen Vertretung Deutschlands bei den Vereinten Nationen in New York.

Luise Seifert est titulaire d'une licence de l'Université technique de Dresde et approche la fin de son Master en relations internationales au Centre des études internationales. Depuis octobre 2011, elle a tout d'abord travaillé en tant qu'assistante étudiante puis assistante de recherche à la Chaire de droit international public, droit européen et de droit public. A partir de mai 2013, elle a commencé à travailler dans le projet de recherche transnational « Global TRANSAXION ». Son expérience pratique comprend un stage dans le département économique de la représentation permanente de l'Allemagne auprès des Nations-Unies à New York.

Luise Seifert es Licenciada de la Universidad Técnica de Dresde y concluye un Máster en Relaciones Internacionales en el Centro de estudios internacionales. Desde octubre del año 2011 se desempeñó como asistenta estudiante y luego como asistenta de investigación en la Cátedra de derecho internacional público, derecho europeo y derecho público. Ello hasta mayo del 2013 fecha en la cual es incorporada al proyecto transnacional "Global TRANSAXION". Su experiencia práctica la lleva a ejercer en el departamento económico de la representación permanente de Alemania en las Naciones Unidas con sede en Nueva York.

OTMAR SEUL

Otmar Seul hat Geisteswissenschaften an der Universität Paris-Descartes studiert und ist Doktor für Wirtschafts- und Sozialwissenschaften der Universität Oldenburg, Ehrendoktor der Universität Potsdam und Emeritus der Universität Paris Ouest Nanterre La Défense. Als Pionier der Internationalisierung französisch-deutscher Forschungs- und Studienprogramme in Drittländern wurde er zum Ritter des nationalen Verdienstordens der Bundesrepublik Deutschland und der Französischen Republik ernannt. Der außerdem zum Ritter der Palmes Académiques geschlagene Dr. Seul hat ein Dutzend Bücher geschrieben und ist Gastprofessor an rund dreißig Universitäten auf fünf Kontinenten.

Master en sciences humaines de l'Université Paris-Descartes et docteur en sciences économiques et sociales de l'Université d'Oldeburg, Otmar Seul est docteur honoris causa de l'Université de Potsdam et professeur émérite de l'Université Paris Ouest-Nanterre-La Défense. Pionnier de l'internationalisation des programmes de recherche et d'études franco-allemandes en pays tiers, il est chevalier de l'Ordre du Mérite de la République Fédérale allemande et de la République française. Décoré en qualité de Chevallier des Palmes Académiques, le Dr. Seul est auteur d'une douzaine de livres et professeur invité à une trentaine d'Universités sur les cinq continents.

Magister en ciencias humanas de la Universidad de Paris y doctor en ciencias económicas y sociales de la Universidad de Oldenburg, es doctor honoris causa de la Universidad de Potsdam-Alemania y profesor emérito de la universidad de Paris-Nanterre. Pionero de la internacionalización de programas de estudio e investigación franco-alemanes, ha sido decorado como Oficial de la Orden del Mérito de la República Federal de Alemania y de la República francesa. Distinguido como Caballero de las Palmas Académicas de Francia, el Dr. Seul es autor de una docena de obras y ha sido profesor invitado de una treintena de universidades en los cinco continentes.

PIERINO STUCCHI LÓPEZ RAYGADA

Er hat einen Masterabschluss in Wirtschaftsrecht speziell im Bereich des Marktwirtschaftsrechts der Peruanischen Universität für angewandte Wissenschaften und ist Rechtanwalt der Päpstlichen Katholischen Universität von Peru. Er ist Experte im Wettbewerbsrecht, geistigen Eigentumsrecht, internationalen Handelsrecht und Verbraucherschutz. Derzeit ist er Verteidiger des Investors an der Oberaufsicht des Wertpapiermarktes. Er ist ehemaliger Leiter der Rechtsabteilung des nationalen Instituts für Wahrung des Wettbewerbs und Schutzes des geistigen Eigentums (INDECOPI).

Master en droit des affaires avec mention droit du marché économique de l'Université péruvienne de sciences appliquées, et avocat de l'Université Pontificale et Catholique du Pérou. Expert en droit de la concurrence, propriété intellectuelle, droit du commerce international et protection des consommateurs. Actuellement il est Défenseur de l'Investisseur à la Superintendance du Marché des Valeurs. Il est ancien Directeur juridique de l'Institut National de Défense de la Concurrence et de la Protection de la Propriété Intellectuelle (INDECOPI).

Magister en Derecho de Empresa con mención en Derecho del Mercado Económico por la Universidad Peruana de Ciencias Aplicadas y Abogado por la Pontificia Universidad Católica de Perú. Experto en Derecho de la Competencia, Propiedad Intelectual, Derecho del Comercio Internacional y Protección al Consumidor. Actualmente es Defensor del Inversionista de la Superintendencia del Mercado de Valores. Ha sido Gerente Legal del INDECOPI.

HEBERT TASSANO VELAOCHAGA

Master in Regulierung der öffentlichen Versorgungsbetriebe der Universität UPC und der IEDE Business School, europäische Universität Madrid (Energie, Telekommunikation, Infrastruktur und Wettbewerb). Master in Politikwissenschaft der Päpstlichen Katholischen Universität von Peru (PUCP). Aufbaustudium in Regulierung des Stromsektors, Comillas Universität Madrid; Energierecht, UPC; Regulierung der öffentlichen Dienstleistungen, PUCP; Rechtsinstitute des Marktes, UPC; lokale Verwaltung und Regierung, CEDDET Spanien; Konzessionsrecht und Infrastrukturrecht, UPC; Verwaltungsrecht, PUCP; PPE in Organisation und Verwaltung, ESAN; Vorlesungen in Handelsverhandlungen im Schulungsworkshop für Arbeitsgruppen, UPC.

Master en régulation des services publics de l'Université UPC et de l'IEDE Business School, Université européenne de Madrid (énergie, télécommunications, infrastructure et concurrence). Maîtrise en science politique de l'Université Pontificale et Catholique du Pérou (PUCP). Etudes de postgraduate en régulation du secteur électrique, Université Comillas de Madrid; droit de l'énergie, UPC; régulation des services publics, PUCP; institutions juridiques du marché, UPC; gouvernance et gouvernement local, CEDDET d'Espagne; droit des concessions et de l'infrastructure, UPC; droit administratif, PUCP; PPE en Organisation et Administration, ESAN; cours de négociations commerciales à l'atelier de formation d'équipes de travail, UPC.

Máster en Regulación de Servicios Públicos en la UPC y el IEDE Business School, Universidad Europea de Madrid (energía, telecomunicaciones, infraestructura y competencia). Estudios de Maestría en Ciencia política en la PUCP. Postgrados en: Regulación del Sector Eléctrico; Universidad Pontifica Comillas de Madrid, Derecho de la Energía – UPC, Regulación de Servicios Públicos – PUCP, Instituciones Jurídicas del Mercado – UPC, Gobernabilidad y Gobierno Local CEDDET – España, Derecho de las Concesiones y la Infraestructura. – UPC, Derecho Administrativo – PUCP, PEE en Organización y Administración – ESAN, curso de Negociaciones Comerciales, Taller de Formación de equipos de trabajo – UPC.

MANUEL TIRARD

Als Inhaber eines Doppelmasters in Wirtschaftsrecht und öffentlichem vergleichendem Recht hat Manuel Tirard 2009 an der Universität Panthéon-Assas eine Doktorarbeit zur französisch-amerikanischen öffentlichen Rechtsvergleichung (mit dem Titel »Regierungsführung in den USA«) verteidigt. Der Privatdozent für öffentliches Recht an der Universität Paris Ouest Nanterre La Défense ist auf vergleichendes öffentliches Recht und öffentliches Finanzrecht spezialisiert. Als Autor zu Steuer- und Finanzthemen war er Gastdozent an europäischen und asiatischen Universitäten. Er ist Gründer und Mitveranstalter der trinationalen französisch-deutsch-peruanischen Universität in Lima.

Double master en droit des affaires et en droit public comparé, M. Tirard a soutenu en 2009 a l'Université Panthéon-Assas une thèse consacrée au droit public comparé franco-américain (intitulée „La gouvernance aux États-Unis"). Actuellement Maître de conférences en droit public à l'Université Paris Ouest-Nanterre-La Défense, il est spécialisé en droit public comparé et en droit public financier. Auteur en thèmes fiscaux et financiers, il a été professeur invité d'Universités européennes et asiatiques. Il est fondateur et co-organisateur de l'Université franco-germano-péruvienne.

Doble máster en derecho de negocios y derecho público comparado, es doctor en derecho por la Universidad Pantheon-Assas, defendiendo una tesis en derecho público franco-estadounidense sobre la gobernabilidad en Estados Unidos. Catedrático de carrera de la Universidad de Paris-Nanterre, es especialista en derecho público comparado y financiero. Autor en temas económicos y sociales, ha sido profesor invitado de distintas universidades en Asia y en Europa. Es fundador y co-organizador de la Universidad tri-nacional peruano-franco-alemana.

SABRINA WOJCIECHOWSKI

Sabrina Wojciechowski hat an der Europa-Universität Viadrina in Frankfurt (Oder) Rechtswissenschaften studiert und anschließend das Rechtsreferendariat in Potsdam und Berlin absolviert. Seit 2012 ist sie zugelassene Rechtsanwältin und war in einer auf das Medienrecht- und Presserecht spezialisierten Kanzlei tätig. Seit Juni 2013 ist sie an der Juristischen Fakultät der Technischen Universität Dresden als wissenschaftliche Mitarbeiterin beschäftigt und promoviert im Bereich des Medienrechts.

Sabrina Wojciechowski a étudié le droit à l'Université européenne Viadrina à Francfort-sur-l'Oder et a par la suite complété son stage juridique préparatoire « Rechtsreferendariat » à Potsdam et Berlin. Elle exerce depuis 2012 en tant qu'avocate et a travaillé dans un cabinet spécialisé en droit des médias et de la presse. Elle est employée depuis juin 2013 en tant qu'assistante de recherche à la faculté de droit de l'Université technique de Dresde et prépare sa thèse dans le domaine du droit des médias.

Sabrina Wojciechowski ha estudiado el Derecho en la Universidad Europea Viadrina de Frankfurt (Oder) y ha absuelto su pasantía jurídica (Rechtsreferendariat) en las ciudades de Potsdam y Berlín. Desde el año 2012 es abogada colegiada y labora en la Cancillería especializada en la legislación de medios de comunicación y derecho de prensa. Desde 2012 labora como colaboradora universitaria al mismo tiempo que prepara un doctorado en legislación de medios de comunicación.

TANIA ZÚÑIGA FERNÁNDEZ

Doctor iuris, Humboldt Universität zu Berlin, Alemania, magna cum laude. Legum Magister, Ruprecht-Karls-Universitat Heidelberg, Alemania. Rechtsanwalt, Pontificia Universidad Católica del Perú. Dozentin an der Universität ESAN, Universität San Ignacio de Loyola und Pontificia Universidad Católica del Perú, mit Schwerpunkt im Bereich Kartell-, Wettbewerbs-, Verwaltungs- und Europarecht, und Ethik. Sie arbeitete als senior Beraterin an der öffentlichen Verwaltung Perus am Justizministerium, Premieramt, Verwaltungsgericht für Vergabe und öffentliche Übernahme, und an der Kommission des SICRECI-MEF über Investitionen und Schiedsgerichtsbarkeit.

Docteure en droit, Humbold Universität zu Berlin, avec distinction magna cum laude, master en droit allemand et droit européen, Ruprecht-Karls-Universitat Heidelberg, Allemagne. Avocate, Université Pontificale et Catholique du Pérou. Elle est enseignante à l'Université ESAN, à l'Université San Ignacio de Loyola et à l'Université Pontificale et Catholique du Pérou. Spécialiste en droit corporatif, droit de la concurrence, droit administratif, droit européen et éthique. Elle a été conseillère juridique de la Haute direction des entités de l'administration publique du Pérou. Elle travaille au Ministère de la Justice, à la Présidence du Conseil de Ministres, à l'OSCE et à la Commission spéciale du SICRECI du Ministère de l'Économie et des Finances (sur les controverses internationales d'investissement).

Doctora en Derecho, Humboldt Universität zu Berlin, Alemania, con distinción sobresaliente magna cum laude, Máster en Derecho Alemán y Derecho Europeo, Ruprecht-Karls-Universitat Heidelberg,

Alemania. Abogada, Pontificia Universidad Católica del Perú. Es Catedrática en la Universidad ESAN, Universidad San Ignacio de Loyola y Pontificia Universidad Católica del Perú. Especialista en Derecho Corporativo, Derecho de la Competencia, Derecho Administrativo, Derecho Europeo y Ética. Ha sido asesora legal de Alta Dirección en entidades de la Administración Pública del Perú, MINJUS, PCM, OSCE y Comisión Especial del SICRECI-MEF sobre controversias internacionales de inversión.

www.ingramcontent.com/pod-product-compliance
Lightning Source LLC
Chambersburg PA
CBHW061805210326
41599CB00034B/6888